10
18
12, AVENUE D'ITALIE. PARIS XIIIe

Sur l'auteur

Paul Doherty est né à Middlesbrough, dans le Yorkshire. Il est l'auteur de plusieurs séries historico-policières, dans lesquelles il explore les grandes périodes du Moyen Âge. Paul Doherty est aujourd'hui professeur d'histoire médiévale.

Site de l'auteur : www.paulcdoherty.com

PAUL DOHERTY

SOUS LE MASQUE DE RÊ

Traduit de l'anglais
par Régina LANGER

10/18

« Grands Détectives »

créé par Jean-Claude Zylberstein

L'ARCHIPEL

Titre original :
The Mask of Ra

ISBN : 978-2-264-05717-4

AVERTISSEMENT

La première dynastie égyptienne s'est établie autour de l'an 3100 av. J.-C. Entre cette date et l'émergence du Nouvel Empire (vers 1550 av. J.-C.), l'Égypte a subi de nombreuses et importantes transformations : l'édification des pyramides, la fondation de villes le long du Nil, l'unification de la Haute et de la Basse-Égypte, l'essor du culte religieux de Rê, dieu du Soleil, ainsi que le culte d'Isis et d'Osiris. En outre, le royaume a dû faire face aux invasions, en particulier celles, dévastatrices, des Hyksos, des guerriers redoutables venus d'Asie.

Au moment où commence ce roman, en 1479 av. J.-C., l'Égypte a été pacifiée et unifiée par le pharaon Touthmôsis II. Le pays entame une ère de puissance et de prospérité. Les pharaons ont déplacé la capitale vers Thèbes. Ils ne sont désormais plus enterrés dans les pyramides, mais plutôt dans la nécropole bâtie sur la rive ouest du Nil ou dans la Vallée des Rois.

Dans un souci de simplicité, pour désigner les villes et autres lieux tels que Thèbes et Memphis, j'ai préféré recourir à la transcription grecque de ces noms, plutôt qu'aux formes égyptiennes archaïques. Le nom de Sakkara est ici employé pour décrire la région entière avoisinant les pyramides de Memphis et Gizeh. J'ai également employé des noms simplifiés pour les reines – sauf pour Hatousou, mieux connue comme Hatchepsout.

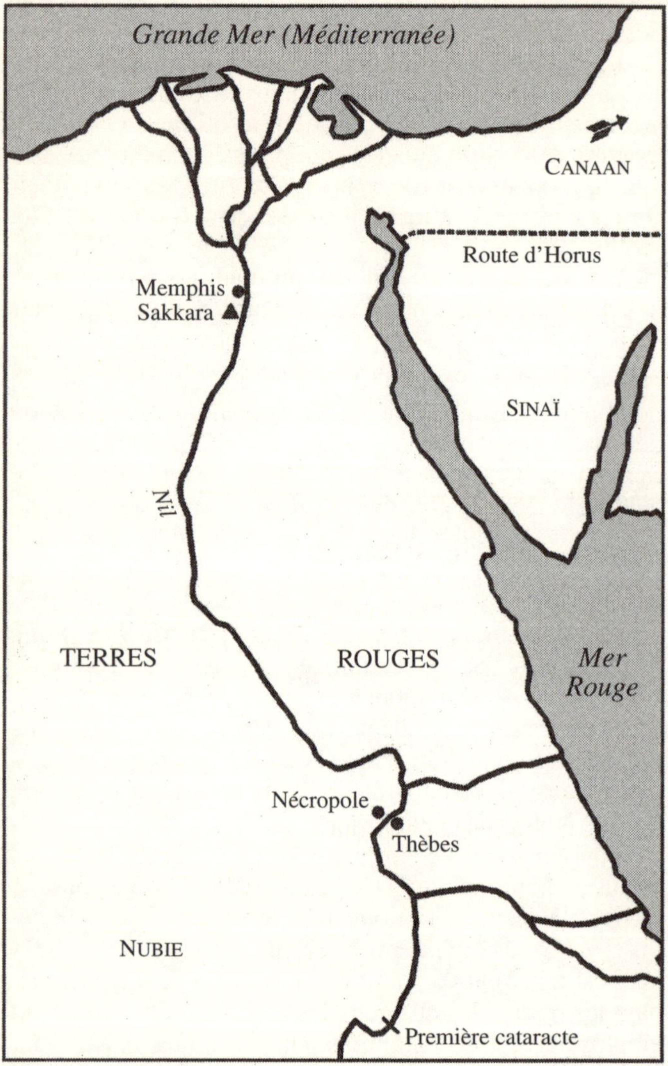

Grande Mer (Méditerranée)
CANAAN
Route d'Horus
Memphis
Sakkara
SINAÏ
Nil
TERRES
ROUGES
Mer Rouge
Nécropole
Thèbes
NUBIE
Première cataracte

Touthmôsis II meurt en 1479 av. J.-C*. Après une période de troubles, Hatchepsout prend le pouvoir pour les vingt-deux années qui suivent. L'Égypte devient, sous son règne, le plus riche empire du monde.

La religion égyptienne connaît des transformations : on célèbre de plus en plus le culte du dieu Osiris, tué par son frère Seth et ressuscité par sa chère épouse Isis, qui lui donnera un fils, Horus. Ces rites contreviennent aux anciennes pratiques, centrées sur le culte du dieu Soleil.

Les Égyptiens vouent un profond respect mêlé de crainte à toutes les choses de la nature. Animaux, plantes, fleuves et rivières sont considérés comme sacrés, tandis que leur maître, Pharaon, est adoré en tant qu'incarnation de la volonté divine. Les noms utilisés par les Égyptiens pour décrire leur environnement sont à cet égard révélateurs. Ainsi, Pharaon est « le Faucon d'or », le ministère des Finances « la maison de l'Argent », une période de guerre une « saison de la Hyène », un palais royal une « maison de Millions d'années ».

En 1479 av. J.-C., dominée par les soldats, les prêtres et les scribes, la civilisation égyptienne brille par le haut niveau de sa culture, la grandeur de sa religion, de ses rites, de son architecture et de sa morale tournée vers la recherche du bonheur individuel. À ce faste répond la barbarie des mœurs politiques et militaires. Le trône royal est toujours objet de convoitise et d'intrigues sanglantes. C'est dans ce contexte que s'y assied la jeune Hatchepsout…

* Signalons que les dates de vie et de règne des pharaons varient selon les sources et les historiens. *(N.d.É.)*

PROLOGUE

Pendant le mois d'Athor, au temps de la saison des plantes aquatiques, à la treizième année du règne de Touthmôsis II, l'aimée de Rê, Hatchepsout, demi-sœur et épouse unique de Pharaon, organisa un grand banquet dans son palais de Thèbes. On but et festoya tard dans la nuit. Assise, Hatchepsout attendait le moment où ses invités, saisis de boisson, sombreraient dans le sommeil ou s'absorberaient, l'œil vitreux, dans la contemplation hébétée des danseuses. Leurs corps nus se déhanchaient souplement et le rythme langoureux et sensuel de la danse faisait tintinnabuler les colliers de perles qu'elles portaient à la taille, aux chevilles et aux poignets. Elles ondulaient et tourbillonnaient, leurs perruques noires et raides inondées de parfum, le visage barbouillé de fard blanc, leurs yeux sombres en amande cernés de khôl.

Quand elle jugea le moment venu, Hatchepsout quitta la salle du banquet et se glissa le long d'un couloir dallé de marbre. Baignés par la lumière translucide diffusée par les lampes d'albâtre, les murs s'ornaient de fresques peintes en rouge, bleu et vert. Sur son passage, elle vit les scènes triomphales s'animer soudain, réveillant dans sa mémoire le temps où régnait son illustre père. On y voyait les vaincus reprendre vie – Nubiens, Libyens, Mitanniens ou pirates venus de la mer –, tandis qu'à genoux, visage baissé, les mains liées au-dessus de la tête, ils attendaient le moment de leur supplice sous le regard de Pharaon victorieux, armé d'un gourdin et d'une masse.

La reine pressa le pas et passa devant des sentinelles postées dans des recoins et au pied des escaliers. Ces hommes de la garde rapprochée de Pharaon étaient vêtus de jupes et de ceintures incrustées d'or ; leurs bracelets et leurs torques de bronze luisaient à la lueur des torches. Ils se tenaient aussi immobiles que des statues, une lance dans une main, un bouclier rouge et blanc dans l'autre.

Parfois, Hatchepsout s'arrêtait pour écouter l'écho lointain de la fête qui faiblissait au fur et à mesure qu'elle progressait dans les entrailles du palais. Elle se dirigea vers sa chapelle privée dédiée à Seth – le dieu au corps de chien, maître des mondes souterrains –, poussa la porte du sanctuaire et entra. Puis, après avoir retiré ses sandales tressées d'or, elle respira les fumaisons sacrées montant d'un encensoir et posa sur ses lèvres une pincée de sel de natron pour se purifier la bouche et le nez avant d'entrer en prière. Les torches s'étaient éteintes, mais la douce lueur émanant des vases d'albâtre se reflétait dans les mosaïques précieuses qui recouvraient les murs. Des motifs représentant des melons d'argent cerclés d'or évoquaient les fruits divins nés de la semence sacrée de Seth après que celui-ci, cherchant à séduire une déesse, eut éjaculé sur le sol.

Hatchepsout s'agenouilla sur un coussin placé devant le coffre sacré contenant la statue de Seth. Tout autour, des pots d'ivoire, de verre et de porcelaine – leurs poignées sculptées en forme d'ibis ou de bouquetin – exhalaient des vapeurs d'encens aux doux parfums.

De petite stature, le corps mince d'Hatchepsout était moulé dans une robe d'une blancheur diaphane. Sur sa tête reposait une épaisse perruque noire aux mèches bouclées, ornée de trois nattes descendant le long de son cou. Sur son front, une coiffe d'or et d'argent brodée de rayures rouges. Des aspics d'or, constellés de pierres précieuses, pendaient à ses oreilles ; des bracelets d'or et d'argent habillaient ses poignets et ses chevilles ; un lourd collier précieux entourait son cou délicat. Hatchepsout avait revêtu sa tenue d'apparat, mais, au fond de son cœur, elle était terrifiée. Elle jeta un regard en direction du coffre sacré, fermé et verrouillé par les prêtres et, levant les bras, mains tendues, elle courba le front et pria. Que Seth, le dieu des Ténèbres, vienne à son secours pour la délivrer de ses tourments ! Dans quelques jours, Touthmôsis II, son demi-frère et époux, reviendrait de Thèbes après avoir remporté la bataille qui l'opposait aux pirates du grand delta du Nil. Qu'allait-il arriver, à présent ? Hatchepsout avait lu le message très attentivement. Elle devait venir ici au plus sombre de la nuit et recevoir de plus amples instructions sur la suite des événements. Elle ne s'en était ouverte à personne car il s'agissait d'un secret trop terrible pour être partagé. Voilà pourquoi, à la manière d'un rat, elle avait dû s'éclipser furtivement le long des couloirs du palais. Voilà pourquoi elle se retrouvait là, elle, la reine, porteuse de l'uræus. Quel arrogant osait ainsi lui donner des ordres, à elle, Hatchepsout, la bien-aimée de Pharaon, et la convoquer ici, dans son propre sanctuaire ? Traversée par une onde de colère, elle fixa les statues de granit noir représentant les dieux Horus et Osiris qui se dressaient de chaque côté du coffre sacré.

Tout allait si bien jusqu'ici ! Touthmôsis avait ses concubines. L'une d'elles lui avait même donné un fils qu'il avait reconnu comme né de sa propre chair. Mais Hatchepsout était sa reine, sa préférée. Douée dans l'art de l'amour, elle l'avait attiré dans ses filets comme une araignée l'aurait fait d'une mouche. Le plaisir de

Pharaon était si intense qu'il disait être transporté jusqu'aux plus lointains horizons et y avoir rencontré les dieux ! Hatchepsout avait prié pour concevoir un enfant. De riches offrandes furent faites à Hathor, déesse de l'Amour, et à Isis, mère d'Horus et épouse d'Osiris, son frère. Peut-être allaient-elles bientôt l'exaucer ! Durant ses campagnes, Touthmôsis lui avait adressé des courriers marqués du sceau de son propre cartouche. Il lui avait envoyé ses salutations en termes onctueux, l'assurant de son amour avant d'exposer le récit de ses victoires sur terre comme sur mer. Il l'informait également qu'il avait appris un formidable secret lors de sa visite à la grande pyramide de Sakkara et que, à son retour, ses révélations allaient ébranler les rêves de toute l'Égypte.

Hatchepsout s'assit sur les talons. Quels secrets mentionnait-il ? Parfois, quand les dieux lui parlaient – et tout particulièrement Amon-Rê –, Touthmôsis connaissait des crises que les prêtres qualifiaient de « transes divines ». Cela s'était-il produit dans les froides ténèbres des pyramides ? Hatchepsout joignit les mains et courba la tête. Elle aperçut alors un rouleau juste au-dessous du naos, le coffre sacré. Elle se rua pour le ramasser, déroula le papyrus et, à la lueur d'une des lampes, scruta les hiéroglyphes verts et rouges gravés avec netteté. Ces lignes auraient pu être écrites par l'un des milliers de scribes vivant à Thèbes. Pourtant, ce message, et la menace qu'il contenait, fit trembler la reine comme une enfant tandis que de la sueur se mettait à ruisseler sur son corps parfumé.

La nuit enveloppait Thèbes, la ville de brique rouge. Puis la lune se leva et fit scintiller les eaux vert sombre du Nil qui s'étirait comme un serpent depuis le sud du Pays de l'Arc jusqu'à la Grande Mer. Postées sur la barge, les sentinelles attendaient, les yeux fixés sur le ciel nocturne. Un ordre retentit dans l'obscurité et l'embarcation basse et trapue quitta le quai pour glisser sur les eaux en direction de la nécropole, la cité des Morts, à l'ouest de Thèbes. Une silhouette se dressait à l'arrière, une autre à la proue, chacune armée d'une perche. Ils dirigèrent la barque silencieusement et, bien vite, hors de l'enchevêtrement de roseaux. Regroupés au centre de la barque, leurs compagnons vêtus de noir, le visage dissimulé à la manière des gens du désert, se tenaient assis, autour de la vieille magicienne. Aveugle, un fouillis de cheveux gris encadrait son visage ridé. Cette figure de cauchemar tenait serré contre elle un pot de terre cuite au couvercle scellé et rempli de sang humain. Elle le tenait blotti aussi tendrement qu'une mère l'aurait fait avec son enfant. Les Amemets écoutaient les sons montant dans la nuit, le regard fixé sur la surface du fleuve. On surnommait ces assassins les « dévoreurs » pour leur ressemblance avec ces affreuses créatures qui avalent les âmes des morts. Leur oreille exercée capta le coassement des crapauds-buffles, le bourdonnement des insectes. Ici, dans les bas-fonds, ils se méfiaient surtout des crocodiles qui savaient se rapprocher furtivement de l'imprudent avant de surgir de l'eau dans un sinistre claquement de mâchoires et de lui arracher la tête.

La barque glissait, silencieuse comme une feuille sur une mare. Au bout de quelques instants, elle se rapprocha de la rive ouest, frangée de papyrus où grouillait une multitude d'oiseaux. Au-dessus d'eux se profilaient les contours aigus de la cité des Morts : maisons de brique, sanctuaires, salles d'embaumement, ateliers et morgues où s'activaient ceux qui préparaient les défunts pour leur dernier voyage, celui de l'éternité. La barque pénétra encore plus profondément dans les papyrus, cherchant un recoin aussi désolé que possible pour débarquer. Quand, enfin, la proue s'enfonça dans une boue sombre, le chef des Amemets, la main crispée sur son poignard, sauta sur la terre humide. Entendant un bruit, il s'accroupit, fouillant du regard le chemin où se profilèrent bientôt d'autres silhouettes qui quittaient la nécropole et se glissaient dans les fourrés, sans doute pour rejoindre quelque barque.

Il murmura avec ironie :

— Nous ne sommes pas seuls.

Les silhouettes noires disparurent.

— Des pilleurs de tombes ! souffla-t-il en claquant des doigts.

Ses compagnons saisirent la magicienne par le bras et le rejoignirent sur la rive. Ils se faufilèrent dans les taillis aussi silencieusement et rapidement que des panthères en chasse. Puis, contournant la cité des Morts, ils suivirent une piste escarpée et poussiéreuse qui les mena au sommet d'une colline. À leurs pieds s'étendait la Vallée des Rois, berceau de l'éternel repos pour les pharaons et leurs proches. Le chef des Amemets s'immobilisa. La lune était pleine, mais des nuages en ternissaient l'éclat. Il repéra les torches des sentinelles et, portés par la brise nocturne, les ordres aboyés par leurs chefs. Cela ne parut nullement le désorienter. Pharaon parti batailler au loin, on pouvait s'attendre à ce que les gardes relâchent leur surveillance. Il y avait pourtant assez de butin à voler dans les tombes et les mausolées des gras marchands de Thèbes. Seul un insensé oserait lever la main contre une sépulture royale. Le chef amemet avait soigneusement dressé son plan. La tombe de Touthmôsis II était toujours en chantier. Puisqu'elle ne contenait encore aucun trésor, quelle raison aurait-on d'aller y fouiner ? Mieux, le monument se dressait sur la voie royale menant à la vallée. Les gardes étaient donc de simples archers et, à cette heure, sûrement ivres de mauvaise bière et de mauvais vin qu'ils s'étaient procurés en contrebande sur les marchés.

Le chef des assassins encouragea ses compagnons à accélérer l'allure. La vieille femme protesta en gémissant :

— Mes articulations me font mal ! Mes pieds sont en sang !

L'Amemet revint sur ses pas. Il pressa son visage tout contre celui de la vieille.

— Tu es bien payée, petite mère. Nous serons bientôt arrivés. Fais ce que tu dois faire et nous retraverserons le fleuve. Là, on te servira de l'oie rôtie, tu boiras les meilleurs vins et on te donnera assez d'or pour t'offrir le plus séduisant amant de Thèbes !

Les autres hommes se mirent à ricaner. La vieille magicienne protesta dans une langue qu'ils ne comprenaient pas, et ses lèvres laissèrent échapper des sonorités rudes et tranchantes qui les gelèrent jusqu'aux os. Ils se rappelèrent alors ce que l'on racontait à son sujet. Ne disait-on pas qu'elle savait faire surgir les spectres des ténèbres et appeler les forces du Mal pour envoyer l'ange de la Mort planer comme un grand faucon au-dessus de ses victimes ? Le chef amemet sentit la peur courir dans les rangs de ses hommes.

— Allons, en avant ! pressa-t-il.

Ils reprirent leur marche et gagnèrent bientôt le pied d'une basse colline. Levant les yeux, ils contemplèrent l'entrée surmontée d'un portique de la tombe inachevée de Touthmôsis. Le chef choisit deux de ses hommes et tous trois se mirent à ramper comme des serpents. Ils atteignirent le sommet du tertre pour s'arrêter quelques instants afin d'observer la situation. Ils ne virent que trois gardes paresser, appuyés nonchalamment contre les piliers, leur casque de bronze ôté, leurs armes empilées dans un coin. Ils bavardaient, plusieurs cruches de bière éparpillées à leurs pieds. D'un geste bref, le chef fit signe à ses hommes de se préparer. La magicienne fut laissée à l'arrière tandis que le reste du groupe glissait vers le sommet de la colline. On ouvrit un sac, des arcs de corne et des flèches furent distribués. Trois des assassins s'agenouillèrent. L'un des gardes, plus vigilant que les autres, entendit un bruit et, ayant saisi une torche suspendue au mur, s'élança. Il fut le premier à mourir lorsqu'une flèche à barbelures décorée de plumes le frappa en pleine gorge. Ses deux compagnons bondirent, cibles idéales à la lueur des torches. De nouveau, le sifflement des flèches. Les deux soldats moururent, les jambes agitées de tremblements, crachant leur sang. Les assassins foncèrent en avant, mais, au seuil de la tombe, ils s'immobilisèrent. Ces hommes, dépourvus de toute morale, qui ne croyaient à aucune des superstitions et des histoires propagées par les prêtres, ces hommes-là avaient soudain peur. Après tout, ce lieu était destiné à devenir le sanctuaire du pharaon Touthmôsis, lorsque son heure serait venue. C'était là qu'il reposerait dans sa gloire et que son kâ se transformerait au cours de la longue traversée qu'il accomplirait pour retrouver les dieux à l'autre bout du vaste horizon.

— Allons, en avant ! ordonna leur chef.

Il s'élança dans les couloirs sombres et entra pratiquement en collision avec un jeune officier à demi endormi. Tirant son poignard de sa ceinture, l'assassin le planta dans l'estomac du soldat. Tandis que celui-ci vacillait, l'Amemet saisit un gourdin de sous son manteau et l'abattit sur la tête de sa victime, projetant des morceaux de cervelle sur le sol. Puis il reprit son chemin, mais il ne rencontra plus âme qui vive.

Alors, retournant vers l'entrée, il lança :

— Amenez la sorcière !

Un court instant plus tard, la vieille femme, armée de sa brosse et de son pot rempli de sang humain, barbouilla l'entrée de la tombe en prononçant des invocations diaboliques pour maudire Pharaon maintenant et pour l'éternité. Le chef des assassins l'observait, intrigué par les signes qu'elle traçait sur la pierre, par ses mouvements furtifs et précis. Il s'étonna de voir une femme aveugle dessiner d'une main aussi experte, de l'entendre ainsi invoquer tous les esprits des ténèbres. Il se demanda ce qu'il pouvait bien y avoir de crédible dans la scène étrange qui se déroulait sous ses yeux. On les embauchait souvent, lui et ses hommes, pour accomplir de viles tâches. Mais aller maudire la tombe de Pharaon ? Calomnier son nom ? Et peut-être même, qui sait, empêcher son voyage vers l'ouest ? Pourquoi tout cela ? Que s'était-il passé pour susciter autant de haine et de malignité ? Le chef amemet ne connaissait rien de celui qui les avait engagés ni de la sorcière. Les instructions lui étaient parvenues de la manière habituelle et il y avait répondu en respectant les conditions fixées, acceptant sans discuter l'heure, le lieu et la mission.

Il retourna sur ses pas pour examiner les corps des soldats. Puis la sorcière conclut son sinistre rituel. Accroupie sous les étranges marques de sang tracées de sa main, paumes levées, elle psalmodiait une prière dans une langue étrangère, incompréhensible. L'Amemet se rappela les rumeurs qui couraient sur son compte parmi de ses hommes. On disait qu'elle n'était pas une Égyptienne, qu'elle venait de la côte phénicienne avec ses pouvoirs et ses amulettes. Sa prière finie, elle se releva en chancelant.

— Voilà, c'est terminé, murmura-t-elle.

— Tu dis bien, petite mère, c'est fini !

D'un pas vif, il s'approcha d'elle par-derrière et, saisissant ses cheveux, renversa sa tête en arrière et lui trancha la gorge.

CHAPITRE PREMIER

Touthmôsis, le bien-aimé d'Amon-Rê, l'incarnation vivante d'Horus, maître du Pays noir, roi de Haute et Basse-Égypte, s'appuya sur le dossier incrusté d'or de son trône et regarda par le côté ouvert de la cabine de la barge royale. Il ferma les yeux et sourit. Enfin, il rentrait chez lui ! Dès qu'ils franchiraient le coude du fleuve, ils verraient Thèbes resplendissant de toute sa gloire. Sur ses rives septentrionales, de hauts murs et des colonnades. À l'ouest, les collines creusées d'alvéoles de la nécropole. Touthmôsis étendit ses pieds chaussés de sandales en or tandis que la barge gîta légèrement en amorçant un changement de cap. Sa proue – une tête de faucon dont le bec s'ouvrait sur un cri silencieux – fendait les eaux du fleuve tandis que la grand-voile se gonflait doucement sous le vent. Mais la brise mollit et l'embarcation ralentit. Des cris s'élevèrent. On réduisit les voiles et la barge reprit de la vitesse, tandis que les rameurs ployaient au-dessus de leurs avirons sous les ordres des timoniers, debout à l'arrière. Le premier homme de barre se mit à chanter un hymne à la gloire de Pharaon :

Il a repoussé l'ennemi, lui, le seigneur du ciel.
Il a fondu sur l'adversaire comme le faucon sur sa
[proie,
Grand est son nom !

Santé et longue vie ajouteront encore à ses [bénédictions !
Il est le Faucon d'or ! Le roi des rois !
Le bien-aimé de tous les dieux !

Le chant fut repris par les soldats et les marins qui, à la proue, surveillaient attentivement les flots, guettant le moindre banc de sable. Les rames s'élevèrent puis replongèrent dans l'eau éclaboussée de soleil.

Le visage impassible sous sa tiare de guerre bleue, Touthmôsis pensait à ses soldats : Rahimere, son vizir, Sethos, le procureur royal, Omendap, son général, et Bayletos, le chef des scribes. Ils étaient déjà tous partis pour Thèbes. Il ne restait que Ménéloto, le capitaine de la garde. Assis avec ses officiers, il discutait des nombreuses et lourdes tâches qui les attendaient à l'arrivée.

Au-dessus de la tête de Pharaon, les plumes d'autruche parfumées produisaient d'agréables courants d'air, de miraculeuses vagues de fraîcheur dans la chaleur torride du jour que le baldaquin brodé d'argent ne parvenait pas à repousser. Touthmôsis écoutait le récit de ses glorieuses victoires. Est-ce que tout cela comptait vraiment ? En quoi cela le flattait-il ? Il était allé voir la grande pyramide de Sakkara. Il avait lu les secrets gravés sur la stèle sacrée, rencontré par hasard d'extraordinaires mystères. Mais les choses s'étaient-elles réellement produites ainsi ? N'étaient-ce pas plutôt les dieux qui lui avaient parlé ? Ces mystères ne lui avaient-ils pas été révélés parce qu'il était le divin Pharaon, l'élu des dieux ?

« Tes reins sont d'or, tes mains de lapis-lazuli ! » Les paroles scandées par le poète royal accroupi à sa gauche faisaient écho aux prières entonnées par les marins et les rameurs. « Si belle est ta face, ô Pharaon ! Et si puissant ton bras ! Toi, si juste et noble en temps de paix, tu deviens terrible quand vient la guerre ! »

Le destinataire de ces odes louangeuses cilla. À quoi rimait tant de flatterie ? À quoi bon, aussi, tout cet or qui gonflait le ventre des galères impériales qui précédaient et suivaient sa barge tout au long de son voyage sur le Nil ? Toute cette richesse était éphémère...

Pharaon secoua la tête. Il contempla les rives sur lesquelles pesait une chaleur brumeuse et aperçut les étendards colorés portés par ses bataillons de chars chargés de l'escorter et de le protéger tout au long de son voyage vers Thèbes. Oui, tout ce pouvoir n'était qu'illusion ! Les armes de guerre, ses régiments de soldats surentraînés portant le nom des dieux, les Horus, les Apis, les Ibis et les Anubis. Tout cela n'était que poussière sous le soleil. Touthmôsis connaissait à présent le secret des secrets. Il avait écrit à sa bien-aimée, sa noble épouse Hatchepsout, et, à son retour, il lui raconterait son extraordinaire découverte. Elle le croirait, tout comme son ami le grand prêtre, Sethos, le gardien des secrets de Pharaon, « les yeux et les oreilles du roi ». Touthmôsis soupira et posa ses insignes royaux : le fléau et la crosse. Il effleura le pectoral brillant qui ornait son torse, secoua les jambes, faisant cliqueter son vêtement incrusté d'or.

— J'ai soif !

Son valet, chargé de porter sa coupe, accourut de l'autre bout de la cabine de soie et porta à ses lèvres le calice d'ivoire. Il but quelques gouttes de vin doux avant de tendre la coupe à son maître. Touthmôsis but à son tour et lui rendit la coupe au moment où la vigie, postée à la proue de la barge, lança un cri. Touthmôsis regarda vers la droite. Thèbes était proche ! La barge s'approcha de la rive. Dans les roseaux, un hippopotame, effrayé par le bruit, s'ébranla avec fracas, chassant vers le ciel des dizaines d'oies affolées qui s'envolèrent au-dessus des marais de papyrus. Les régiments de chars cheminant sur la rive étaient presque devenus invisibles. Ils se préparaient à rejoindre les autres troupes massées à l'extérieur de la ville. Touthmôsis soupira d'aise. Enfin, il rentrait chez lui ! Hatchepsout, sa reine, l'attendait. Il allait pouvoir se reposer.

Sous les portiques du temple d'Amon-Rê, un groupe de jeunes femmes se tenait à l'ombre des hauts piliers. Les lourdes mèches noires et lustrées de leurs perruques drapaient leurs épaules. Leurs robes de lin plissées, si fines qu'elles en étaient presque transparentes, les enveloppaient de la tête aux pieds, aux ongles teintés de henné et chaussés de sandales d'argent. Leurs mains se refermèrent sur les sistres sacrés, des anneaux de métal fixés à une poignée de bois. Quand elles les agitaient, les instruments laissaient échapper un tintement lugubre. Puis ce fut à nouveau le silence. Bientôt, les jeunes femmes accueilleraient avec force clameurs le retour de leur dieu. Il s'agissait des prêtresses d'Amon-Rê, rassemblées autour d'Hatchepsout, leur reine, la demi-sœur et épouse de Pharaon. Vêtue, elle aussi, d'une robe taillée dans le lin le plus précieux, elle portait sur sa tête tressée d'or la couronne en forme de vautour des souveraines d'Égypte et, dans ses mains, le sceptre et la verge, symboles du pouvoir royal. Hatchepsout entendit les prêtresses glousser, mais ses yeux frangés de khôl demeurèrent immobiles. Aussi impassible qu'une statue, elle gardait les yeux fixés sur la cour inondée de soleil où des rangées de prêtres en robe blanche et au crâne rasé attendaient le retour de Pharaon. Une brise apaisait le poids oppressant de la chaleur et agitait les bannières et les banderoles suspendues aux massives colonnes de pierre. Hatchepsout contempla les crânes nus des prêtres puis la foule massée dans la seconde cour – officiels et administrateurs placés selon leur rang et surveillés par des fonctionnaires armés de leur baguette de commandement. Au-delà de la deuxième cour s'étendait la Voie sacrée, qui courait jusqu'à la cité où les habitants s'étaient attroupés le long de l'avenue des Sphinx, serrés entre les immenses formes tapies d'animaux en granit noir à tête humaine et au corps de lion.

Hatchepsout entendit les percussions des sistres et le timbre éclatant des trompettes, portés faiblement par la brise. Elle remarqua un reflet de soleil sur une armure et vit au loin les hordes de soldats marcher en rangs sur la Voie sacrée en direction de la ville. Elle reconnut à leur peau d'ébène les troupes de la garde royale – des Noirs originaires du Soudan – ainsi que la légion étrangère des Shardanas arborant leurs casques à cornes décorés. Touthmôsis rentrait chez lui ! Et, pourtant, au lieu de s'en réjouir, Hatchepsout sentait son cœur étreint par l'angoisse. Elle avait étudié attentivement le papyrus et ignorait toujours si son mystérieux auteur consentirait à partager ses secrets avec son époux et demi-frère. Elle leva la tête. La foule des choristes venait d'entamer les hymnes de victoire.

Il a levé son poing !
Dispersé l'ennemi par la seule force de son bras !
La terre entière lui est soumise !
Il piétine l'adversaire comme des raisins sous ses
[pieds !
Lui le glorieux, lui le majestueux !

Le chant fut noyé sous les clameurs exaltées de la foule. Pharaon et ses troupes fières venaient de s'engager sur la Voie sacrée. Bientôt, il entrerait dans le temple. Massés dans les cours intérieures, les hauts fonctionnaires et les prêtres cessèrent de chuchoter et attendirent le grand moment dans un silence crispé. Pharaon revenait de guerre ; Pharaon était victorieux car le divin Amon-Rê l'avait couronné de ses bénédictions. Mais bientôt reviendrait le temps des comptes et des bilans. Les livres seraient ouverts, les calculs vérifiés de près, les juges et les scribes convoqués devant le puissant souverain. Ainsi que le murmurait l'un d'entre eux : « Le gros chat va retrouver son panier… »

Hatchepsout se dirigea en haut des marches tandis que les jeunes prêtresses se déployaient en rangs gracieux à sa suite. Tous, maintenant, gardaient les yeux fixés sur les hautes portes de bronze qui marquaient l'entrée du temple. Des cris retentirent : « Longue vie ! Prospérité ! Santé ! », et les notes stridentes d'une trompette déchirèrent l'air, imposant le silence. La voix du héraut retentit au-dessus des têtes : « Comme il est magnifique, notre seigneur, lui qui revient chargé de victoires ! »

En cet instant, les lourdes portes de bronze commencèrent à s'ouvrir et le cortège pénétra dans les cours intérieures du temple. Les prêtres vêtus de blanc s'avancèrent, puis les officiers de la garde royale, leurs têtes coiffées de longues plumes, leurs lourds colliers d'or et leurs bracelets étincelants sous le soleil, leurs lances levées fièrement. Puis ce fut au tour des membres du Conseil royal. Le cortège s'arrêta et les trompettes retentirent à nouveau. Alors, Pharaon entra, précédé des porteurs d'étendards et de bannières. Touthmôsis voyageait dans un palanquin d'or et d'argent porté sur les épaules de douze valeureux. Le palanquin s'immobilisa et tous se prosternèrent au son des trompettes. D'une démarche gracieuse, Hatchepsout se dirigea vers son époux, escortée par les prêtresses qui jouaient de leurs sistres et chantaient des hymnes de bienvenue. Le palanquin royal fut déposé sur le sol et, presque aussitôt, entouré par l'élite des fonctionnaires royaux. Touthmôsis quitta son trône, ajusta les plis de sa robe et se mit à grimper le grand escalier du temple. Agenouillée, les mains jointes, Hatchepsout regarda l'ombre de son époux glisser lentement de marche en marche. Elle ferma les yeux. Si seulement la joie venait lui réchauffer le cœur ! Si seulement elle pouvait annoncer de bonnes nouvelles à son bien-aimé qui revenait de la guerre. Lui dire que Akhet, la crue du Nil, avait été l'une des plus fécondes, que les rapports des nomarques, les gouverneurs des provinces, étaient tous optimistes…

Quand elle rouvrit les yeux, une ombre la surplombait. Hatchepsout courba la tête, mais la main de son époux lui saisit délicatement le menton. Elle osa enfin lever les yeux. Touthmôsis sourit, mais son visage, sous le maquillage rituel, semblait anormalement pâle. Le trait de khôl autour de ses yeux soulignait une expression hagarde. La reine se sentit transpercée par l'angoisse. Son époux bien-aimé, l'élu des dieux, le triomphateur qui venait d'écraser l'ennemi, ressemblait à un homme qui venait de traverser le fleuve de la Mort pour ne trouver que poussière sur l'autre rive. Un sourire plissa les yeux de Touthmôsis tandis qu'il s'inclinait imperceptiblement vers sa femme en murmurant : « Tu m'as manqué ! Je t'aime ! » Elle découvrit, au creux de sa main ouverte, une fleur de lotus en or sertie de pierres précieuses et attachée à une chaîne d'argent. Il la glissa autour de son cou puis aida la jeune femme à se redresser. Le pharaon et sa noble épouse se tournèrent vers la foule, les mains étendues, prêts à recevoir saluts et acclamations.

Les trompettes retentirent, accompagnées par le son éclatant des cymbales. De lourdes volutes d'encens s'échappèrent par vagues dans le ciel, parfumant l'atmosphère et dispersant leurs bienfaits purificateurs sur toute l'assemblée. Pharaon ne parlait pas. Sa bouche était trop sacrée, chacun de ses mots trop précieux. Le moment était venu pour lui de communiquer avec les dieux. Une nouvelle trompette résonna et les membres de la garde royale se précipitèrent à l'avant du cortège pour ouvrir la voie. Juste derrière marchaient les prisonniers de guerre aux cheveux noirs, à la peau cuivrée, dépouillés de leurs atours et de leurs armes, les mains liées au-dessus de la tête. On les fit s'agenouiller au pied des marches du temple. Sachant à l'avance ce qui allait arriver, Hatchepsout ferma les yeux. La main de Pharaon fendit l'air d'un mouvement vif et les bourreaux s'avancèrent. Ligotés et bâillonnés, les prisonniers ne purent esquisser le moindre geste de défense quand on leur trancha la gorge. Leurs corps ensanglantés jonchèrent bientôt les dalles sous les yeux de tous les dieux d'Égypte et de Pharaon le Tout-Puissant.

— Tout est accompli, murmura Touthmôsis.

Hatchepsout rouvrit les yeux sans pour autant oser abaisser son regard. La puanteur emplissait l'air et elle sentit flotter les relents douceâtres du sang et de la mort. Tout ce qu'elle souhaitait désormais, c'était que son époux ne tarde pas à pénétrer dans le temple pour se prosterner au pied de l'immense statue d'Amon-Rê et y répandre l'encens. Elle respira, soulagée en voyant Pharaon esquisser un mouvement et, tandis que le grondement de la foule exaltée s'amplifiait, avancer dans la fraîcheur des colonnades sur le sol dallé de marbre, entre les hauts pylônes peints de couleurs vives. La colossale statue du dieu, assis sur son trône de gloire, se profila devant eux. Pharaon observa une courte pause, les yeux fixés sur les flammes vacillantes qui s'échappaient de la grande vasque placée devant la statue. Un prêtre s'avança, une coupe d'or dans les mains. Les paupières baissées, il lui tendit la coupe et une cuillère d'argent. Mais Touthmôsis demeura immobile et Hatchepsout, surprise, le regarda. Que se passait-il ? Lui, le grand triomphateur des terres du Nord, devait remercier les dieux pour lui avoir accordé la victoire. Ne le savait-il pas de toute éternité ? C'était le rite immuable, le passage obligé pour s'acquitter de sa dette envers les puissances invisibles.

Touthmôsis laissa échapper un profond soupir. Il s'avança et répandit l'encens devant la statue du dieu. Hatchepsout se tenait juste derrière, attendant que Pharaon s'agenouille sur les coussins écarlates ornés de glands d'or. Mais il n'en fit rien. Il se tenait debout, les yeux levés vers l'immense silhouette de granit noir, scrutant le visage immobile du dieu. Puis il leva les mains, paumes ouvertes, comme sur le point d'entamer une prière. Mais, presque aussitôt, il les laissa lourdement retomber, comme si ce seul effort le vidait de ses dernières forces.

— Mon seigneur et maître ! souffla Hatchepsout. Que se passe-t-il ?

Touthmôsis contemplait fixement la cour derrière lui. Les clameurs cessèrent pour faire place à un murmure de mécontentement, à un sourd grondement de colère. Un prêtre s'approcha en courant du cortège royal. Il se prosterna, le front contre terre.

— Eh bien ? questionna Touthmôsis. Qu'y a-t-il ?

— Un présage, Votre Majesté. Des colombes se sont abattues du ciel dans la cour.

— Et alors ?

— Elle était blessée et du sang a coulé de son corps avant même qu'elle ait touché terre !

Touthmôsis vacilla et son menton se mit à trembler. Sa mâchoire se contracta tandis qu'il portait la main à sa gorge. Puis sa tête se renversa en arrière si brusquement que la double couronne rouge et blanche glissa pour aller se fracasser sur le sol. Hatchepsout se mit à crier et tendit les bras pour retenir son époux qui s'effondra contre elle, saisi de convulsions. Elle coucha doucement sur le sol son corps déjà rigide et vit ses yeux rouler dans leurs orbites. De l'écume moussa au coin de sa bouche peinte en rouge.

— Mon bien-aimé ! chuchota Hatchepsout.

Elle sentait déjà son corps devenir inerte lorsque, soudain, il releva la tête, les yeux grands ouverts.

— Un leurre… balbutia-t-il. Tout cela n'est qu'un leurre…

Hatchepsout se pencha pour écouter le murmure qui s'échappait de ses lèvres. Puis Touthmôsis, le bien-aimé de Rê, fut parcouru d'un ultime frisson et rendit l'âme.

Durant le mois de Mechir, à la saison des semailles, après le deuil officiel prononcé à la suite de la mort soudaine du pharaon Touthmôsis II, Amerotkê, le juge en chef de la cité de Thèbes, exerçait ses offices dans la salle des Deux Vérités, au temple de Maât. Il était assis sur un siège bas en bois d'acacia garni de coussins brodés de hiéroglyphes exaltant les merveilleuses qualités de Maât. Sur les murs, des fresques représentaient les quarante-deux démons, d'étranges créatures à tête de serpent, de faucon, de vautour ou de bélier. Chacun d'entre eux tenait un poignard. À leurs pieds, des cartouches indiquaient leurs noms, peints en ocre brillant : « Le teinturier de sang », « Le briseur d'os », « L'ironique », « L'œil de braise », « Le mangeur d'ombres », « Le souffle dévorant », « La jambe de feu », « Les dents blanches ». Ces créatures habitaient dans les antichambres des dieux, prêtes à dévorer les âmes pesées au fléau de la divine justice et trouvées en défaut. Les tables en bois de cèdre de la loi d'Égypte et les décrets de Pharaon étaient posés devant Amerotkê. Derrière lui, les hautes statues de granit noir d'Osiris, portant la balance de la vie et de la mort, et de Horus, Celui-qui-voit-tout.

De l'autre côté des majestueuses colonnes recouvertes de brillantes couleurs, on pouvait apercevoir les jardins de Maât. Amerotkê y jeta un regard pour apercevoir entre les imposants piliers les riantes prairies d'un vert tendre où paissaient les troupeaux de la déesse sous la fraîcheur bienveillante des grands arbres. Des oiseaux multicolores voletaient autour de fontaines qui éclaboussaient en chantant l'eau des bassins ornementaux.

Jambes croisées, Amerotkê étudiait les parchemins de papyrus étalés sur le sol devant lui. Le reste de la cour l'observait dans un silence respectueux. Groupés sur un côté, les scribes vêtus de blanc attendaient, leurs crânes rasés penchés sur de petits pupitres où reposaient des instruments : palettes d'encre rouge et noire, pots d'eau, stylets, roseaux taillés, pinceaux, pierres ponces, pots de colle et fines lames destinées à couper les papyrus.

Prenhoe, le plus jeune d'entre eux, observait le juge avec impatience. Tous deux étaient de lointains parents et Amerotkê représentait tout ce que Prenhoe admirait le plus. Dans sa trente-cinquième année, Amerotkê avait été promu au rang de premier juge de la salle des Deux Vérités. Né et élevé dans la caste des courtisans royaux, Amerotkê s'était très tôt fait remarquer par sa sagacité, son sens de la justice et de l'intégrité. Lui aussi avait le crâne rasé, hormis une mèche de cheveux noirs tressée d'or et d'argent qui pendait au-dessus de son oreille droite. Le corps aussi musclé et souple que celui d'un athlète, il portait avec élégance une robe blanche bordée de pourpre. Prenhoe, lui, se sentait mal à l'aise dans sa tunique. Il rêvait de s'en débarrasser pour aller plonger dans la piscine sacrée et oublier dans ses eaux fraîches la chaleur moite de cet après-midi. Heureusement, songea-t-il, l'affaire tirait à sa fin. Amerotkê avait averti Prenhoe que ce jour serait sombre. Deux sentences de mort seraient prononcées, ici et dans une autre cour.

Le juge s'agita sur ses coussins. Un rayon de soleil joua avec le pectoral d'or dédié à Maât qu'il portait à une chaîne fixée autour de son cou. Les doigts d'Amerotkê se refermèrent sur le bijou tandis qu'il jetait un regard courroucé au prisonnier agenouillé devant lui. À sa droite, un homme et une femme entre deux âges se tenaient côte à côte, les bras enlacés, les joues baignées de larmes. Un peu plus loin, le petit groupe des témoins se blottissaient à l'ombre des piliers. Amerotkê prit une longue inspiration et leva les yeux vers le sommet du portique, comme pour scruter les hauts contours rouge sombre des motifs sculptés dans la pierre. Tout était prêt. À l'autre bout de la salle, de l'autre côté de la porte de Vérité, attendait un détachement de soldats, vêtus de jupes de cuir et coiffés de casques de bronze. Leur commandant – qui était aussi le chef de la police du temple – se tenait à leur côté. Chauve et trapu, c'était aussi un cousin éloigné du juge.

— Avons-nous encore d'autres points à mentionner ? questionna Amerotkê en levant la main.

— Tout a été examiné, seigneur, répondit le chef des scribes en se penchant au-dessus de son pupitre. L'affaire a été entendue, les témoins écoutés, les serments prononcés.

Le juge laissa son regard courir sur les silhouettes accroupies des scribes.

— L'un d'entre vous aurait-il une bonne raison, ici, en présence de notre bienheureuse déesse Maât, de présenter quelque argument nouveau visant à nous empêcher de prononcer la sentence de mort ?

Les scribes ne bronchèrent pas. Certains d'entre eux secouèrent la tête, Prenhoe plus vigoureusement encore que les autres. Le juge croisa son regard et réprima un sourire. Puis il plaça ses mains au-dessus des coffrets enchâssés disposés de chaque côté de son siège. Taillés dans les plus beaux bois de sycomore et d'acacia, incrustés d'argent, ils contenaient de petits reliquaires consacrés à la divine Maât.

Prenhoe retint son souffle. La sentence allait être prononcée.

— Bathret ! appela Amerotkê en regardant le prisonnier droit dans les yeux. Lève la tête !

L'homme obéit.

— Écoute le jugement que je vais prononcer en présence des protecteurs de notre glorieuse Égypte. Puissent le dieu Thot et la déesse Maât m'assister dans ma tâche ! Tu es un homme mauvais, Bathret ! Ce que tu as fait est une abomination aux yeux de tous ! Par leur puanteur nauséabonde, tes actes irritent les narines des dieux ! À la cité des Morts, tu étais chargé de préparer les cadavres pour les funérailles et de collaborer aux rites de purification pour que le kâ des défunts puisse entreprendre son long voyage vers l'autre rive. Tu avais la confiance de tous et, malgré cela, tu as choisi l'ignominie.

Amerotkê désigna l'homme et la femme qui, agrippés l'un à l'autre, pleuraient à présent à chaudes larmes.

— Ils t'ont confié le corps de leur fille unique, morte de fièvres. Mais toi, tu en as abusé, tu t'en es servi pour ton propre plaisir ! D'autres embaumeurs t'ont surpris en train de copuler avec le cadavre de cette pauvre enfant. Quel acte abominable ! Quel blasphème ! Et ce n'est qu'en te livrant à la justice de Pharaon que tes confrères embaumeurs ont pu échapper au terrible châtiment qui les menaçait tous.

Le juge frappa fortement dans ses mains et ses anneaux d'or brillèrent fugitivement au soleil.

— Voici à présent ma sentence : tu seras conduit aux Terres rouges, au sud de la ville. Seuls t'accompagneront les gardes de ce tribunal. Ils y creuseront une tombe où tu seras enseveli vivant !

Amerotkê frappa une nouvelle fois dans ses mains.

— Que ce jugement soit consigné et immédiatement exécuté !

Le prisonnier se débattit en hurlant des obscénités tandis que les gardiens s'emparaient de lui pour l'entraîner hors de la salle. D'un petit geste de la main, Amerotkê demanda aux parents de la défunte et aux représentants des embaumeurs de s'approcher. Terrifiés par la dure sentence prononcée par le tribunal, ces derniers tombèrent à genoux, leur visage bouffi tremblant de peur, leurs mains tendues pour implorer la clémence.

— Pitié, seigneur ! gémirent-ils. Nous ne savions rien !

— C'était l'un des vôtres, coupa le juge. Vous devez compensation aux parents de la victime.

Les crânes rasés des embaumeurs plongèrent encore plus bas aux pieds du juge.

— Nous n'y manquerons pas, noble maître ! Nous les dédommagerons avec de l'or et de l'argent dûment poinçonnés.

Amerotkê leur jeta un regard dur. Ses grands yeux sombres semblaient percer l'âme de celui qui l'implorait ainsi. De plus en plus angoissé, celui-ci murmura faiblement :

— As-tu quelque autre requête à nous demander, maître ?

Mais Amerotkê se contenta de le fixer en silence, la main posée sur le pectoral de Maât.

— Que pouvons-nous faire de plus ? intervint un autre embaumeur.

Les yeux du juge se posèrent sur lui. Le chef des embaumeurs y lut un tel dégoût qu'il intervint aussitôt.

— Nous vous proposons une autre compensation, dit-il précipitamment. Par exemple de construire une nouvelle tombe avec galeries, chapelles et réserves pour cette exquise famille si durement éprouvée.

Amerotkê jeta un regard aux parents de la jeune fille tandis qu'un murmure de désapprobation courait dans les rangs des embaumeurs.

— L'un d'entre vous a-t-il quelque objection à formuler ? interrogea le juge d'une voix neutre. Souhaite-t-il accompagner le condamné aux Terres rouges pour y subir le même sort ?

— Non, non, bien sûr que non, s'empressa de répondre l'un d'eux en s'avançant.

Amerotkê l'examina. Celui-ci, au moins, avait le regard franc et sa voix trahissait les accents de l'honnêteté.

— Ce que notre compagnon a fait est abominable, reprit l'embaumeur. Je ne te demande pas, maître, d'avoir pitié de nous et de notre confrérie. Mais songe à ce que sera le châtiment du condamné. Prisonnier des sables rouges et brûlants, il les sentira envahir sa bouche et ses yeux… Il mourra comme un damné et sa dépouille offerte aux chacals du désert n'aura que les hurlements des hyènes pour seul hymne funéraire…

— Ainsi tu cherches à m'attendrir.

— Maître, j'implore seulement ta compassion pour cet homme, car il est mon cousin.

Amerotkê considéra de nouveau les parents en larmes.

— Rien ne peut venger l'affront fait à votre fille, leur dit-il. Cependant voulez-vous accorder votre pitié à cet homme ?

Les parents hochèrent la tête.

— En mémoire de notre enfant bien-aimée, nous voulons bien faire preuve d'un peu de bonté. La mort, seule, suffira pour châtiment.

— Alors qu'il en soit ainsi, déclara Amerotkê.

Puis il fit un signe à l'un des coursiers postés derrière les scribes :

— Toi ! Va dire aux gardes qui emmènent le condamné que la cour l'autorise à prendre du poison avant d'être enseveli.

Le jeune coursier sortit en courant. Amerotkê se leva et annonça que la séance était terminée.

— Justice a été rendue, annonça-t-il. L'affaire est classée.

Les embaumeurs sortirent à reculons en se prosternant, heureux de s'en tirer à bon compte. Amerotkê étreignit les mains des parents en leur recommandant de l'informer aussitôt si les dédommagements promis n'étaient pas réglés en totalité. Après quoi, il gagna la petite antichambre consacrée à la déesse Maât et qui lui servait de chapelle. Agenouillé devant le coffre sacré, il saupoudra d'encens la flamme vacillante de la chandelle et se plongea dans ses pensées. Le cas avait été heureusement conclu grâce à l'intervention de l'embaumeur. Justice était rendue. L'affaire, en effet, avait scandalisé Thèbes et porté grand tort à l'ordre des embaumeurs. Ce jugement rétablirait donc l'équilibre. Fermant les yeux, il demanda aux dieux de lui accorder un peu de leur infinie sagesse. D'autres affaires urgentes l'attendaient.

Des pas résonnèrent derrière lui.

— Maître, il faut partir !

Amerotkê soupira et se releva. Le chef de la police du temple se tenait sur le seuil, une main serrée autour de son bâton d'officier, l'autre refermée sur la garde de son épée. Amerotkê réprima un sourire. Par n'importe quel temps, Asoural tenait toujours à porter son armure de bronze, sa jupe de cuir et son casque à plume, dût-il mourir de chaud dans la fournaise des cours du temple ou de froid dans le vent ou sous la pluie. Bien que d'un tempérament parfois chicaneur, l'homme n'en demeurait pas moins un serviteur d'une parfaite intégrité. Amerotkê savait que rien ni personne ne parviendrait à le corrompre.

— Il est temps, insista Asoural.

Il esquissa un sourire et les replis de ses joues boursouflées lui cachèrent presque les yeux.

— Au fait, j'approuve ton jugement. Cela donnera à ces coquins de l'autre rive une leçon qu'ils ne seront pas près d'oublier.

Il s'écarta pour laisser le juge retourner dans la grande salle et, au passage, lui saisit le coude tout en lui emboîtant le pas. Amerotkê sourit. Asoural adorait montrer ostensiblement ses liens privilégiés avec le juge. Il tenait à ce que tous sachent qu'il n'était pas seulement son assistant mais aussi son ami.

Tout en traversant la cour, Asoural soupira :

— J'aimerais bien régler l'autre affaire aussi vite.

— De quoi s'agit-il ? questionna Amerotkê. De nouveaux cambriolages ?

Le chef de la police hocha la tête.

— Ah ça, rien à dire, ces gredins ont la malice du diable ! Les tombes sont pourtant toujours scellées avec le plus grand soin. Et, malgré cela, lorsqu'on les rouvre pour y ensevelir un nouveau mort, c'est pour découvrir qu'il y manque nombre d'objets précieux. Certains parlent même de démons. Dis-moi, maître, comment des êtres de chair et de sang parviennent-ils aussi aisément à traverser la pierre pour commettre leurs forfaits ?

— Et que volent donc ces prétendus démons ? demanda Amerotkê.

— Des colliers, des statuettes, des anneaux, des vases, des coupes, des écrins…

— Rien de volumineux, n'est-ce pas ?

— En effet.

— Tiens, tiens… Voilà donc des démons qui ne s'intéressent qu'à de petits objets précieux…

Croyant qu'il plaisantait, le chef de la police étudia l'expression d'Amerotkê.

— Tu crois donc…

— … que ce ne sont pas des démons, mais des voleurs extrêmement rusés, conclut Amerotkê. Prenhoe !

À présent que l'affaire était terminée, le scribe bavardait avec ses confrères. En s'entendant appeler, il sursauta et avança en se dandinant vers le juge tout en s'efforçant de dissimuler la tache d'encre qui maculait le devant de sa robe.

— Oui, Amerotkê… euh, maître…

— Trouve-moi le nom de cet embaumeur qui a pris la parole tout à l'heure pour implorer notre pitié. Il pourrait nous être de quelque secours. Je souhaite résoudre au plus vite cette histoire de viols de sépultures. Les voleurs sont forcément informés des trésors que contient chaque tombe. Pour avancer dans cette affaire, il nous faut l'aide de quelqu'un de la nécropole.

— Bien, maître. Et pour l'autre affaire ?

— Tout est prêt. Je souhaiterais tant ne pas avoir à m'en occuper !

Les yeux d'Amerotkê se posèrent sur une statue de Maât. Trois mois plus tôt, le pharaon Touthmôsis rentrait, chargé de victoires, pour mourir brutalement devant la statue d'Amon-Rê. Sa mort avait plongé le palais et toute la cité dans la consternation. On murmurait de drôles de choses et les rumeurs allaient bon train. Touthmôsis III, le fils de Pharaon, n'avait encore que sept ans et Hatchepsout, son épouse, ne connaissait rien à l'art de régner. On parlait d'une régence assurée par le grand vizir Rahimere. Naturellement, il avait fallu enquêter sur les circonstances de la mort soudaine qui avait terrassé Pharaon. Un médecin du palais, tout spécialement détaché pour examiner la royale dépouille, releva la trace d'une morsure de vipère à la hauteur du talon. On se souvint alors combien Pharaon avait paru faible tandis qu'on le portait dans son palanquin sur la Voie sacrée. Le seul moment où son pied toucha terre fut lorsqu'il quitta son trône pour embarquer sur la barque royale. Après de minutieuses recherches, on finit par trouver une vipère lovée tout contre le dais royal. Aucun complot contre la vie de Pharaon ne fut alors soupçonné mais l'on pointa aussitôt le doigt sur Ménéloto, le capitaine de la garde personnelle de Pharaon. Accusé de négligence et de manquement à ses devoirs, on le jeta au cachot pour le faire ensuite comparaître devant Amerotkê dans la salle des Deux Vérités.

— Quelle heure est-il ? s'enquit Amerotkê en sortant de sa rêverie.

Prenhoe étudia l'horloge à eau placée au-dessus d'une pièce ornementale à l'autre bout de la salle.

— Déjà la onzième heure, maître, annonça-t-il. Il nous reste trois heures.

— Amerotkê, je te rappelle qu'il y a encore un cas à traiter, insista le chef de la police.

Un murmure agita le groupe des scribes. Amerotkê tourna la tête et vit approcher deux silhouettes aux formes étranges. Le visage caché sous le masque de chacal d'Anubis, les émissaires de la chambre de la Mort portaient une jupe rouge et or, des ceintures cloutées de noir croisées sur leurs poitrines nues et le bâton à bout argenté, symbole de leur charge. Amerotkê fit courir ses doigts sur son pectoral à l'effigie de Maât et pria pour puiser au fond de lui ses dernières réserves de courage.

Les deux arrivants le saluèrent.

— Tout est prêt ! lança l'un d'eux.

Sous le masque, la voix prenait des accents caverneux.

— La sentence sera bientôt exécutée ! renchérit son compagnon.

— Je sais, je sais, répondit Amerotkê en agitant la main d'un air las. Et je sais aussi qu'il me faut y assister. Eh bien, puisqu'il doit en être ainsi, que justice soit faite !

CHAPITRE II

Précédé du premier bourreau et de ses assistants masqués, Amerotkê quitta l'enceinte du temple en compagnie d'Asoural et de Prenhoe. Après avoir traversé une petite cour intérieure, ils pénétrèrent dans la maison de l'Obscurité, un labyrinthe de cachots et de cellules situé sous le temple de Maât. Au pied des escaliers, Amerotkê leva les mains et un serviteur muet les aspergea d'eau sacrée. Il retourna ensuite son pectoral pour cacher le visage de Maât afin de dissimuler à la déesse ce qui allait se passer.

Ils empruntèrent un long passage obscur qui s'enfonçait sous terre. Les parois en pierre d'obsidienne étincelaient à la lueur des lampes à huile placées dans des niches. Chaque fois qu'il entrait dans cette antichambre de la mort, Amerotkê se sentait saisi d'un frisson de terreur. D'habitude, la sentence de mort par empoisonnement autorisait le condamné à regagner son domicile pour absorber le poison, quand il ne le faisait pas directement au tribunal. Mais le cas qui les occupait aujourd'hui était bien différent.

Le condamné avait non seulement tué sa femme et l'amant de celle-ci, mais aussi renversé plusieurs lampes à huile avant de s'enfuir, transformant la riche demeure d'un officier supérieur de l'armée égyptienne en un brasier infernal qui avait anéanti les bâtiments avoisinants. Prisonniers de la fournaise, tous les serviteurs qui y logeaient avaient été brûlés vifs. On avait retiré des décombres les corps des deux victimes du meurtre ainsi que ceux de sept autres malheureux. Or, quand la dépouille physique d'un défunt était détruite, il était impossible d'accomplir les rites funéraires. Leur kâ ne pourrait donc avoir accès à l'autre monde et ce sacrilège blasphématoire venait s'ajouter à l'infamie du meurtre.

Les deux assistants s'arrêtèrent de chaque côté d'une porte en épais bois de cèdre du Liban renforcé de barres de cuivre. Elle ouvrait sur une pièce presque entièrement plongée dans les ténèbres, obscure, éclairée seulement par quelques torches accrochées au mur. Deux soldats, des mercenaires du régiment shardana, se tenaient dans un coin, l'épée tirée. À l'extrémité de la pièce, un homme attendait, accroupi sur une natte de roseaux. On pouvait distinguer dans la pénombre son corps luisant de sueur car il ne portait qu'un pagne souillé et des sandales de papyrus. Le chef des bourreaux se plaça à côté de la couche. Selon la coutume, son visage était dissimulé derrière un masque de chacal en cuir bouilli, peint en noir. Les lignes figurant les oreilles, le museau et la gueule étaient tracées à l'or fin.

— Me voici ! annonça Amerotkê.

Le premier bourreau pointa dans sa direction sa hache de cérémonie à deux têtes. Quand il parla, sa voix, étouffée par le masque, paraissait encore plus sinistre.

— Salut à toi, Amerotkê, juge principal de Maât, qui officie dans la salle des Deux Vérités. Nous n'attendons plus que notre divin père, le grand prêtre Sethos.

Amerotkê s'inclina. Il connaissait le rituel par cœur. Sethos était à la fois le grand prêtre d'Amon et le procureur royal, c'est-à-dire les yeux et les oreilles de Pharaon. Il avait pour devoir de veiller au bon déroulement de la justice et à l'exécution des sentences. Amerotkê avait souvent croisé le fer avec lui dans sa vie professionnelle, ce qui n'excluait pas une profonde amitié entre les deux hommes.

Comme Amerotkê, Sethos était juge et prêtre, enfant de la divine maison. Il avait été éduqué à la cour de Touthmôsis Ier, ce vénérable et très rusé pharaon qui avait refoulé hors des frontières les ennemis de l'Égypte avant d'entreprendre son voyage éternel vers les lointains horizons de l'au-delà.

Amerotkê prit soin de ne pas croiser le regard du prisonnier, craignant que celui-ci, en y lisant de la compassion, ne se jette à ses pieds pour implorer sa grâce. Mais, puisque le jugement avait été rendu, seul Pharaon aurait pu y changer quelque chose. Officiellement, ce pouvoir reposait désormais dans les mains d'un enfant de sept ans, le fils de Touthmôsis II. Mais on murmurait à Thèbes que le pays, en réalité, n'avait plus de souverain. La mort subite de Touthmôsis avait plongé la divine maison dans le chaos et la ville de Thèbes bourdonnait de cancans et de ragots.

Des pas se firent entendre dans le couloir et Amerotkê tourna la tête vers la porte. Sethos fit son apparition, la tête rasée et huilée, vêtu d'une robe de lin blanc plissée. Ses sandales en feuilles de palme étaient cerclées d'or. Autour de son cou brillait un large collier d'émeraudes et d'améthystes pourpres qui jetaient des éclats de feu dans la pénombre. Son manteau de grand prêtre en peau de léopard, drapé sur son épaule, pendait le long de son dos. Un anneau d'argent se balançait à l'une de ses oreilles, étincelant à chacun de ses mouvements.

Le premier bourreau entama le rituel de salutations habituel. Sethos s'inclina et répondit d'une voix forte et profonde :

— Je suis venu à la maison de l'Obscurité pour m'assurer que la sentence de Pharaon, le bien-aimé d'Amon-Rê, l'œil d'Horus, le roi des Deux Pays, le béni d'Osiris, sera bien exécutée.

Il adressa un sourire de sympathie à Amerotkê auquel celui-ci répondit par un simple serrement des lèvres, échange discret de compréhension mutuelle car aucun d'eux n'aimait se retrouver en de telles circonstances.

— Que la sentence soit accomplie ! proclama Sethos. Et en présence de témoins !

Le bourreau saisit sa hache et frappa un coup sur chaque épaule du condamné.

— As-tu quelque chose à dire ?

— Oui !

L'homme se mit debout et Amerotkê aperçut alors les chaînes qui entravaient ses poignets et ses chevilles. Le condamné se traîna en avant, suivi de près par les bourreaux masqués. Les mercenaires shardanas s'agitèrent, inquiets, la main crispée sur leur épée, prêts à défendre le juge à la moindre attaque du prisonnier. Mais celui-ci se contenta d'esquisser un pauvre sourire tandis qu'il s'inclinait devant Amerotkê. Relevant la tête, il plongea son regard dans les yeux sombres du magistrat.

— Sans vouloir t'offenser, ô toi, vénérable dispensateur de la justice, es-tu certain d'avoir considéré tous les faits ?

— Tous ceux qui ont été exposés durant le procès, rétorqua Amerotkê. Tu as prétendu avoir rejoint ton unité de chars dans le désert au nord de Thèbes, assurant que tu voulais profiter de la fraîcheur du soir. Ton conducteur de char a confirmé cela sous serment.

Amerotkê effleura les emblèmes de Maât sur ses bagues.

— Cependant je tiens pour certain que la personne qui s'est introduite de nuit dans la maison devait connaître les lieux. Les voisins ont affirmé qu'elle était plongée dans le noir. Toi seul pouvais le faire. Toi seul pouvais savoir qu'il y avait dans les dépendances une réserve d'huile et de roseaux de papyrus bien secs qui devait provoquer un tel embrasement.

— Ton cocher a menti, ajouta Sethos. Et il se trouve à présent dans un camp de prisonniers dans les Terres rouges pour y réfléchir jusqu'à la fin de ses jours aux conséquences de son mensonge, bien qu'il mérite des louanges pour sa loyauté.

— Tu es coupable, confirma Amerotkê. Veux-tu donc continuer à mentir aux dieux ? Ton âme sera bientôt dans la balance pour être pesée devant Maât en face de la plume de vérité.

Le prisonnier soupira.

— J'ai tué ma femme, avoua-t-il. Et pourtant je l'aimais plus encore que la vie elle-même. Sais-tu seulement ce que c'est que de regarder une femme dans les yeux, de l'entendre dire qu'elle t'aime alors que, tout au fond de ton cœur, tu sais qu'elle ment ?

— La sentence doit être exécutée, grommela le bourreau.

Le prisonnier se tourna vers lui.

— Alors, donne-moi la coupe.

Le bourreau saisit un récipient cerclé d'or et le lui tendit.

— Que dois-je faire ?

— Rien, répondit le bourreau d'une voix douce. Seulement boire.

— Et ensuite ?

La voix du condamné trahissait maintenant de la nervosité.

— Quand tu auras bu tout le vin, marche dans la pièce jusqu'à ce que tu sentes tes jambes s'alourdir. À ce moment, allonge-toi sur ta couche.

Les yeux fixés sur Amerotkê, le condamné saisit la coupe sans émotion apparente. Il l'éleva comme pour porter un toast silencieux et, rejetant la tête en arrière, but d'un trait le vin empoisonné.

Amerotkê réprima un frisson. C'était toujours la même chose. La plupart des condamnés vidaient la coupe dans un état de transe, résignés devant la proximité de la nuit. Il pria en lui-même, espérant que le bourreau avait bien fait son travail et que la dose de poison agirait rapidement, sans prolonger inutilement l'agonie. Il baissa les yeux en se demandant pour la énième fois si des condamnés du genre de cet officier pouvaient distinguer au dernier moment des vérités cachées. Celui-ci avait-il vu quelque chose dans ses yeux ? Avait-il compris que ce juge qui le condamnait possédait lui aussi une âme torturée par le doute ? Parce que la femme si belle qui lui tenait lieu d'épouse aimait peut-être un autre homme ? Et comment allait-il réagir aujourd'hui même quand il lui faudrait juger son ancien rival, Ménéloto, capitaine de la garde, pour négligence criminelle lors de sa mission au service du bien-aimé Pharaon ? Amerotkê fut tiré de sa rêverie par Sethos qui se raclait la gorge et remuait les pieds comme pour soulager sa propre tension. Le prisonnier allait et venait, faisant tinter ses chaînes.

— J'ai l'impression d'être lourd, dit l'homme en s'étendant sur sa couche. Je ne sens plus mes pieds.

Le bourreau lui ôta ses sandales et massa ses orteils, remontant progressivement le long des jambes, puis des cuisses.

— Froid et raide, murmura le condamné. Le flux de la mort monte en moi. Veillez à ce que mes dettes soient payées.

— Ce sera fait, lui dit Amerotkê.

Le tribunal se saisirait des biens de cet homme et réglerait tout ce qu'il devait encore avant de transférer le reste à la maison de l'Argent, le trésor de Pharaon.

L'homme eut une convulsion, son corps s'arqua puis retomba inerte. Le bourreau posa la main sur son cou.

— Le flux de la vie ne coule plus dans ses veines, annonça-t-il.

Amerotkê soupira.

— La justice de Pharaon s'est accomplie, déclara Sethos.

Il s'inclina et, suivi par Amerotkê, quitta la maison de la Mort pour remonter le corridor au bout duquel attendaient Asoural et Prenhoe. Quand ils eurent gravi les marches et se retrouvèrent dans la petite cour intérieure, Sethos saisit le poignet d'Amerotkê.

— Comment va dame Norfret ?

— Bien.

— Noires sont ses tresses, noires comme la nuit, récita Sethos, citant un poème célèbre. Noire comme les grains de raisin est la masse de ses cheveux.

— C'est vrai, elle est toujours aussi belle, dit Amerotkê en riant, espérant que son collègue et ami n'y verrait pas d'offense.

— N'étiez-vous pas, toi et elle, des amis de Ménéloto ?

— Comme toujours, seigneur Sethos, tu te montres très direct. J'ai reçu Ménéloto une fois chez moi. Tout à l'heure, j'aurai à juger une affaire le concernant.

— As-tu pris connaissance des faits que j'ai exposés ?

Sethos agita son petit éventail à main en scrutant attentivement Amerotkê. « Que sait-il ? » se demanda Amerotkê. Celui qui était les yeux et les oreilles de Pharaon pouvait-il connaître les secrets des alcôves, ou les émois des cœurs ?

Après un coup d'œil à Prenhoe et Asoural, Sethos entraîna doucement Amerotkê vers le bassin où le ruissellement de l'eau dissimulerait leurs propos.

— Pourquoi tant de prudence ? protesta Amerotkê. On peut leur faire confiance !

— Je n'en doute pas. Dis-moi, tu ne t'inquiètes pas d'avoir à juger Ménéloto ? Il me semble qu'il aurait dû faire plus attention !

— Nous étudierons l'affaire cet après-midi. Tous les témoins seront entendus et je déciderai ensuite de la conduite à tenir.

Le procureur royal se mit à rire. Mains jointes en signe de respect, il s'inclina d'un air narquois.

— Me voilà remis en place ! Mes respects à dame Norfret.

Sethos s'éloigna en marmonnant à voix basse une prière à Amon. « Quel homme rusé ! songea Amerotkê. Un véritable renard ! » Grand prêtre d'Amon-Rê, autrefois chapelain de la reine mère, Sethos avait été aussi un très proche ami de Pharaon. Voulait-il se venger de l'homme dont la négligence avait causé la mort de son protecteur ? En tant que membre de la maison des Secrets, Sethos avait fait appel à toute son habileté pour monter l'accusation contre Ménéloto. Les yeux fixés sur l'eau miroitante, Amerotkê réfléchissait. Et si Sethos était lui-même impliqué dans l'affaire ?

— Est-ce que tout s'est bien passé, seigneur ?

Asoural et Prenhoe s'étaient rapprochés.

— La mort ne se passe jamais bien, répliqua Amerotkê. Mais la sentence a été exécutée et l'âme du condamné est maintenant dans l'antichambre du jugement. Que l'œil d'Horus, celui auquel rien n'échappe, distingue l'exacte vérité quand son âme sera dans la balancc.

— Et maintenant ? demanda Asoural.

Amerotkê le frappa gaiement sur l'estomac.

— Nous avons encore deux heures devant nous avant l'ouverture de la séance du tribunal. Et toi, capitaine de la police, tu as faim et soif. Tu devrais aussi aller voir le barbier. Je n'ai jamais vu des cheveux pousser aussi vite !

— C'est la chaleur, marmonna Asoural. Mais il est vrai que ce serait agréable de déguster une bière fraîche avec un ami, assis à l'ombre d'un sycomore.

Le chef de la police se tourna vers Prenhoe.

— Et en regardant passer les jolies filles, plaisanta Amerotkê. Prenhoe, tout est-il prêt pour la séance de cet après-midi ? As-tu bien vérifié ?

Le scribe fit un signe affirmatif.

— Alors tu peux me laisser seul un instant.

Il regarda les deux camarades s'éloigner et leva les yeux vers le ciel bleu. Il ne lui aurait pas déplu de se joindre à eux, de se promener dans le bazar, de se perdre dans les choses ordinaires et quotidiennes de la vie. Mais pour l'instant il se sentait sale, comme souillé. Il retourna son pectoral comme il convenait. Le son d'une corne retentit quelque part dans le temple, appelant à la prière. Amerotkê baissa les yeux sur l'image de la déesse Maât, si joliment gravée sur son pectoral, admirant ses tresses flottantes, ses grands yeux, ses mains gracieuses jointes dans un geste de supplication, son beau corps enveloppé d'une robe diaphane. Il poussa un soupir. La déesse lui rappelait sa femme et cela le mettait mal à l'aise.

Il regarda sur le mur du temple une fresque représentant le dieu Bessous, à l'aspect d'un nain grotesque et au visage redoutable. Elle était censée éloigner les scorpions et les serpents. Amerotkê effleura ses lèvres et murmura une oraison :

— Je te remercie de me rappeler à l'ordre !

Souvent il s'était dit qu'il aurait aimé savoir comment son page, le nain Shoufoy, occupait son temps quand il attendait son maître devant le temple de la Vérité.

Amerotkê traversa les cours intérieures, désertes à cette heure, franchit sur un pont ornemental le canal amenant les eaux du Nil dans l'enceinte du temple, puis longea le mur extérieur en se tenant à l'ombre des acacias et des sycomores. Une petite porte latérale le conduisit à un chemin d'où lui parvinrent des odeurs de cuisine et il atteignit enfin le vaste espace s'étendant devant les gigantesques pylônes du temple de Maât. Une foule nombreuse y était rassemblée : visiteurs venus du sud et d'aussi loin que la Première Cataracte, Libyens, nomades du désert, paysans de villages voisins, mercenaires de garnisons proches, sans compter les habitants de Thèbes. Tous étaient venus pour faire des achats dans les bazars et marchés des alentours, mais aussi pour offrir un sacrifice à la déesse après avoir franchi le grand portail orné de fresques.

Amerotkê traversa la grande place en espérant que personne ne le reconnaîtrait. Palmiers et acacias offraient une ombre bienvenue pour se protéger de la chaleur de midi. Barbiers, colporteurs, vendeurs de fruits ou de petits pains sucrés payaient des sommes élevées à la maison de l'Argent du temple de Maât pour avoir le droit de s'installer dans cet endroit privilégié.

« Là où on vend de la nourriture, Shoufoy ne doit pas être loin ! » se dit Amerotkê.

Il le trouva assis à l'ombre d'un acacia, juste à côté d'un groupe important de visiteurs, son parasol piqué dans le sol. Apparemment, le nain semblait très occupé. Sur un petit tapis déroulé devant lui, il avait disposé tout un choix d'amulettes et de turquoises.

— Approchez et achetez ! clamait-il de sa voix profonde. Vous, les visiteurs venus en foule offrir un sacrifice à la déesse de la Vérité ! Pour quelques debens de cuivre, vous pouvez acquérir une amulette de Maât, bénie par mon saint maître lui-même, le seigneur Amerotkê, juge principal de la salle des Deux Vérités !

Amerotkê veilla à rester à l'écart. Quand, un peu plus tard, Shoufoy se tourna dans sa direction, il aperçut son visage affreusement défiguré, dépourvu de nez. Comme toujours, à ce spectacle, son cœur se serra. Autrefois, Shoufoy avait fait partie de la bande des rhinocéros, des malfaiteurs condamnés par les tribunaux et auxquels on avait coupé le nez. Ils vivaient en communauté dans un petit village au sud de Thèbes. Mais, dans le cas de Shoufoy, il s'était agi d'une erreur judiciaire. Après lui avoir accordé le pardon de Pharaon, Amerotkê avait pris à son service cet ancien ouvrier du cuir, originaire de Menonia, pour en faire son page et son porteur de parasol.

Amerotkê s'éloigna discrètement. À présent qu'il connaissait l'origine des nouvelles ressources de Shoufoy, il décida de le laisser faire, jugeant cette activité inoffensive. Il se demandait seulement où le nain pouvait bien se procurer ces amulettes.

Il se joignit au flot de pèlerins qui se dirigeaient vers les imposantes colonnades. De gigantesques peintures de la déesse Maât ornaient de part et d'autre le portail monumental.

— Béni soit ton nom ! murmura-t-il.

À la gauche du portail, Maât, vêtue d'une robe de lin plissée, était assise sur ses talons, bras croisés. Deux grandes plumes d'autruche se dressaient sur sa tête, symboles de vérité et d'intégrité. À droite, une scène du Livre des morts représentait Thot et Horus, occupés à peser les âmes des défunts. L'un des plateaux de la balance était occupé par le cœur du mort, l'autre par la Justice et la Vérité. Maât observait la scène, attendant de savoir de quel côté pencherait le fléau. Si la vérité l'emportait, le mort serait admis dans la maison divine. Sinon, les « dévoreurs », ces créatures grotesques, l'attendraient pour le mettre en pièces.

Le temple de Maât était l'un des favoris des habitants de Thèbes et de bien d'autres encore. L'air bourdonnait de conversations dans toutes sortes de langues ou de dialectes. On y voyait aussi bien des dames de la haute société, avec leurs perruques chargées d'ornements et leurs robes plissées, en compagnie de leurs époux – des marchands ou des notables vêtus de robes blanches et chaussés de sandales aux lacets d'or –, que des paysans, des visiteurs venus du Delta, des ouvriers, des artisans. Les parfums de la myrrhe, de l'encens et des onguents dont les riches enduisaient leur corps se mêlaient aux relents de graisse ou de fumier émanant des vêtements des artisans ou des paysans. Chacun agitait des éventails ou des plumes parfumées pour rafraîchir l'air. Amerotkê suivit les pèlerins tête baissée pour ne pas être reconnu des scribes qui l'assistaient au tribunal.

La foule emprunta le dromos, l'allée sainte menant à la porte principale, bordée de sphinx, des animaux au corps de lion et à la tête de taureau ou de bélier. À l'entrée se tenaient des scribes dans leurs robes de lin étalées sur leurs genoux pour leur servir de pupitre, plumes et feuilles de papyrus à portée de main. Ils se chargeaient de rédiger les demandes des fidèles à la déesse et les remettaient ensuite aux prêtres.

Le temple n'était pas seulement un lieu de culte. Au-delà de la grande salle des Colonnes se trouvaient les tribunaux secondaires où l'on jugeait les cas de moindre importance. Devant l'un d'eux, une violente querelle avait éclaté entre deux voisines. L'une clamait que, pendant qu'elle se baignait dans le Nil, l'autre avait déposé parmi ses vêtements un crocodile en cire, un maléfice faisant appel pour la tuer aux bêtes féroces qui se cachent dans les roseaux. L'autre, une grosse femme dont le mari vendait du poisson, protestait bien fort qu'elle était tout à fait incapable de modeler un crocodile dans de la cire et en appelait à la déesse de la Vérité ! De toute façon, affirmait-elle, il faudrait une armée de crocodiles pour tuer une femme aussi diabolique que sa voisine ! À côté, un scribe notait la plainte d'un ouvrier du cuivre qui assurait d'une voix forte avoir versé de bons anneaux de bronze à un médecin pour soigner son enfant souffrant de mal de dents. Selon ses prescriptions, il avait scrupuleusement fait bouillir une souris et placé ses os dans un petit sac de cuir placé à côté de la joue de l'enfant. Non seulement cela n'avait eu aucun effet mais, en s'agitant à cause du mal, l'enfant s'était blessé contre les os pointus.

Amerotkê aimait prêter l'oreille à ces histoires, si infimes soient-elles, entendre l'exposé des faits, la manière dont ils étaient pesés et le verdict final. Maât avait parlé, justice était rendue. Baissant les yeux sur ses mains il crut voir un éclat rouge à l'extrémité de ses doigts, comme s'il les avait trempés dans du henné. Mais ce n'était sans doute que le reflet de la lumière sur les colonnes aux couleurs vives. Cela lui rappela néanmoins l'exécution à laquelle il avait assisté au début de la matinée. Il se hâta de traverser la salle hypostyle dont les hauts piliers, recouverts de plaques d'or, étaient sculptés en forme de fleurs de lotus. Avec son plafond peint, elle donnait aux visiteurs l'impression de marcher sur une surface liquide par une profonde nuit étoilée. Amerotkê appréciait la beauté du lieu. Empruntant une porte latérale, il suivit un couloir conduisant à l'académie que l'on appelait aussi maison de Vie. C'était là qu'étudiaient les médecins, les astrologues, les archivistes et les élèves du temple.

Il traversa le parc planté d'essences rares et variées pour gagner le bassin sacré qui se trouvait devant la chapelle rouge – un petit sanctuaire dédié à la déesse Maât et réservé aux juges principaux et aux prêtresses du temple. Le porche dominant le bassin était orné d'une fresque représentant Rê traversant les cieux dans sa barque.

Amerotkê s'arrêta et attendit qu'un des prêtres de rang inférieur s'approche de lui.

— Seigneur Amerotkê ?

— Je désire me purifier.

— As-tu péché ?

C'était la demande rituelle.

— Tous les hommes pèchent, fut la réponse tout aussi rituelle. Mais je désire m'immerger dans la vérité, purifier ma bouche et mon cœur.

Le prêtre fit un signe en direction du bassin. Son eau était pure car les ibis venaient y boire.

— La déesse t'attend ! murmura-t-il.

Amerotkê se débarrassa de ses vêtements, de son pectoral, de ses anneaux, ne gardant que son pagne, et tendit le tout au prêtre qui les plaça sur une pierre de basalte creusée en forme de siège. Puis il descendit les marches pour se plonger dans l'eau. Le bassin était bordé de tuiles vertes et l'eau, jaillissant d'une source, scintillait au soleil. Il respira profondément et ferma les yeux. Des cuisines et échoppes voisines lui parvint l'odeur d'aliments en train de cuire. Mais les abattoirs du temple étaient proches également et il perçut aussi un fade relent de sang. Il resta quelques instants immobile et respira à nouveau profondément. Cette fois, l'air était pur. Il tendit une main et le prêtre, secouant une coupe d'or, y déposa quelques grains de natron. Amerotkê les mouilla puis, après avoir frotté ses paumes l'une contre l'autre, se nettoya la figure. Quand ce fut fait, il se pencha en avant et se mit à nager lentement jusqu'à immerger totalement son corps, ouvrant les yeux sous l'eau pour les débarrasser de toutes les impuretés, aiguisant son esprit, rétablissant en lui ce sens de l'harmonie dont il aurait tant besoin, ensuite, pour affronter l'affaire délicate et dangereuse qu'il allait devoir juger. Se coulant dans l'eau aussi adroitement qu'un poisson, il regagna les marches et s'y ébroua. Le prêtre lui tendit des bandes de lin pour s'essuyer. Quand il fut rhabillé, Amerotkê accepta une coupe de vin mêlé de myrrhe et pénétra dans la chapelle rouge de Maât.

L'endroit était sombre, éclairé seulement par des lampes d'albâtre placées sur des étagères le long des murs. Dès qu'il fut entré, un vieux prêtre du nom de Naos se précipita en agitant un encensoir. Une fumée épaisse et odorante s'en échappait. Après l'avoir élevé devant Amerotkê, le prêtre recula, suivi par son visiteur. Ils se trouvèrent devant le tabernacle où Naos déposa l'encensoir avant d'ouvrir la porte du reliquaire sacré. Amerotkê se prosterna puis leva les yeux vers la statue d'or et d'argent de Maât. La déesse était vêtue d'une robe de drap d'or et il la contempla avec adoration. Ces cheveux sombres et luisants, ce beau et long visage, ces lèvres pleines esquissant un sourire, ces yeux cernés de khôl, c'étaient aussi ceux de Norfret et il eut la certitude que la déesse, belle, froide et sereine, lui parlerait. Apaisé, il s'inclina profondément jusqu'à toucher le sol de sa tête, puis s'assit sur les talons.

— Respectes-tu la vérité, Amerotkê ? demanda le vieux prêtre, accroupi dans un coin.

C'était le début de l'échange rituel.

— J'ai prêté serment. J'ai recherché la justice et la vérité.

— Qu'est-ce que la justice ?

— Celle du divin Pharaon.

— Vie, santé et prospérité.

La voix du vieux prêtre tremblait et Amerotkê y perçut de l'incertitude. Le temps était venu, en effet, de se poser des questions. Qui, à présent, était Pharaon ? Le jeune Touthmôsis III ? Hatchepsout, l'épouse du Pharaon décédé ? Le pouvoir réel n'était-il pas plutôt entre les mains de Rahimere, vizir et grand chancelier ?

— Si tu recherches seulement la vérité, pourquoi astu jugé bon de te purifier dans l'eau que le baiser de l'ibis rend sacrée ?

Le vieux prêtre avait parlé, cette fois, sur le ton de la conversation.

— Parce que j'ai été témoin de la mort, répondit Amerotkê. Mon cœur est lourd et mon esprit troublé.

— À cause de ce qui s'est passé ou à cause de ce qui t'attend ?

Amerotkê se prosterna une nouvelle fois sans répondre. Le vieux prêtre soupira, se mit péniblement debout et alla refermer la porte. Amerotkê sortit à reculons afin de ne pas tourner le dos à la déesse tandis que le prêtre balayait le sol devant lui à l'aide d'un bouquet de plumes pour effacer toute trace de sa visite, comme l'exigeait le rituel. Une fois dehors, il joignit les mains et s'inclina.

— Tu as prié pour obtenir la sagesse, Amerotkê ?

Le juge s'écarta de quelques pas de crainte qu'ils ne soient entendus par un groupe de prêtres rassemblés autour du bassin sacré. Il gagna l'ombre d'un tamaris, suivi du vieux prêtre dont les sandales claquaient derrière lui sur les dalles.

— Nous savons ce qui doit se passer dans la salle des Deux Vérités, dit-il. Ne me fais-tu donc pas confiance, Amerotkê ?

Amerotkê déposa un léger baiser sur son front.

— Naos ! Tu es un père pour moi, toi qui vis dans l'intimité constante de la déesse. Mais tu es aussi curieux que les mouches qui volent à la surface de l'eau.

— Ou comme le poisson qui les gobe, rétorqua le prêtre avec malice en regardant le jeune juge de ses yeux ternis par l'âge. Tu es un enfant du palais, Amerotkê. Et ta réputation de soldat n'est plus à faire. On sait aussi que tu es un juge redoutable. Tu as une épouse très belle et deux jeunes fils dont tu peux te montrer fier.

Le vieillard effleura d'un doigt la poitrine d'Amerotkê.

— Et cependant, jamais tu ne connais la paix dans ton cœur. Ne crois-tu pas à nos dieux ? Ce que j'ai entendu dire serait-il donc vrai ? On raconte bien des choses sur la place du marché et dans la cour des temples…

Amerotkê détourna les yeux.

— Je crois en la nature divine de Pharaon, répondit-il lentement. Il est l'incarnation du grand Amon-Rê et Maât, sa fille, représente la Vérité et la Justice.

— Voilà une bonne réponse, observa Naos. Je vois que tu as fréquenté la maison de la Vie. Dans ce cas, mon fils, pourquoi es-tu poursuivi par des cauchemars qui te font douter de l'amour de ta femme ? Crois-tu qu'elle aurait pu avoir autrefois comme amant ce beau capitaine de la garde qui sera présenté tout à l'heure à ton jugement ?

Se rapprochant encore, il poursuivit :

— La saison des nuages est venue sur nos têtes, Amerotkê. À Thèbes, la main de notre bien-aimé Rê nous protège encore. Mais le divin Pharaon est mort et, bientôt, son empreinte sera recouverte par le sable. Voici que vient sur nos destins le temps des épées ! Bientôt, Amerotkê, nous devrons affronter la saison des hyènes ! Prends bien garde à toi !

CHAPITRE III

Le son plaintif des cornes de bélier déchira le silence dans la cour du temple quand Amerotkê prit place sur le siège du jugement incrusté de lapis-lazulis. Le dossier de cuir était cerclé d'or, les pieds sculptés en forme de lions assis. Devant, sur une petite table, les scribes avaient disposé les volumes contenant la loi de Pharaon. À droite, un petit autel consacré à la déesse Maât. Les cornes se turent. Le procès allait commencer.

Amerotkê jeta un rapide coup d'œil à Sethos, assis sur un siège de cuir noir. Celui qui représentait les yeux et les oreilles de Pharaon paraissait tendu et aux aguets, tel un serpent prêt à mordre. Amerotkê constata que les scribes avaient, eux aussi, perdu leur nonchalance habituelle. Ils se tenaient assis, jambes croisées, leurs feuilles de papyrus soigneusement étalées devant eux à côté de leurs plumes et de leurs cornes d'encre. Prenhoe capta son regard mais Amerotkê ignora le léger sourire qui venait d'apparaître sur ses lèvres. Il ne voulait révéler par aucun signe ni aucune parole qu'il savait parfaitement quel intérêt suscitait l'affaire appelée maintenant devant lui. À l'arrière, Asoural organisait la comparution des témoins, assisté de la police du temple. Un autre long son de corne retentit et des membres de la garde royale, des soldats du régiment Horus, introduisirent Ménéloto, un de leurs anciens capitaines, dans la salle des Deux Vérités.

C'était un homme grand et mince à la démarche légèrement chaloupée. Son nez un peu busqué prêtait à son visage une expression arrogante. Il regardait droit devant lui sans manifester de nervosité, si ce n'est par une légère crispation de sa lèvre inférieure. Il fit halte devant Sethos, s'inclina, puis s'assit bien droit, jambes croisées, les mains à plat sur les genoux, les yeux fixés sur Amerotkê. Le juge soutint son regard, scrutant ce visage de soldat sur lequel il ne décela nul signe de moquerie ou de suffisance.

— Seigneur juge !

Sethos avait parlé d'une voix sèche et Amerotkê faillit sursauter, mais il réussit à dissimuler son mécontentement.

— Tu as toute mon attention, répondit-il calmement.

— Seigneur juge, répéta Sethos en se tournant légèrement vers Ménéloto. Cette affaire appelée devant toi concerne la maison royale et la mort de notre bien-aimé Pharaon, Sa Majesté Touthmôsis II, fils bien-aimé d'Amon-Rê, incarnation d'Horus, roi des Deux Pays. Désormais, Pharaon a entrepris son voyage vers le lointain horizon et retrouvé son père au paradis.

Amerotkê et les scribes inclinèrent la tête et récitèrent une courte prière à la mémoire de Pharaon.

— Qu'Amon-Rê nous accorde la vie ! poursuivit Sethos. Il a rappelé son fils à lui et telle est sa volonté divine. Nous sommes tous dans la main des dieux. Mais nous savons que ceux-ci sont également entre nos mains.

Amerotkê cilla, admirant secrètement l'astuce de Sethos. Ce renard obligeait la défense à en appeler à Touthmôsis ! Sa mort soudaine était un effet de la volonté divine, mais le procureur royal venait de retourner la situation.

— Nous avons tous des devoirs vis-à-vis du fils bien-aimé d'Amon-Rê. As-tu pris connaissance des faits ?

Amerotkê hocha la tête.

— Le capitaine Ménéloto était chargé de veiller sur la personne de Pharaon et d'assurer sa sécurité sur la barque royale, *La Gloire de Rê*. Or, pendant le mois d'Athor, la saison des plantations aquatiques, notre divin Pharaon, bien-aimé de…

— Je te remercie, interrompit Amerotkê. La personne divine de notre Pharaon décédé nous est bien connue. En conséquence, durant ce procès toute référence à lui se fera sous le simple titre de Pharaon. Cela nous permettra de gagner beaucoup de temps. Nous ne sommes pas ici pour débattre de théologie, poursuivit Amerotkê en élevant la voix, mais pour déterminer la vérité. La mort de Touthmôsis II a été ressentie douloureusement dans tout le royaume. Des échos de cette douleur nous parviennent du Delta comme des Terres noires, au-delà de la Première Cataracte.

— Et nos ennemis s'en réjouissent, interrompit Sethos.

Un murmure de désapprobation courut parmi les scribes. Sethos baissa la tête. Il avait beau être grand prêtre d'Amon-Rê, ami personnel de Pharaon, les yeux et les oreilles du roi, il lui était interdit d'interrompre le juge principal. Amerotkê effleura son pectoral et leva la main droite.

— Nous sommes ici pour déterminer la vérité, déclara-t-il d'un ton sec. Les affaires concernant notre défense relèvent de la maison de la Guerre. À présent, poursuis ton exposé, Sethos.

Sethos leva les yeux vers le plafond représentant la voûte du ciel parsemée d'étoiles.

— Laisse-moi tout d'abord rappeler les faits. La barque royale, *La Gloire de Rê*, s'est amarrée à Thèbes. Le divin Pharaon est descendu de son trône et a quitté sa cabine pour monter dans le palanquin afin de traverser la ville. Tous ceux qui ont eu le privilège de l'apercevoir alors ont remarqué combien il avait l'air fatigué, écrasé par les charges de l'État. En réalité, quand son pied divin a touché le sol de sa cabine sur *La Gloire de Rê*, il a été mordu par une vipère. Le temps que Pharaon atteigne le temple d'Amon-Rê, le venin s'était répandu dans son corps. Il s'est alors écroulé et il est mort.

— Où s'était amarrée la barque avant d'arriver à Thèbes ? demanda Amerotkê.

— Quand le divin Pharaon a visité les pyramides de Sakkara. Les autres fois, elle a fait halte au milieu des eaux.

Amerotkê se tourna vers Ménéloto.

— Tu étais capitaine de la garde du divin Pharaon ?

— En effet.

— Et donc responsable de la sécurité à bord de *La Gloire de Rê* ?

— Naturellement !

Amerotkê ignora la nuance d'agressivité dans les réponses.

— As-tu inspecté la cabine de Pharaon pour t'assurer qu'il ne s'y trouvait ni vipère ni scorpion ?

La réponse fusa, cinglante.

— Elle ne contenait aucun être nuisible, pas plus humain que rampant dans la poussière.

L'un des scribes se mit à glousser et Amerotkê le foudroya d'un regard sévère.

— Capitaine Ménéloto, est-ce que tu réalises la gravité des charges qui pèsent contre toi ?

— Parfaitement, seigneur. Je sais ce que c'est que d'affronter un ennemi bien armé et quel danger cela représente. Je suis innocent et n'ai commis aucune faute. La barque royale a été explorée de la poupe à la proue à Sakkara et à chaque endroit où nous avons mouillé. Nous n'avons jamais trouvé aucune vipère.

— Dans ce cas, interrompit Sethos, le capitaine Ménéloto pourrait-il nous dire ce que nous y avons découvert après la mort de notre bien-aimé Pharaon ?

— Vous n'avez qu'à le préciser vous-même ! lança vivement Ménéloto. Puisque vous semblez tout savoir.

— Seigneur, dit Sethos en se tournant vers Amerotkê, je voudrais citer un premier témoin.

Le procès se poursuivit. Chaque partie produisit des témoins. Ceux de Ménéloto soulignèrent qu'il était un soldat courageux et digne de confiance, qu'il avait scrupuleusement examiné la cabine de la barque royale pour s'assurer qu'il ne s'y trouvait aucun danger pour Pharaon. Ceux de Sethos affirmèrent que ce n'était pas le cas. Tous prêtèrent d'abord serment en posant la main sur l'autel de Maât et en jurant de dire la vérité.

L'incertitude d'Amerotkê ne faisait qu'augmenter avec l'accumulation des témoignages. Quelque chose n'allait pas dans cette affaire. Il demeurait intimement convaincu que Ménéloto avait accompli consciencieusement son travail d'inspection. Pourtant, des membres de la garde royale avaient découvert une vipère aux écailles en dents de scie lovée sous le dais royal. On l'avait tuée aussitôt puis momifiée afin que son corps puisse être produit devant le tribunal. Le petit animal semblait à présent si insignifiant ! Comment imaginer qu'il avait causé tant de bouleversements à travers tout le royaume d'Égypte, du Delta aux Terres rouges et d'est en ouest ?

— Seigneur juge ?

Amerotkê releva la tête et vit que Sethos le regardait curieusement.

— Que se passe-t-il ? Les faits te rendraient-ils perplexe ?

Amerotkê cala son menton entre ses doigts et se permit un sourire. Le regard fixé sur la cour intérieure, il vit que le soleil s'estompait. Une légère brise s'était levée.

— En effet, seigneur Sethos, je suis extrêmement perplexe, répondit-il d'une voix lente.

Un bref coup d'œil lui permit de constater que, pour la première fois, l'expression de Ménéloto venait de s'animer. Était-ce de l'espoir ? De la surprise ? Ménéloto s'était-il réellement attendu à ce qu'Amerotkê approuve d'emblée toutes les charges accumulées contre lui et appose sans discuter le sceau du tribunal pour entériner sa condamnation ?

— Si ma perplexité est aussi grande, reprit Amerotkê, je vais en donner les raisons.

Il leva sa main gauche et reprit :

— Les témoins du capitaine Ménéloto affirment sous serment qu'il est un officier consciencieux, expérimenté, et qu'il a inspecté de la poupe à la proue la barque royale avant qu'elle ne quitte Sakkara. Sans y trouver quoi que ce soit.

Il leva cette fois sa main droite.

— D'un autre côté, le seigneur Sethos a présenté des témoins crédibles racontant comment, après la mort de notre bien-aimé Pharaon et en présence du capitaine de la barque royale, une nouvelle recherche a permis de découvrir et de tuer une vipère. Seigneur Sethos, êtes-vous tout à fait certain que cette vipère a bien provoqué la mort de Pharaon ?

Sethos se contenta de le fixer froidement.

— Pourquoi aurait-elle mordu seulement Pharaon ? Pourquoi pas aussi quelqu'un d'autre ?

Sethos leva les mains.

— Seigneur juge, la cabine royale est faite de tissus précieux tendus sur des mâts et relevés sur les côtés pour que Pharaon puisse admirer le paysage.

— Et alors ?

— Le trône et le repose-pieds se trouvent à l'intérieur sur une sorte d'estrade au creux de laquelle s'était cachée la vipère. Elle a pu se réveiller au moment de l'amarrage à quai de la barque, quand Pharaon se préparait à monter dans le palanquin. Elle l'a mordu, puis s'est réfugiée de nouveau dans l'obscurité, là où on l'a découverte.

— Mais alors, pourquoi Pharaon ne s'est-il pas effondré aussitôt ?

Sethos s'inclina.

— Seigneur juge, mon témoin suivant expliquera tout cela. Il s'agit de Peay, le médecin de la famille royale.

Amerotkê approuva d'un signe de tête.

— Je connais Peay et je sais qu'il soignait Pharaon, son épouse et toute la divine maisonnée. C'est un homme expérimenté.

Les huissiers du tribunal introduisirent un petit homme noiraud. Le médecin avait la réputation de s'intéresser aux potins, de collectionner les objets précieux et d'aimer faire étalage de sa richesse, si l'on en jugeait par les bagues dont ses doigts étaient chargés et les colliers étincelants qu'il arborait avec ostentation. Amerotkê se demanda comment il pouvait supporter le poids de tant d'ornements somptueux. Le médecin s'inclina, posa la main sur l'autel, marmonna son serment et, prenant tout son temps, s'installa sur des coussins devant Amerotkê.

— Sais-tu pourquoi tu es appelé à témoigner ? lui demanda Amerotkê.

— Je me suis occupé personnellement du divin Pharaon, répondit Peay.

Il avait une voix rude et gutturale. Malgré sa richesse et sa formation, Peay avait conscience de n'être qu'un provincial. Il regarda autour de lui en relevant les manches de sa robe de lin, comme s'il défiait quiconque de se moquer de lui.

— Le soir où Pharaon est mort, demanda Amerotkê, tu as été appelé au temple d'Amon-Rê, n'est-ce pas ?

— En effet, juste après le coucher du soleil, ainsi que l'exige le rituel.

— Et tu as commencé à préparer le corps de Pharaon pour son voyage vers l'horizon lointain ?

— C'est ce que j'ai fait. Et j'ai recherché les causes de sa mort.

— Pourquoi ? interrompit Amerotkê.

Peay prit l'air étonné.

— Pharaon s'était écroulé soudainement. Il souffrait du mal divin, c'est-à-dire d'épilepsie. Je me suis dit qu'il était peut-être seulement évanoui, plongé dans un de ces profonds sommeils que pareil état peut provoquer.

— Mais ce ne fut pas le cas ?

Peay secoua la tête.

— L'âme de Pharaon avait pris son essor. Je n'ai trouvé nulle part trace de son pouls. Sa mort si soudaine m'a beaucoup préoccupé. Je lui ai ôté ses sandales et c'est alors que j'ai découvert la morsure de vipère, juste au-dessus du talon. Elle était très profonde, de couleur rouge sombre.

— Sur quelle jambe ? demanda Amerotkê.

— La gauche.

Amerotkê s'accouda sur son siège.

— Une telle morsure est-elle fatale ?

— Absolument. La vipère aux écailles en dents de scie est l'une des plus venimeuses. Il n'y avait rien à faire.

— Si Pharaon a été mordu au moment où il quittait la barque royale, comment se fait-il qu'il n'ait pas réagi au moment de la morsure ?

— Ah ! fit Peay en se balançant d'avant en arrière d'un air docte.

On devinait qu'il aurait aimé admonester le juge.

— Seigneur, vous devez vous souvenir de deux choses : premièrement, le divin Pharaon se préparait à faire son entrée triomphante dans la ville et c'était un soldat rapportant une victoire éclatante sur ses ennemis. S'il avait ressenti une légère gêne, il l'aurait dissimulée.

— Je comprends, admit Amerotkê.

— Deuxièmement, poursuivit Peay, il peut arriver que la morsure elle-même ne soit pas extrêmement douloureuse. J'ai vu des hommes poursuivre quelque temps leurs affaires après une morsure, avant que le venin n'atteigne le cœur.

— Combien de temps peut s'écouler alors ?

Peay eut l'air embarrassé.

— J'accepte ta première déclaration, expliqua Amerotkê. Mais Pharaon aurait certainement dû s'écrouler bien plus tôt.

— Cela dépend, marmonna Peay.

— De quoi ?

— Les choses peuvent être très différentes d'une personne à l'autre.

Il essuya la sueur qui perlait à son front.

— Selon leur constitution, par exemple, ou leur état de santé. Il faut se souvenir que Pharaon n'a pas fait beaucoup de mouvements jusqu'au temple. Plus on s'agite et plus rapidement circule le venin.

Amerotkê songea à l'exécution qui avait eu lieu le matin et, d'un signe de la main, fit comprendre qu'il acceptait cette nouvelle déclaration.

— Es-tu certain de cette morsure de vipère ? insista-t-il.

Peay fit alors appeler ceux qui l'avaient assisté pour la préparation du corps divin et son transport sur l'autre rive du Nil dans la cité de la Mort. Tous étaient des ouvriers dignes de confiance et jurèrent avoir vu la morsure de vipère.

— Les faits indiquent que cette vipère se trouvait à bord de la barque royale *La Gloire de Rê*, résuma Amerotkê. Je sais peu de chose de ces serpents, mais on peut supposer que l'animal s'est glissé à bord quand le bateau avait accosté, probablement à Sakkara, puisque c'est là, seulement, que la barque s'est trouvée à quai et non mouillée au milieu du fleuve. Je trouve étrange que personne ne l'ait vu, mais il est vrai que ces serpents aiment se lover dans les coins sombres dont ils n'émergent que si on les dérange. Et c'est apparemment ce qui s'est produit à Thèbes pour le plus grand malheur du divin Pharaon. Il a été mordu, a dissimulé ses souffrances le plus longtemps possible pour s'écrouler, mort, dans le temple d'Amon-Rê.

Il se tourna vers Ménéloto.

— Acceptes-tu ces faits et, si tu les contestes, pour quelles raisons ?

Le capitaine de la garde releva la tête. Amerotkê vit un léger sourire se dessiner sur ses lèvres et réalisa que Sethos était tombé dans un piège. Il pensa alors au jeu de senet que Norfret aimait tant. Elle gardait toujours un visage impassible mais, quand elle avait préparé un coup, ses yeux s'allumaient et le coin de ses lèvres se retroussait juste avant de jouer et de remporter la victoire. Mais ce n'était pas le moment de songer à Norfret.

— Contestes-tu mes conclusions ? demanda-t-il à nouveau.

— Je les conteste, seigneur.

La réponse provoqua une vague de murmures outrés dans la salle. Amerotkê leva la main pour réclamer le silence.

— Je désire faire comparaître le prêtre Labda.

— Qui est-ce ? interrompit Sethos.

— Je désire appeler le prêtre Labda, répéta Ménéloto, respectant l'usage de la cour.

— Qu'on amène le témoin ! ordonna Amerotkê.

L'assistance s'écarta pour laisser passer Asoural qui précédait un vieil homme boitillant, aux membres grêles, à la peau jaune et ridée. Sa tête et son visage étaient soigneusement rasés, ce qui provoqua quelques rires étouffés. Le chef de la police l'installa sur des coussins et fit signe à Amerotkê qu'il pouvait intervenir. Le juge observa que chaque mouvement semblait causer les plus vives douleurs au malheureux vieillard. Il le vit avancer péniblement une main décharnée vers l'autel de Maât pour prêter serment.

— Il n'est pas nécessaire de toucher l'autel, dit-il. Je déclare le serment recevable de ta place.

— C'est un grand honneur, seigneur juge, et je vous remercie de votre compassion.

La voix du vieillard était étonnamment forte. Il tourna ses yeux laiteux en direction d'Amerotkê.

— Je jure de dire la vérité, seigneur Amerotkê. Je ne resterai plus pour longtemps prisonnier de ce corps et je me prépare pour le voyage vers les lieux d'éternité.

— Quel est ton nom ? demanda Amerotkê.

— Je suis Labda, prêtre de Mertseger, la déesse-serpent.

Sethos eut un sursaut de surprise en réalisant pourquoi ce témoin avait été appelé. À la nécropole, Mertseger était vénérée par les ouvriers de la mort.

— Pour quelle raison es-tu appelé à témoigner ? insista Amerotkê.

— Comme vous le savez, seigneur, le culte de la déesse-serpent a exigé que j'étudie toutes les espèces de reptiles peuplant les rives du Nil ou les montagnes et les vallées qui entourent la ville de Thèbes.

— Et alors ? lança Sethos.

Le vieux prêtre ne prit pas la peine de tourner la tête vers lui.

— La morsure d'une vipère aux écailles en dents de scie est presque instantanément mortelle. Certes, un médecin peut dire que le poison agit plus ou moins vite selon les mouvements de la victime, ce que l'on constate en observant des animaux mordus par ce reptile. Plus ils se débattent, plus vite ils meurent.

Amerotkê dissimula son impatience et écouta, les mains à plat sur ses cuisses.

— Si notre bien-aimé Pharaon avait été mordu au moment de quitter sa barque sur le Nil, il n'aurait jamais atteint les portes de la ville. La distance est trop longue. Il se serait écroulé et serait mort bien avant d'entrer dans le temple de son père, le divin Amon-Rê.

— Comment le sais-tu ? demanda Sethos.

— Je le sais parce que c'est la vérité, répondit Labda. Pourquoi mentirais-je ? Je suis un vieil homme. Je parle sous serment. Il n'y a rien que je ne sache à propos des serpents.

Amerotkê examina l'assistance. Le vieil homme parlait d'une voix forte et claire. Les scribes eux-mêmes avaient cessé d'écrire pour le regarder. S'il disait la vérité, si le divin Pharaon n'avait pas été mordu au moment où il quittait *La Gloire de Rê*, alors, qu'est-ce qui avait causé sa mort ?

— Le palanquin a-t-il été inspecté ? demanda-t-il. Le trône royal transportant Touthmôsis quand il se déplace en ville ?

— Je l'ai fait moi-même, répondit Sethos, et avec la plus extrême rigueur. Aucune vipère ne s'y trouvait. Elle aurait été repérée avant de frapper notre roi. Et, avant même que la question ne soit posée, je tiens à souligner, seigneur Amerotkê, qu'il en a été de même pour le temple d'Amon-Rê. Le divin Pharaon est descendu de son palanquin en bas des marches. Son épouse, la bien-aimée Hatchepsout, l'attendait en haut avec les prêtres et prêtresses. Aucun serpent ne rôdait dans les parages.

Amerotkê détestait l'instant ultime de la décision. Il avait l'impression que l'assistance attendait de sa part quelque tour de magie qui permettrait de concilier les deux vérités.

— Seigneur, dit Ménéloto de sa voix brusque. Labda a dit la vérité. Aussi, en présence de la déesse Maât, je conteste les fautes que l'accusation fait peser sur moi en me faisant passer pour un menteur.

— Comment cela ? demanda Sethos.

— Nous avons dans nos prisons des condamnés à mort, des hommes reconnus coupables et qui doivent être pendus ou absorber un poison mortel. Que l'un d'eux soit amené sur le quai du Nil et qu'on le fasse mordre au talon par une vipère. Il sera ensuite transporté jusqu'à la ville. Seigneur Amerotkê, je jure sur la déesse que, si cet homme survit, je plaiderai coupable et ne contesterai plus aucune charge. Par contre, s'il meurt, je te demande de lever toute accusation contre moi.

Ménéloto porta son regard vers celui qui était les yeux et les oreilles de Pharaon.

— Je sais que le seigneur Sethos n'est que le porte-parole de ceux qui me veulent du mal, mais je lui demande d'accepter ce défi. J'en appelle à Amon-Rê, au divin kâ de notre bien-aimé Pharaon dont la vie m'était plus précieuse que la mienne, pour que cette expérience soit entreprise !

Amerotkê dissimula son visage derrière ses mains, signe officiel par lequel le juge faisait savoir qu'il réfléchissait au verdict. Devait-il accepter le défi lancé par Ménéloto ? « Il en avait aux dieux, se dit-il. Eh bien, laissons les dieux décider. » Il écarta ses mains.

— Seigneur Sethos, comment vois-tu cela ?

Le vieux prêtre agita une main veinée de bleu.

— Autre chose encore, seigneur Amerotkê ! Nous venons de parler de lieux et de temps, mais je demande à la cour : quelqu'un a-t-il jamais vu un homme mordu par un aspic ou une vipère ? Ces blessures peuvent être parfois ressenties comme de simples piqûres. Mais, avec ce serpent-là – il montra le corps desséché de la vipère aux écailles en dents de scie –, il en va tout autrement. Sa morsure entraîne les plus terribles douleurs.

Amerotkê demeura impassible. Il se demandait depuis quelque temps quand la défense de Ménéloto soulèverait ce point. Il ne connaissait pas grand-chose aux vipères mais, au temps où il servait dans l'escadron de chars, il avait vu un cheval mordu par un de ces serpents et périr dans d'atroces convulsions.

— Continue, ordonna-t-il au prêtre.

— Que la déesse Mertseger atteste que c'est la vérité. Le seigneur Sethos lui-même connaît bien la question. Si le divin Pharaon avait été empoisonné par cette vipère, il aurait dû mourir dans d'épouvantables convulsions.

— Mais il en a eu, rétorqua Sethos avec une certaine agitation. Dans le temple d'Amon-Rê, notre bien-aimée Hatchepsout, l'épouse de Pharaon, a parlé de spasmes.

Le vieux prêtre s'efforça de dissimuler sa surprise.

— De toute façon, c'était trop tard ! protesta-t-il. Cela aurait dû se produire bien avant !

— J'en ai appelé aux dieux, coupa Ménéloto. Je demande leur jugement.

Amerotkê se tourna vers ses scribes, mais ils gardaient la tête baissée. Dans la cour, le soir tombait. Il avait besoin de temps pour réfléchir et récapituler les faits.

— La séance est suspendue, déclara-t-il. Elle reprendra demain matin à l'heure prescrite et je rendrai alors mon verdict. Capitaine Ménéloto, je crois comprendre que tu es aux arrêts dans ta maison ?

Le soldat hocha la tête, l'air étrangement soulagé.

— Les gardes vont t'y ramener et tu comparaîtras de nouveau demain matin devant la cour.

Amerotkê retourna son pectoral à l'image de la déesse contre sa poitrine pour lui fermer les yeux et frappa doucement dans ses mains.

— Tel est mon verdict !

L'assistance se dispersa. Le vieux prêtre se leva péniblement et s'éloigna. Un murmure bourdonna dans la salle, entre les scribes et les témoins. Amerotkê resta sur son siège sans bouger et Sethos ne quitta le sien que lorsque Ménéloto fut sorti. Il vint alors s'asseoir sur un coussin devant le juge.

— Que puis-je pour les yeux et les oreilles de Pharaon ? demanda Amerotkê non sans malice. Tu as entendu ma décision. Le tribunal doit attendre !

Sethos montra du doigt les volumes contenant la Loi.

— Rien dans la procédure n'empêche le procureur du divin Pharaon de demander au juge quelle sentence il entend prononcer si l'accusation l'emporte.

— Ne me dis pas que tu exiges la vie de cet homme. La cour ne le permettrait pas. Mais peut-être pourrai-je le condamner à être rétrogradé ou à payer une amende.

— L'exil ! répondit Sethos sèchement. L'exil dans une oasis des Terres rouges, à l'ouest ! Voilà ce qu'il lui faut.

Constatant l'étonnement du visage d'Amerotkê, il enchaîna :

— Moi aussi j'obéis aux ordres. Le cercle royal voulait une condamnation à mort. J'ai réussi à calmer leur colère.

— Nous verrons.

Amerotkê se leva et, bien qu'il n'aimât pas se montrer impoli, il tourna le dos à Sethos pour se diriger vers sa petite chapelle privée. Main tendue, il effleura l'énorme *ankhet*, symbole de vérité, peint sur l'un des murs. Sur la fresque couvrant la porte, l'artiste avait représenté Touthmôsis châtiant les ennemis de l'Égypte, son bras tenant un lourd bâton levé, prêt à s'abattre sur un captif koushite. Avec son menton pointu et cette expression sévère qui ne le quittait jamais, le visage du pharaon était d'une ressemblance frappante. Amerotkê s'inclina. Est-ce que le kâ du pharaon s'introduisait parfois dans ce modeste temple ? Est-ce qu'il suivait l'activité du tribunal ?

Il ferma la porte, tourna une clé, ôta son pectoral et les autres insignes de sa charge et les rangea dans leur coffret de nacre. Ensuite, comme à son habitude, il s'accroupit devant la statue.

Il se passait quelque chose de menaçant à la cour, il le devinait. Un dangereux mystère planait et l'on ne pouvait blâmer Sethos d'exiger un châtiment exemplaire. Le procureur royal lui-même avait l'air mal à l'aise dans cette affaire contradictoire. Si Pharaon avait été mordu par cette vipère à bord de *La Gloire de Rê*, il n'aurait jamais atteint le temple d'Amon-Rê. Dans ces conditions, pourquoi accuser Ménéloto ? Était-il un simple bouc émissaire ? Ou s'agissait-il de quelque chose de plus sinistre et de plus secret ? Si le divin Pharaon n'avait pas été mordu en quittant la barque royale, que s'était-il passé ? Amerotkê songea aux rumeurs qui couraient en ville. N'avait-on pas profané sa tombe ? Inscrit des malédictions avec du sang humain sur les parois de la fosse inachevée ? Et les colombes ? Blessées, elles étaient tombées du ciel en éclaboussant la foule de sang. Était-ce un accident, une simple coïncidence ? Pharaon revenait du Delta après avoir vaincu ses ennemis et, sur l'autre rive du Nil, dans la cité de la Mort, on avait commis le plus horrible des crimes. Ils avaient tué les gardes de Pharaon et profané sa tombe. Pourquoi ? On pouvait comprendre à la rigueur le vol, le brigandage, mais un tel acte était extrêmement rare.

Préoccupé, Amerotkê faisait tourner son anneau sur son doigt. Pourquoi avoir maudit le divin Pharaon ? Fallait-il considérer sa mort comme une sorte de jugement ? Dans ce cas, ce n'était pas un acte d'incompétence qu'il avait à juger, mais un meurtre. Pourquoi n'avait-il pas mentionné la profanation de la tombe au cours de ce procès ? Il le ferait le lendemain matin, mais il devait se montrer prudent. La moindre allusion à unc possible conspiration meurtrière plongerait Thèbes dans l'émeute. Et s'il ne pouvait avancer de preuve, il ne serait pas le premier juge à recevoir un papyrus portant le cartouche royal et l'informant qu'il était déplacé vers quelque lieu perdu.

Amerotkê appuya sa tête contre un mur et apprécia sa fraîcheur. On frappa à la porte mais il ne bougea pas. Il voulait rentrer seul chez lui et passer une soirée tranquille. Laisser son esprit assimiler ce qu'il avait vu et entendu aujourd'hui. Sethos était impliqué, mais qui se cachait derrière cette affaire ? L'héritier de Touthmôsis n'était qu'un enfant. S'agissait-il d'Hatchepsout, l'épouse de Pharaon ? Ou de Rahimere, le grand vizir ? Le général Omendap, commandant des armées, jaloux de Ménéloto ? Ou encore Bayletos, le rusé chef des scribes de la maison de l'Argent ? Amerotkê se souvint d'avoir joué autrefois dans les falaises de grès surmontant Thèbes et exploré un jour une longue grotte sombre. Il eut l'impression de s'y retrouver et se demanda quelles horreurs allaient surgir des ténèbres.

CHAPITRE IV

Les coups à la porte se faisaient de plus en plus insistants. Amerotkê se leva pour déverrouiller la serrure et Asoural entra. Dans la pénombre, son visage bouffi paraissait grisâtre et ses yeux, d'ordinaire rieurs, semblaient fuyants. Il posa son casque, porta la main à sa ceinture, tapotant du bout des doigts la poignée de son épée à tête de chacal.

À voix basse, comme si la pièce était remplie de témoins indésirables, il murmura :

— Amerotkê, est-ce que tu réalises ce que l'on raconte là-bas ?

Et, pour mieux illustrer ses paroles, il désigna du pouce une direction vague, derrière lui.

— J'ai écouté attentivement l'exposé des faits, répondit calmement le juge.

— Seigneur juge, ne joue pas au plus fin avec moi !

Du revers de la main, Asoural essuya la sueur qui perlait à son front.

— Certes, mon esprit n'est peut-être pas aussi acéré que le tien. Ne suis-je pas qu'un simple et honnête soldat ?

— Je me méfie toujours de ceux qui se déclarent simples et honnêtes, rétorqua Amerotkê. Ne joue pas toi-même le soldat au grand cœur avec moi, Asoural. Je te sais roublard et sournois. Et, si ton corps est lourd, ton esprit, lui, sait se montrer aussi vif que l'éclair.

Il posa la main sur le bras de son compagnon et reprit :

— Tu es un renard, et je ne me laisse pas prendre à tes manières directes. Mais tu es aussi un bon policier, un serviteur honnête qui ne se laisse pas acheter. Et, plus important encore, je t'aime bien et je te respecte.

Asoural soupira et se détendit.

— Cependant, poursuivit Amerotkê, ne viens pas ici me tourmenter plus encore que je ne le suis déjà. Je sais ce qu'on raconte. Et je ne crois pas que Pharaon ait été tué par cette vipère, pas plus que tu ne le crois toi-même. Mais comment et pourquoi est-il mort, cela reste un mystère. Il me faut décider jusqu'où va le pouvoir du tribunal que je préside et où commencent les tortueuses intrigues du cercle royal.

— Il y a aussi ces vols dans les tombes, objecta Asoural en se grattant la tête. Un autre vient de nous être signalé. Une vieille dame de la noblesse, qui avait épousé un général hittite venu s'installer en Égypte. La famille a visité sa tombe située dans les falaises surplombant la cité de la Mort. La porte était intacte, l'entrée secrète n'avait pas été découverte et, pourtant, des amulettes, des colliers et plusieurs petites coupes avaient disparu. La famille va déposer une plainte et a déjà signalé l'affaire à la maison de Millions d'années. On va chercher un bouc émissaire et c'est sur moi que cela va retomber !

— Voilà qui me rappelle une histoire que je raconterai à mes enfants ce soir, répondit Amerotkê.

Asoural grommela et détourna les yeux. Mais Amerotkê posa une main sur son bras.

— Je te promets de mener une enquête sur ces vols dès que j'en aurai fini avec cette affaire. Qui peut bien traverser ainsi le roc et la terre pour s'emparer d'objets précieux ? À présent, dis-moi ce que tu penses de l'accusation contre Ménéloto.

— Comme tu l'as dit toi-même, Ménéloto a contré chacun des faits avancés par les yeux et les oreilles de

Pharaon. Comme dans le jeu de senet quand les deux joueurs en arrivent à bloquer la partie.

— Et les témoins ? demanda Amerotkê. Ce Peay ?

— Un bonhomme déplaisant. Il aime la pénombre et la compagnie des prostituées qui vivent près des quais. Ce qui ne l'empêche pas d'avoir aussi une prédilection pour les jeunes garçons. Il boit à plusieurs sources, les unes claires, les autres souillées.

— Mais c'est un bon médecin ?

— C'est un homme riche et je ne pense pas qu'il mente, répondit le chef de la police en esquissant un léger sourire. Il n'irait pas se parjurer dans la salle des Deux Vérités. Peay n'a certainement pas envie de passer plusieurs années dans les mines d'or du Sinaï.

— Et Labda ?

— Il vit dans une grotte au-dessus de la Vallée des Rois, dans un petit sanctuaire dédié à la déesse Mertseger. C'est un homme intègre.

Asoural se tut. Le long et triste hululement d'un hibou leur parvint du dehors.

— Il est temps de partir, soupira Amerotkê en s'approchant de la porte. Veille à ce que rien ni personne ne traîne dans les parages.

— Prends bien garde à toi !

Amerotkê se retourna.

— Que veux-tu dire ?

— Ne fais pas l'innocent ! insista Asoural. Thèbes est en ébullition. Les régiments Isis et Osiris campent aux abords de la ville. Cinq escadrons de chars ont été rappelés du sud. C'est peut-être la saison des plantations, mais c'est aussi celle des hyènes.

— Oh, ça va, ça va, Asoural ! Tu es le chef de la police du temple et non un magicien ou un devin. Oublie tous ces prétendus mauvais présages.

— Ils sont pourtant nombreux, insista Asoural. Dans la maison de la Vie, des astrologues ont observé une étoile qui tombait du ciel. Sur l'autre rive du Nil, on a vu des morts errer dans les rues de la ville. L'héritier de Pharaon n'est qu'un enfant de sept ans et nombreux sont ceux qui voudront s'emparer du trône.

— Je ne suis que juge, lui rappela Amerotkê. Je me contente de rendre la justice de Pharaon.

Plus tard, Amerotkê pénétra dans la salle des Deux Vérités. Au-dehors, la cour était maintenant déserte. Le reliquaire avait été fermé et une guirlande de fleurs déposée à ses pieds. Les vieux prêtres – les Purs – avaient dispersé de l'encens sur sa porte. Les scribes avaient remis de l'ordre et rangé les registres des jugements, les coussins et les sièges. Lorsque la salle était vide, Amerotkê la trouvait toujours bien plus majestueuse. Il s'agenouilla devant le reliquaire, étendit les mains et murmura une courte prière. Puis il se dirigea vers les hautes portes de cuivre bruni que les gardes ouvrirent devant lui pour les refermer aussitôt. Il traversa la salle des Colonnes. L'allée des sphinx, le dromos, était à présent déserte. Une brise fraîche s'était levée et les derniers rayons du soleil couchant teintaient les créatures mythiques de rose, leur donnant une apparence de vie.

Un groupe de prêtres novices conduisait vers les abattoirs de grands bœufs aux cornes décorées de banderoles en prévision du sacrifice prévu pour le lendemain matin. Quelques pèlerins s'attardaient devant une stèle élevée en l'honneur de Bès, le dieu nain. Des hiéroglyphes sacrés avaient été gravés au-dessous de la tête grimaçante du dieu. La stèle ruisselait d'eau qui jaillissait du dessus et retombait dans un bassin de granit. Les pèlerins remplissaient des outres en peau de cette eau censée protéger des morsures de scorpions et de serpents.

Amerotkê les dépassa et atteignit l'avant-cour du temple où il s'arrêta un instant. Allait-il rentrer directement chez lui ou se rendre au nord de la ville jusqu'au temple d'Amon-Rê pour voir le prêtre qu'il avait chargé, contre paiement, de prier pour ses parents décédés ? Puis il songea que Pharaon avait trouvé la mort en ce lieu et que sa venue pourrait être interprétée comme une visite officielle.

— Seigneur ?

Il se retourna.

— Ah ! Prenhoe !

Le jeune scribe arriva, tout essoufflé, près de lui. Le lacet d'une de ses sandales était cassé.

— Je ne désire pas discuter de l'affaire, avertit aussitôt Amerotkê.

Prenhoe dissimula sa déception.

— Penses-tu, mon cousin, qu'un jour tu accepteras d'appuyer ma nomination au poste de juge ? demanda-t-il. Dans un modeste tribunal, bien sûr…

— Naturellement. Tu fréquentes l'école des scribes et tu as réussi tes examens.

Le visage de Prenhoe s'éclaira d'un sourire.

— Ah, bon. Je savais qu'aujourd'hui serait un bon jour. J'ai fait un rêve la nuit dernière.

Amerotkê le saisit par le poignet.

— Prenhoe, déclara-t-il fermement, ce n'est pas l'heure des rêves, bien que celle du sommeil ne soit plus très éloignée. Rentre à la maison maintenant !

Le jeune homme s'éloigna à regret et Amerotkê se dirigea vers le groupe de palmiers où il avait vu Shoufoy vendre des amulettes dans la matinée. Appuyé contre un tronc, le nain était à moitié endormi, le parasol et la canne de son maître à côté de lui, une coupe de bière vide sur les genoux. Il n'y avait plus signe d'amulettes ni de l'argent qu'il avait pu gagner.

Amerotkê s'accroupit à côté de lui et se pencha pour lui parler à l'oreille.

— Ne dors que pendant les heures de la nuit, scanda-t-il d'une voix forte en citant un proverbe de Shoufoy. Pendant que Rê commande au jour, fais usage de ces heures pour vivre. Que la lumière serve à te donner bonheur, santé et prospérité !

Shoufoy sursauta, bien éveillé cette fois.

— Oh, maître ! Tu as été bien long !

Il sauta sur ses pieds et tendit à Amerotkê sa canne de marche dont le pommeau représentait une tête d'ibis. Il allait lui présenter le *flabellum* quand le juge lui administra un petit coup sur la tête.

— Combien de bière as-tu bues ? demanda-t-il d'un ton taquin. Le soleil est en train de disparaître. Je n'ai pas besoin de cela.

Shoufoy fit une grimace et, se détournant, s'écria d'une voix profonde :

— Place au seigneur Amerotkê ! Juge principal de la salle des Deux Vérités ! Divin serviteur du bien-aimé Pharaon ! Scribe de justice ! Saint prêtre ! Béni de Rê et touché par sa grâce !

— Tais-toi donc !

Amerotkê secoua le nain par l'épaule. Chaque soir, c'était la même scène. Aussitôt, un sourire malicieux apparut sur le visage défiguré de Shoufoy.

— Maître ! Ne suis-je pas ton humble serviteur ? Mon devoir est de chanter tes louanges pour que tous ceux qui te croisent sachent qui tu es !

— Je suis un juge, répondit Amerotkê, et un juge très fatigué. La dernière chose dont j'aie envie, Shoufoy, c'est que tu vocifères ainsi sur la place du marché.

Shoufoy s'efforça de ne pas paraître vexé. Il aimait ce grand prêtre énigmatique, ce juge impartial d'apparence si sévère mais qu'il savait aimable et bon, peut-être un peu trop solennel.

Il fit semblant de gémir :

— Je ne fais que mon travail !

— Et moi le mien ! rétorqua Amerotkê, poursuivant ce jeu habituel.

Ils quittèrent l'avant-cour et se retrouvèrent sur la place du marché.

— Et quel est réellement ton travail, maître ? demanda Shoufoy en se servant du parasol comme d'une canne.

— Observer, écouter, rendre un jugement.

Toujours impassible, Amerotkê désigna un homme très brun, habillé de manière voyante, avec des amulettes d'or aux poignets et des anneaux aux oreilles, paresseusement étendu sous un palmier à côté d'une femme aux cheveux gris qui vendait de la bière nubienne amère.

— Regarde cet homme, dit-il. Que penses-tu de lui ?

— Un Syrien ? répondit le nain. Un marchand ?

— Couché sous un arbre comme ça à boire de la bière ?

Shoufoy examina l'homme de plus près.

— Je vais te dire qui il est, poursuivit Amerotkê. Son teint est basané, brûlé par le soleil, donc il travaille en plein air. Il ne porte pas de sandales, la peau de ses pieds doit être dure et cornée. Pourtant ce n'est pas un mendiant, car il est trop bien habillé. Il a dans un fourreau une dague courbe qui n'a donc pas été fabriquée en Égypte. Il est assis sur un sol dur, le dos contre le tronc de ce palmier, mais il a l'air tout à fait à son aise. Je dirais que c'est un Phénicien, un marin. Il a dû voyager sur le Nil et vendre ce que transportait son bateau. Lui et ses hommes s'offrent une soirée en ville.

— Combien parions-nous ? demanda Shoufoy.

— Un deben d'argent. Va lui demander qui il est.

Le nain se dirigea vers l'homme qui leva les yeux et parut répondre à ses questions. Puis il se tourna vers Amerotkê, lui sourit et dit autre chose. Shoufoy eut l'air mécontent et se hâta de revenir.

— Tu avais raison, marmonna-t-il, l'air buté et la tête basse. C'est un marin phénicien ! Il est ici pour deux jours et t'envoie ses salutations. Il connaît le seigneur Amerotkê !

Le juge éclata de rire et reprit sa marche.

— Mais tu as triché ! s'exclama Shoufoy en le rattrapant. Je ne te dois pas un deben d'argent.

— Bien sûr que non ! Comment mon humble serviteur pourrait-il honorer un tel pari ? Je te paie bien, mais tu n'es pas un marchand, n'est-ce pas, Shoufoy ? Rien à vendre ? Pas de commerce ?

Shoufoy détourna le regard.

— J'ai faim, grommela-t-il. Mon ventre gronde ! Comment peux-tu laisser mon estomac faire un tel bruit pour que tout le monde s'en aperçoive et dise : « Regardez ce pauvre Shoufoy, le serviteur d'Amerotkê, que celui-ci laisse mourir de faim. Le juge principal ne doit pas être loin ! »

— Tu es très bien nourri, répondit son maître. En réalité, je t'engraisse en vue d'un sacrifice !

Amerotkê continua d'avancer sur l'allée pavée. Shoufoy trottinait derrière lui, fâché des taquineries de son maître et marmonnant des proverbes de son cru :

— Ceux qui rient aujourd'hui pleureront demain et ceux qui pleurent riront bientôt en remplissant leur ventre vide !

La place du marché bruissait encore d'activité. Groupés près de leurs éventaires sous les arbres, des barbiers armés de lames courbes rasaient les cheveux, laissant les crânes aussi lisses qu'un galet roulé par les eaux. Des marins qui avaient un peu trop bu de bière bon marché titubaient à la recherche d'une maison de plaisir, ou d'un bordel où passer la nuit. Armés de gourdins, des policiers les tenaient à l'œil, prêts à intervenir au moindre signe de désordre.

Le marché occupait tous les espaces disponibles. Amerotkê ne perçut aucune tension particulière dans l'atmosphère. Toutes les boutiques étaient ouvertes, à l'exception des boucheries. À cette heure, la viande ne serait plus très fraîche. Mais les toiles tendues entre des mâts protégeaient encore bien d'autres marchandises. Un groupe d'Impurs attendait que soit prêt le pain cuit sous du sable chaud dans la cour d'une échoppe. Un marchand voisin vendait des graines d'oignon, seule manière absolument sûre de boucher les trous par lesquels pourraient se glisser des serpents, braillait-il. D'autres

« délicatesses » étaient proposées aux clients : crottes de gazelles pour éloigner les rats, queues de girafes en guise de fouets, mais aussi pots de miel ou graines de cumin.

La foule bourdonnait, joyeuse et bruyante. Des enfants jouaient et criaient en se glissant entre les charrettes lourdement chargées et tirées par des bœufs, qui se hâtaient vers les portes de la ville avant que les cornes n'annoncent le couvre-feu. Avec force cris et coups de chasse-mouches, de riches marchands, accroupis dans des litières de fortune suspendues entre deux ânes, tentaient d'écarter la masse compacte des badauds. Deux nomarques essayaient de se frayer un chemin en direction de la maison de l'Argent. Mais la foule ne s'intéressait guère aux bannières arborant leurs insignes – sur l'une un lièvre et sur l'autre deux faucons. Elle s'intéressait davantage à un récitant originaire de la ville frontière de Syena, un petit homme ratatiné qui avait dressé deux singes à brandir des torches de chaque côté de lui pendant qu'il narrait ses aventures sur la grande mer et sa découverte de contrées extraordinaires. À quelques pas de là, une danseuse et contorsionniste s'efforçait d'attirer les chalands en faisant claquer ses castagnettes et tinter les nombreuses clochettes fixées à ses vêtements. Deux jeunes filles jouaient du tambour et de la flûte tandis qu'elles tournaient sur elles-mêmes devant une assistance essentiellement accroupie qui les accompagnait en claquant des mains. Craignant la concurrence, le récitant éleva la voix et força encore le caractère merveilleux de ses histoires.

Amerotkê passa près d'eux en souriant et se retourna, s'attendant à voir derrière lui un Shoufoy inconsolable. Mais le nain avait disparu. Amerotkê dissimula à grand-peine son impatience. Voyant que le nain se laissait sans cesse distraire pour aller se perdre dans la foule, il l'avait menacé de lui mettre un collier autour de la taille et de le traîner comme un petit singe apprivoisé. Mais, en réalité, Amerotkê s'inquiétait pour lui car, avec son visage défiguré et sa petite taille, il risquait d'intéresser un marchand d'esclaves qui pourrait l'enlever, l'enfermer et le vendre à quelque riche marchand ou à un collectionneur de curiosités. Il lui était arrivé d'avoir à juger des affaires de ce genre dans la salle des Deux Vérités.

Il se fraya un chemin dans la foule en faisant usage de sa canne.

— Shoufoy ! cria-t-il. Shoufoy, où es-tu ?

De loin, il aperçut le petit homme au milieu d'un groupe de badauds, rassemblés autour d'un tamarinier. Une pancarte était accrochée à l'une des branches de l'arbre, vantant les mérites d'un médecin, un spécialiste, « gardien de l'anus ».

Amerotkê s'y dirigea en bougonnant. Un homme était étendu sur une natte de roseaux devant le médecin qui s'apprêtait à soigner une fistule entre ses fesses. Amerotkê ferma les yeux. Il n'arrivait pas à comprendre le vif intérêt de Shoufoy pour les traitements du corps humain. Il tapa sur l'épaule du nain.

— Dame Norfret nous attend ! dit-il.

— Ah ! C'est vrai…

Après un dernier regard au médecin qui se penchait sur son client, le nain suivit son maître dans la foule puis sur le chemin qui descendait vers les portes de la ville encadrées par deux gigantesques piliers et dominées par des tours plus hautes encore.

Pour la première fois, Amerotkê nota quelque chose de nouveau autour de lui. D'ordinaire, les gardes traînaient aux abords des portes, plus intéressés par leurs jeux de hasard que par les passants. Mais, ce soir, la surveillance était assurée par des hommes du régiment d'Amon, un corps d'élite. Le harnachement de cuir et le bronze de leur cuirasse jetaient des éclats à la lueur des torches fixées en haut de leurs lances. Des officiers examinaient attentivement tous ceux qui franchissaient l'enceinte. L'un d'eux reconnut Amerotkê et s'inclina légèrement. D'un bref signe de main, il lui fit comprendre qu'il pouvait passer sans contrôle.

Amerotkê et Shoufoy s'engagèrent dans l'allée pavée. À leur droite scintillaient les eaux du Nil où passait une embarcation, sa voile gonflée par la douce brise du soir. Des enfants jouaient parmi les roseaux de papyrus. À gauche, des maisons basses de boue sèche de paysans venus s'installer en ville. Trop démunis pour se procurer d'autres matériaux, ils faisaient sécher la boue du Nil et édifiaient des masures qui abritaient non seulement des ouvriers travaillant dans les carrières ou en ville mais aussi des repris de justice. La vie n'y était pas si désagréable, comme on pouvait en juger en voyant les habitants assis devant leurs portes, bavardant et plaisantant entre eux et regardant jouer des enfants nus. L'air sentait le poisson salé, la bière bon marché et le pain dur qu'ils cuisaient eux-mêmes. Quelques-uns se levèrent en voyant Amerotkê et s'approchèrent de lui. Mais, quand l'un d'eux eut mentionné son nom, tous regagnèrent promptement leur place. Un peu plus loin, par un chemin en pente raide, on gagnait le village des Impurs. Amerotkê s'arrêta en haut de la côte pour se reposer et respirer l'air frais. Sur la rive opposée du fleuve, il pouvait apercevoir la cité de la Mort avec ses boutiques et ses installations funéraires.

Il songea alors qu'il lui faudrait bientôt se rendre sur la tombe de ses parents pour s'assurer que tout allait bien et que le prêtre, qu'il rémunérait à cette fin, déposait régulièrement de la nourriture à l'entrée et, trois fois par jour, récitait les prières convenues. Il pensa alors aux vols de tombes dont on lui avait parlé. Quel rusé voleur pouvait opérer ainsi ? La plupart du temps, les brigands se contentaient de fracturer la porte. En fin de compte, ils étaient toujours arrêtés et sévèrement punis. Selon Asoural, ceux-là étaient différents. Ils se glissaient dans les tombes comme des fantômes. Amerotkê se demanda s'ils avaient fini par découvrir la tombe du vieux Touthmôsis Ier, à la cour duquel il avait grandi. Il frissonna au souvenir des histoires que l'on racontait encore à ce sujet. On disait que Touthmôsis avait fait creuser sa tombe par des esclaves et des prisonniers qui, ensuite, avaient tous été massacrés afin que le secret de son accès ne fût jamais révélé. Un acte des plus barbares puisque, dans pareille circonstance, le kâ des morts était alors condamné à errer la nuit sur l'autre rive du Nil, à la recherche des êtres qu'ils avaient aimés de leur vivant. « Légende ou réalité ? » se demanda Amerotkê non sans malaise.

— Maître, je croyais que tu avais hâte de rentrer ? As-tu remarqué tous ces soldats ?

Apparemment, Shoufoy avait oublié sa mauvaise humeur.

— Quels soldats ? s'étonna Amerotkê.

— Ceux qui gardent les portes. Est-ce vrai que la maison de la Guerre va bientôt remplacer la maison de la Paix ?

— Le divin Pharaon est parti pour de lointains horizons, répondit Amerotkê. Et son fils, Touthmôsis III, est son héritier. On peut s'attendre à quelques tensions pendant la régence. Mais, en fin de compte, tout devrait s'arranger.

Il s'était efforcé de parler avec assurance. Mais Shoufoy le connaissait assez pour savoir qu'il tentait seulement de le réconforter. Un peu plus tôt, lorsqu'il se tenait assis sous son arbre à vendre ses amulettes, il avait entendu ce qu'on racontait. On disait que toutes sortes d'intrigues et de divisions déchiraient les courtisans et les conseillers chargés d'assister le jeune pharaon. L'un d'eux finirait par l'emporter et par prendre le pouvoir, mais lequel ? Rahimere, le grand vizir ? Le général Omendap, commandant en chef des armées ? Bayletos, le scribe de la maison de l'Argent ? On avançait encore d'autres noms, en particulier celui d'Hatchepsout, épouse et demi-sœur du défunt souverain. Les marchands étaient préoccupés et clamaient leur inquiétude à qui voulait l'entendre On avait rappelé des frontières des escadrons de chars et des bataillons d'infanterie. Qu'allait-il se passer ? Allait-on laisser les nomades du désert, les Libyens, les Nubiens entraver leur commerce ? Et si les galères de guerre remontaient vers Thèbes, les pirates feraient-ils de nouveau la loi sur le Nil ?

Trottant à côté de son maître, Shoufoy lui prit la main.

— Crois-moi, maître, il faut te montrer extrêmement prudent. Je connais le jugement que tu as prononcé. Les gens se demandent comment Pharaon a pu être mordu par une vipère et mourir juste au moment où il pénétrait dans le temple d'Amon-Rê.

— Et que disent-ils donc ? demanda Amerotkê, amusé.

— Que les dieux feront justice.

— Eh bien, nous verrons, soupira le juge. Mais, pour le moment, Shoufoy, je suis fatigué et affamé.

Ils longèrent les murs élevés de nobles résidences dont les portails de bois avaient déjà été fermés pour la nuit. Ce quartier verdoyant, très recherché, était proche du Nil. Des canaux d'irrigation apportaient de l'eau et de la fraîcheur aux jardins.

Lorsqu'ils parvinrent enfin devant la maison d'Amerotkê, Shoufoy frappa à la petite porte ménagée dans le grand portail de bois.

— Ouvrez ! cria-t-il. Place à notre maître et seigneur Amerotkê !

Les deux battants s'effacèrent aussitôt et Amerotkê entra. Il aimait toujours cet instant de la journée. Une fois la porte refermée, il se sentait dans un autre monde. C'était son paradis à lui, ce domaine agrémenté de vastes jardins, de vignes, de ruches, de fleurs et d'arbres. Tandis que le portier, comme à son habitude, était en train de grommeler après Shoufoy, Amerotkê regarda autour de lui. Tout paraissait en ordre.

Des vasques d'albâtre remplies d'huile avaient été allumées et placées dans leurs socles de pierre. Plus loin s'élevait le pavillon d'été dont le toit en forme de pyramide surplombait un bassin dallé, flanqué de la statue de Khem, le dieu des Jardins.

Il descendit l'allée bordée d'arbres qui entourait l'habitation principale, une grande maison de trois étages. Puis il gravit les marches du perron, traversa le péristyle aux murs ornés de fresques et pénétra dans une salle dont le plafond était soutenu par de hautes colonnes en bois de cèdre. Une frise cannelée de fleurs courait sur les murs peints en rouge. Les parfums de la myrrhe et de l'encens embaumaient l'air.

Des serviteurs apportèrent une grande vasque et une cruche d'eau. Amerotkê s'assit, défit ses sandales, se lava les pieds et les essuya dans une serviette de lin. De l'étage lui parvenaient les rires et les cris joyeux de ses fils. Shoufoy lui tendit une coupe de vin blanc pour qu'il puisse se rincer la bouche. Un bruit de pas légers lui fit lever les yeux et, tandis qu'il regardait Norfret descendre l'escalier, il s'émerveilla, comme chaque fois, de sa beauté qui lui rappelait tant la déesse Maât. Ses yeux obliques, cernés d'un trait de khôl, brillaient, ses lèvres étaient rougies par l'ocre. Elle portait une robe plissée bordée de franges et un châle brodé retenu par une broche de pierres précieuses en forme de bouquet. Ses sandales d'argent à lacets claquaient sur les dalles. Son visage fin était encadré par une perruque neuve, tressée et huilée, mêlée de rubans dorés. Sur sa gorge s'étalait un collier de pierres bleues et jaunes qui luisaient à la douce lumière des lampes à huile. Elle était suivie d'un groupe de servantes syriennes. Amerotkê croisa le regard de l'une d'elles, Vaela, qui détourna les yeux. Ce regard brûlant, qu'il sentait parfois posé sur lui, attentif et curieux, lui causait toujours une certaine gêne bien qu'il n'y ait jamais distingué la moindre effronterie. Norfret se hissa sur la pointe des pieds pour l'embrasser, d'abord sur les joues, puis sur la bouche.

— Je t'attendais plus tôt. Que s'est-il passé ?

Amerotkê jeta un regard en direction des servantes. Norfret se retourna et, d'un claquement des doigts, leur fit signe de disparaître. Shoufoy leur emboîta le pas.

Bras dessus bras dessous, le couple se dirigea vers l'immense salle de banquet dont les colonnes, peintes en vert tendre, étaient ornées de fleurs de lotus. Des plats chargés de pains et de fruits avaient été disposés sur de petites tables de bois poli. De l'extrémité de la salle leur parvenaient les effluves plaisants échappés des grandes jarres de vin creusées dans l'épaisseur du mur. Le mobilier, en précieux bois de cèdre ou de sycomore incrustés d'ébène et d'argent, se composait de couches avec appuie-tête, de coffres aux couvercles ornés et de sièges joliment sculptés. Des tapisseries de couleur pendaient aux murs et le sol luisant était recouvert de tapis de laine teinte.

Une fois les portes refermées, Norfret embrassa de nouveau son époux et l'installa à l'une des tables. Puis elle lui servit une coupe de vin léger et rafraîchissant.

— Que s'est-il passé ? s'enquit-elle. Des rumeurs sont parvenues jusqu'à moi…

Songeur, Amerotkê demeura quelques instants silencieux, les yeux fixés sur sa coupe de vin. Désirait-elle réellement savoir ? se demandait-il. Était-ce si important pour elle ?

— Ménéloto est innocent, répondit-il enfin. Quant à la mort de Pharaon, seuls les dieux connaissent la vérité.

Il but une gorgée de vin en s'efforçant d'ignorer le long et profond soupir de Norfret.

— Il va bien, poursuivit-il. Il a su se défendre et a fait preuve d'un courage de lion. Mais il en a toujours été ainsi, n'est-ce pas ?

Norfret se contenta de sourire et Amerotkê regretta ses paroles. Voyant qu'elle ne paraissait nullement inquiète, ni perturbée, il se reprocha brusquement sa stupidité. On ne parlait dans Thèbes que de cette affaire soumise à son jugement. Pourquoi ne s'y serait-elle pas intéressée ? En dehors des bavardages, rien ne prouvait qu'elle avait été proche de Méneloto. Et s'il en était ainsi, cela ne signifiait pas pour autant qu'ils avaient été amants.

— Père ! Père !

Il y eut un coup à la porte qui s'ouvrit brusquement. Vêtus d'un pagne, Ahmase et Curfay, les deux fils d'Amerotkê, firent irruption dans la salle, poursuivis par Shoufoy qui prétendait être un babouin.

— Avez-vous mangé ? interrogea Amerotkê en tirant affectueusement sur leur natte.

Avaient-ils réellement deux ans d'écart ? se demanda-t-il en les regardant avec tendresse. Ahmase avait quelques centimètres de plus en hauteur, mais c'était la seule différence.

— Nous dînerons en haut, déclara Norfret. Il y fera plus frais. Tu te joindras à nous, ajouta-t-elle en décochant à Shoufoy un sourire ensorceleur.

Ils se rendirent à l'étage où les servantes avaient préparé de l'oie rôtie accompagnée de miel et de légumes. On alluma les lampes à huile et le siège favori du maître de maison, une chaise à haut dossier, fut placé près de la porte-fenêtre qui ouvrait sur le balcon. Le ciel était clair et les étoiles étincelaient. Amerotkê avait l'impression qu'il pourrait les toucher en tendant seulement la main. Les garçons bavardaient. Norfret était penchée vers Shoufoy. Amerotkê savait qu'il la faisait rire par les récits qu'il rapportait du marché et par les ruses et astuces des marchands. Mais leur relation restait pour lui une énigme.

— Raconte-nous une histoire ! implora Ahmase lorsqu'ils eurent terminé leur dîner. Père, tu nous l'as promis !

— Ah, oui.

— Tu as promis ! répéta Shoufoy, les yeux brillants. Quelle chance, je sens venir une bonne histoire ! ajouta-t-il en frottant la cavité occupée autrefois par son nez.

Norfret et les garçons se mirent à rire.

— Il était une fois, commença Amerotkê, un pharaon qui fit construire un très, très solide coffre-fort, dissimulé derrière une porte secrète dont lui seul possédait la clé. La pièce n'avait aucune ouverture, aucun passage n'y menait, et le pharaon, qui était méchant, fit empoisonner l'architecte, sans se soucier de la douleur de son épouse et de ses deux fils.

— Quel pharaon était-ce ? demanda Curfay.

Âgé de tout juste cinq ans, l'enfant se montrait déjà très curieux.

— Eh bien, c'était il y a très longtemps, tu sais, répondit Amerotkê. Une fois l'architecte mort, Pharaon mit son trésor dans ce nouveau coffre-fort dont il était le seul à connaître l'emplacement. Mais, un jour, il découvrit qu'il lui manquait de l'or et de l'argent.

— La porte était restée ouverte ? s'étonna Ahmase.

— Non, elle demeurait toujours fermée et scellée. Et, ainsi que je vous l'ai dit, il n'y avait aucune ouverture ni aucun passage.

— Alors… Que s'est-il passé ?

— Pharaon prit conseil de ses sages. Mais vous ne connaîtrez la suite que demain soir. Il est temps d'aller dormir.

Pendant que Shoufoy se chargeait d'emmener les garçons, Amerotkê contempla le velours étoilé de la nuit au-dessus du Nil. Il se demanda quelles réactions avait suscitées, au palais, le jugement prononcé dans la salle des Deux Vérités.

CHAPITRE V

Hatchepsout, l'épouse bien-aimée du grand Touthmôsis II, qui venait d'entamer son voyage vers les horizons lointains, prit place devant le Conseil royal réuni dans la salle des Colonnes. La scène se déroulait dans le palais royal de Millions d'années, proche du principal port de la ville sur le Nil. La souveraine s'assit et balaya l'assemblée d'un regard circulaire. Le trône, avec ses accoudoirs sculptés en forme de sphinx et son splendide dais où figurait en rouge et or le dieu Horus, représentait la source de tout pouvoir, le trône du dieu vivant. Mais le siège, à présent, demeurait vide. Le repose-pieds, couvert d'un tissu d'or où l'on avait brodé les noms des ennemis de l'Égypte, paraissait abandonné. Tout en contemplant les pieds du trône qui représentaient des lions bondissants, Hatchepsout se mordit la lèvre. Un jour, elle y monterait ! À côté, sur l'estrade, reposait la double couronne rouge et blanche de l'Égypte cernée de l'uræus, le cobra étincelant aux yeux formés de joyaux, qui se dressait pour cracher son venin contre les ennemis de l'Égypte. Sur une table de nacre étaient étalés les insignes de Pharaon : la crosse et le fléau, l'épée courbe et le *khepresh*, la couronne de guerre.

Vêtue d'un simple fourreau blanc, un collier précieux autour du cou, Hatchepsout s'efforçait de dissimuler ses sentiments. Son rang de reine d'Égypte l'aurait autorisée à porter la couronne en forme de vautour, mais le gardien des diadèmes, ce serviteur à face molle, cette créature de Rahimere, lui avait dit que ce ne serait pas convenable. D'autres s'étaient rangés à cette opinion : le gardien des bijoux, le porte-éventail royal, le surveillant des onguents royaux, tous avaient souligné qu'en fait, c'était Touthmôsis III, son beau-fils, qu'il fallait, désormais, considérer comme pharaon. Le Conseil royal devait encore décider qui, en attendant qu'il grandisse, assurerait la régence.

— Quel âge avez-vous ? avait demandé le gardien des diadèmes d'un air affecté.

— Tu connais parfaitement mon âge, avait répliqué vertement Hatchepsout. Bientôt dix-neuf ans, répondit-elle en se frappant la poitrine. Mais je porte en moi la marque du dieu ! Je suis la fille du divin Pharaon Touthmôsis et j'étais l'épouse du dieu, son fils.

Le gardien des diadèmes avait tourné les talons. Hatchepsout était certaine qu'il chuchotait des remarques désobligeantes à son sujet dans l'oreille des autres flagorneurs. Elle les entendait ricaner, les mains levées devant leur bouche.

« Je sais parfaitement ce que vous voudriez faire de moi, songeait-elle en regardant autour d'elle. M'enfermer dans la maison de la Réclusion, dans le harem où croupissent les autres femmes, pour que je me gave de miel, de pain, de vin et de nourritures fines et que je devienne aussi ronde qu'un tonneau de bière. »

À qui pouvait-elle faire confiance parmi tous ces hommes ? Elle ne comptait à leurs yeux qu'en tant que fille et épouse de pharaons. Il lui fallait réfléchir calmement. En face d'elle siégeait le grand vizir Rahimere, avec son visage étroit, ses cernes et son nez crochu, à l'image de son caractère ! Son crâne rasé et son air affecté de piété qui ne le quittait pas lui donnaient une allure de prêtre, mais, aux yeux d'Hatchepsout, c'était un être méprisable et retors ! Parce qu'il avait la haute main sur les scribes de la maison de l'Argent, il puisait à volonté dans les coffres d'or, d'argent et de bijoux précieux. Hatchepsout avait eu tôt fait d'apprendre que tout homme a un prix. Rahimere les avait-il tous achetés ? Tous ces notables de la cour assis autour d'elle en agitant leurs éventails et leurs plumes d'autruche parfumées ? En faisant mine de se rafraîchir, ils dissimulaient l'expression de leur visage. Aucun d'entre eux ne lui inspirait confiance ! Tout comme l'eau, ils se contentaient de suivre la pente balisée.

Et les autres, là-bas ? Ceux-là étaient différents. Omendap, le commandant en chef des armées. Il l'avait toujours écoutée, même s'il paraissait s'intéresser davantage à sa poitrine qu'à ses paroles. Pourrait-elle l'acheter en s'offrant à lui ? Et les autres soldats ? Ceux qui commandaient aux régiments d'élite Amon, Osiris, Horus, Rê et Ibis. Ils ne semblaient guère à l'aise dans leurs robes de lin blanc, tenant à la main les petites haches d'argent, symboles de leur charge. Qu'avait dit son père à ce sujet ?

« Il est bien rare, Hatchepsout, de pouvoir acheter des soldats avec de l'or ou de l'argent. Ils se battront toujours pour Pharaon et pour la lignée royale. »

Songeuse, Hatchepsout jeta un coup d'œil à sa gauche. Un grand jeune homme, le crâne rasé, la regardait. Coiffé d'un petit bonnet, il avait un visage expressif, des joues pleines et des lèvres pulpeuses. Sa robe blanche n'avait pas l'air immaculée. Il tenait à la main un chasse-mouches qu'il agitait autour de lui, mais ce furent ses yeux qui retinrent l'attention d'Hatchepsout. Le jeune homme la déshabillait du regard. Sa bouche entrouverte laissait passer le bout de sa langue. Il ne parut nullement troublé qu'elle l'ait remarqué et ne modifia en rien son attitude. Tandis que le reste de l'assistance prenait place et que les serviteurs déposaient des documents devant les conseillers, il semblait se consumer sur place en la dévorant des yeux.

« En voilà un qu'il ne me serait pas difficile de m'attacher corps et âme, songea Hatchepsout. Qui diable est-il ? » Elle se tourna vers son voisin le plus proche, l'un des grands prêtres du temple d'Amon-Rê.

— Qui est ce jeune homme ? murmura-t-elle. Là-bas, celui qui n'a pas l'air à son aise.

— Senenmout, grommela le prêtre. Un parvenu, de naissance et d'éducation.

Hatchepsout se tourna vers l'intéressé et esquissa un sourire.

— Ah, oui ! Senenmout !

Elle avait entendu parler de lui. On le disait sorti de nulle part mais ayant assez d'ambition et de ténacité pour avoir su s'élever. Un homme courageux et un soldat hors pair. Il avait quitté l'armée pour venir à la cour où Pharaon lui avait bientôt confié la surveillance des grands travaux, monuments et temples. Elle se souviendrait désormais de son nom.

Un toussotement la fit se retourner et elle découvrit Sethos qui lui adressait un large sourire en lui faisant signe. Hatchepsout poussa un soupir de soulagement. C'était bon de voir un visage amical ! Ils se connaissaient depuis des années. Elle aurait besoin du soutien de ce seigneur riche et puissant, prêtre de haut rang, procureur royal qui, depuis toujours, était les yeux et les oreilles de Pharaon. Mais Sethos avait été aussi l'un des plus proches amis de son époux. Sa voix serait toujours écoutée au Conseil royal. Hatchepsout respira profondément et retrouva une attitude sereine. Il n'était pas question de laisser voir à ses adversaires combien elle se sentait faible et vulnérable ! Un jour, elle les ferait ramper devant elle ! D'ici là, songea-t-elle en fermant les yeux, elle devait faire face à tous les dangers. Elle avait de nouveau trouvé une lettre inquiétante de cet ignoble maître chanteur. Si le secret qu'il connaissait était rendu public, Rahimere se jetterait sur elle comme un crocodile, et elle n'aurait pas d'autre choix que de prendre le chemin de la maison de Réclusion.

« Qu'il en soit donc ainsi ! »

Hatchepsout sursauta et leva les yeux. Les hautes portes de cèdre étaient maintenant fermées et gardées, les scribes et les serviteurs sortis. Les lampes à huile brillaient de tous leurs feux tandis que l'on déclarait ouverte la séance du Conseil. Un prêtre se leva et se tourna vers le trône. Son héritier n'était qu'un jeune enfant qui, à cette heure, devait dormir dans la maison de l'Adoration, la demeure privée de Pharaon.

— Salut à tous ! entonna le prêtre, les mains tendues. À toi, roi de la Haute et de la Basse-Égypte, toi dont la bouche exprime la vérité, aimé de Rê, le dieu d'or Horus, seigneur du diadème, seigneur du cobra ! Toi, la grande hache d'argent qui protège l'Égypte et ses possessions !

Le prêtre poursuivit ses louanges sans tenir compte du fait que le pharaon était encore un enfant, bien incapable de tenir une épée et plus encore de faire la guerre.

— Toi, le taureau puissant contre les misérables Éthiopiens ! Toi dont les sabots piétinent les Libyens !

Hatchepsout dissimula un bâillement tandis que ce pénible louangeur s'éternisait. Enfin, le prêtre se retira. Rahimere frappa dans ses mains et se pencha pour saluer l'assistance. Puis il se tourna vers Bayletos, chef des scribes, assis à sa droite.

— La séance du Conseil est ouverte ! annonça-t-il. Les affaires traitées au cours de cette délibération seront tenues secrètes.

On évoqua d'abord les problèmes habituels : perspectives de récoltes, ambassades étrangères, réserves d'or et d'argent dans la maison de l'Argent, état de santé des sœurs de Pharaon. L'intérêt d'Hatchepsout, qui conservait malgré tout un air impassible, ne s'éveilla vraiment que lorsqu'il fut question des tombes royales.

Les yeux fixés sur la table, non sur Rahimere, le jeune homme chargé de l'exposé parlait d'une voix douce mais nette. Hatchepsout se laissa bercer par elle. « Voilà un homme que le grand vizir n'a pu acheter », se dit-elle. Omendap, resté étrangement silencieux depuis la mort de Pharaon, prit ensuite la parole pour un bref exposé sur la position des troupes et l'état des fortifications aux frontières, le long du Nil et près de la Première Cataracte. Il s'exprimait en phrases courtes et directes. Devant le portrait qu'il brossait de la situation, Hatchepsout sentit l'inquiétude la gagner. Les espions et les éclaireurs faisaient état de mouvements de troupes aux frontières. Les Libyens s'infiltraient dans les Terres rouges, ces vastes étendues désertiques à l'est et à l'ouest du royaume. Au sud, des éclaireurs avaient interrogé des nomades du désert. D'après eux, les tribus éthiopiennes, après avoir appris la mort de Pharaon, cherchaient à soulever contre l'Égypte les populations frontalières. Puisqu'il n'y avait plus de souverain, prétendaient-elles, inutile de payer le tribut ou les droits douaniers. Enfin, de l'autre côté de la voie Horus, la route traversant le Sinaï jusqu'à Canaan, les Mitanniens, les principaux ennemis de l'Égypte, guettaient chaque mouvement.

— Il est important, conclut Omendap, que ce Conseil nomme un régent qui pourra agir au nom de Pharaon.

— Qu'on me donne un ordre de marche ! s'exclama Ipouwer, commandant du régiment Horus, en frappant la table de son poing. Qu'on nous laisse attaquer nos ennemis ! Nous aurons tôt fait de les ramener à Thèbes, de leur couper la tête et de suspendre leurs corps aux murs de la ville en guise d'avertissement !

— Attaquer qui ? répliqua Omendap. Les Libyens ? Pour l'instant, ils n'ont rien fait de mal. Les Nubiens ? Ils complotent, c'est vrai, mais se tiennent tranquilles. Comment savoir si nos ennemis ne sont pas en train de fomenter contre nous une grande coalition ? Peut-être attendent-ils justement que nous nous en prenions à eux. Qu'on leur donne un prétexte pour entrer en guerre.

Ces paroles jetèrent un froid dans l'assemblée. Ipouwer ne cessait de s'agiter sur son siège.

— Deux points doivent être traités, insista Omendap. Un mystère reste attaché à la mort de Pharaon et il faut le clarifier. En second lieu, il importe de nommer un régent.

Il regarda Sethos, assis en face de lui, mais celui-ci avait levé les yeux vers Hatchepsout. Rahimere, conscient de cet échange de regards, prit la parole :

— Eh bien, dit-il, où en est l'affaire contre le capitaine Ménéloto ?

— Il n'y a plus d'affaire, répondit Sethos brusquement. Tout le monde sait ce qui s'est passé dans la salle des Deux Vérités. Amerotkê, le juge principal, n'a pas résolu le mystère, mais l'a au contraire obscurci. La séance a été ajournée jusqu'à demain matin.

Hatchepsout écouta le procureur royal décrire brièvement ce qui s'était passé au tribunal. Quand ce fut fini, l'assemblée demeura un long moment silencieuse. Le grand vizir devait préparer une attaque, songea la reine. Il avait saisi son chasse-mouches et se tapotait la joue.

— Était-ce bien sage ? finit-il par demander avec affectation.

— Oui, était-ce sage ? répéta Bayletos, son acolyte et second, le chef des scribes de la maison de l'Argent.

Le visage de Rahimere se plissa en un sourire qui ressemblait plutôt à un rictus. Ses yeux de lézard glissèrent en direction d'Hatchepsout.

— Le divin Pharaon est parti pour son voyage vers l'horizon lointain, déclara-t-il avec emphase. Son départ est une cause de chagrin et d'angoisse. Les citoyens de Thèbes se couvrent la tête de poussière et de cendres. Des lamentations se font entendre depuis le delta du nord jusqu'à celui du sud, bien au-delà de la Première Cataracte. Mais nous ne pouvons plus rien à sa mort. Touthmôsis est parti ! Pourquoi continuer à enquêter sur les causes de sa mort ? Une vipère l'a mordu au talon. Telle était la volonté des dieux !

Hatchepsout garda le silence, décidée à ne pas leur communiquer ce qu'on lui avait pourtant ordonné de révéler. Celui qui rédigeait ces lettres de chantage avait clairement stipulé de quelle manière elle devait présenter la mort de Pharaon. Elle n'oublierait jamais cette terrible matinée, quand son époux s'était écroulé au pied de la statue d'Amon-Rê. Ni comment son corps avait été emporté dans une chapelle du voisinage. Pendant qu'elle le pleurait, elle avait découvert une autre de ces lettres anonymes. Les instructions y étaient formelles. Avait-elle un autre choix que celui d'obéir ? Un frisson la parcourut. « Le maître chanteur doit être présent aujourd'hui », pensa-t-elle. Et Rahimere ? En tout cas, il s'agissait sûrement d'un membre du Conseil royal et Hatchepsout s'était promis de découvrir elle-même son identité. Les premières lettres avaient précédé l'arrivée de son époux à Thèbes, mais quelques-uns des membres du Conseil étaient revenus bien avant leur souverain.

— Ma reine ?

Hatchepsout releva la tête. Elle espérait que les quelques gouttes de sueur sur son front ne se voyaient pas. Elle n'osait pas lever la main pour les essuyer.

— Je vous demande pardon, seigneur vizir. J'étais perdue dans le souvenir de mon époux.

Elle constata avec satisfaction que les officiers supérieurs la regardaient avec compréhension et lançaient des regards de reproche à Rahimere. « Sans doute pensent-ils qu'il a outrepassé les limites de la bienséance, se dit-elle. Après tout, je suis la veuve éplorée. Mon époux, le divin Pharaon, est mort de façon mystérieuse. J'ai donc de bonnes raisons d'ordonner cette enquête. »

— Ma reine, insista Rahimere d'un air sarcastique. Estimez-vous qu'il était sage de fournir matière à bavardages sur la place du marché ? Est-il vrai, seigneur Sethos, qu'en votre qualité de procureur royal vous étiez hostile à l'ouverture d'une affaire judiciaire ? Et que vous avez conseillé de ne pas poursuivre dans ce sens ?

— Seigneur vizir, intervint Senenmout en levant la main, si la reine Hatchepsout, Sa Majesté – il souligna le mot –, souhaite qu'on enquête sur ce sujet, cela doit être fait. Personne ici ne s'est élevé contre ces investigations. Personne n'a soulevé d'objections. Tout le monde sait que le seigneur Amerotkê est un homme d'une grande intégrité. Un mystère se cache derrière la mort de Pharaon et par conséquent une enquête se justifie.

— Je suis d'accord, déclara Sethos. J'étais en effet d'avis de ne pas poursuivre. Cependant, si la reine demande justice…

Un murmure d'approbation courut autour de la table et Hatchepsout se détendit. Mais on voyait bien que Rahimere n'était pas convaincu. « Il cherche un autre point d'attaque, comme un chacal, se dit-elle. Il veut la régence et est bien déterminé à imposer son point de vue au Conseil, à prouver que je suis une incapable. Tout juste bonne pour la maison de Réclusion ! Afin qu'il puisse mettre la main sur le jeune Touthmôsis et se proclamer régent. » Combien de temps pourrait-elle survivre dans la maison de Réclusion, privée d'argent, de pouvoir, d'influence ?

Rahimere ouvrait maintenant le sac de cuir bordé d'argent qu'il avait apporté, comme tous les autres membres du Conseil, pour y ranger divers documents personnels.

— J'ai écouté avec attention le compte rendu d'Omendap sur la situation aux frontières, déclara Rahimere, et pris connaissance des rapports communiqués par nos espions. C'est une des questions à l'ordre du jour de cette réunion. Les nouvelles sont plus inquiétantes encore qu'il ne paraît. J'ai ici la preuve que les princes de Libye et d'Éthiopie projettent de s'allier contre l'Égypte.

— Grand bien leur fasse, s'écria Senenmout avec désinvolture. À qui d'autre que l'Égypte les dieux pourraient-ils accorder santé, richesse et prospérité, seigneur vizir ! Mais fi de ces questions pour l'instant. Nous étions, me semble-t-il, en train de discuter de l'avis du seigneur Sethos concernant l'appel de cette affaire devant le seigneur Amerotkê dans la salle des Deux Vérités.

Hatchepsout jeta un coup d'œil autour d'elle. Sethos, tête baissée, dissimulait un sourire et les officiers supérieurs se cachaient la bouche derrière leurs mains. Dans sa hâte de prendre le dessus, Rahimere avait offensé le procureur royal en passant d'un sujet à l'autre sans son accord. Le visage de Rahimere se crispa de fureur et sa respiration s'accéléra. D'un geste de la main, il fit signe à ses assistants de ne pas se mêler de la querelle.

— Je vous présente mes excuses, seigneur Sethos. Que conseillez-vous ?

— Que nous laissions la justice faire son œuvre, naturellement ! répondit Sethos d'un ton dégagé. Laissons le juge Amerotkê prononcer sa sentence. Nous n'avons donc qu'à l'attendre.

Il posa les mains sur la petite table devant lui, les yeux fixés sur la frise couvrant les murs où figuraient dans des tons bleus, verts et or les victoires de l'Égypte sur les Peuples de la mer.

— Je voudrais ajouter ceci : il me semble que le seigneur Amerotkê devrait être invité à participer à ce Conseil. C'est un homme intègre et sage, comme nous le savons tous. Il peut avoir à poser des questions auxquelles il serait préférable de répondre ici que dans la salle des Deux Vérités. Ses conseils et sa sagesse pourraient nous être utiles dans les prochains mois, conclut-il non sans arrière-pensée.

— Qu'il en soit ainsi, jeta Rahimere. Le temps passe et nous avons des décisions à prendre à propos des troupes et de leur commandement. Je propose que nous levions la séance quelques instants et que nous la reprenions pour discuter de ces priorités. Nous devons envoyer une armée dans le sud jusqu'à la Première Cataracte.

— Et pourquoi ? demanda Omendap.

— Parce que c'est de là que viendra l'attaque. Nous devons décider quelles troupes envoyer et à quel membre du Conseil royal donner le commandement en chef.

Son regard effleura Hatchepsout.

— Qui conduira les armées de Pharaon ?

Le grand vizir reposa son chasse-mouches.

— J'ai fait apporter du vin, le meilleur cru de Moeretia. Détendons-nous en y goûtant ; nous reprendrons ensuite nos discussions.

La séance fut levée. Tous rangèrent leurs documents. Hatchepsout tapotait la petite table devant elle du bout de ses doigts aux ongles rougis par le henné. À l'éclat des lampes à huile et des torches, on aurait pu les croire trempés dans le sang. « Si nécessaire, songeait-elle, je le ferai. Ils me traitent comme un petit chat familier, mais j'ai des griffes et je m'en servirai. »

Elle devinait le plan de Rahimere. Il voulait écarter Omendap de Thèbes ainsi que la plupart des officiers supérieurs et envoyer les régiments d'élite dans le sud. Sans doute suggérerait-il également qu'elle les accompagne, car c'était la coutume. Puisque Pharaon était trop jeune pour le faire, pourquoi pas Hatchepsout ? Les soldats le souhaitaient. Sa propre grand-mère n'avait-elle pas combattu les Libyens ? Ainsi, pendant qu'elle serait au loin, Rahimere pourrait comploter à son aise. Et si l'armée n'était pas victorieuse ? Trouverait-elle le palais vide en revenant à Thèbes ? Pis encore, risquerait-elle alors de se retrouver cloîtrée dans ses appartements ? Son esprit était au supplice, car elle ne pouvait pas refuser. En tant que grand vizir, le devoir de Rahimere était de rester à Thèbes et de tenir en main les rênes du gouvernement.

— Ma reine ?

Hatchepsout leva les yeux. L'assemblée s'était dispersée. Elle vit Sethos s'entretenir avec deux des scribes tout en la regardant parfois de manière étrange. Les portes avaient été ouvertes pour permettre aux serviteurs et aux employés d'entrer. Debout sur sa gauche, Senenmout tenait en main deux gobelets de verre.

— Ma reine est-elle toujours affligée ?

Hatchepsout prit le gobelet qu'il lui tendait.

— Elle l'est, répondit-elle, avec un sourire. Je te remercie de ton soutien.

— Si vous ne vous sentez pas bien, reprit-il en recouvrant son assurance, il me semble, ma reine, que l'air du soir vous rafraîchirait.

Son gobelet à la main, Hatchepsout suivit Senenmout sur le balcon. L'air était chargé d'effluves parfumés qui s'échappaient des parterres de fleurs dans le jardin au-dessous. Ils réveillèrent en elle le souvenir doux-amer de son époux Touthmôsis. Il s'était toujours montré si délicat ! Comme il aurait aimé se promener avec elle dans les jardins embaumés en lui parlant de ses projets ou, plus souvent encore, de questions religieuses qui le tourmentaient. Oui, Touthmôsis s'était préoccupé sans cesse des dieux, s'interrogeant sur leur nature, sur leur fonction. Elle l'écoutait volontiers, mais d'une oreille moins passionnée. Et Senenmout ? Qui était-il vraiment ? Il méritait en tout cas une observation attentive.

— Quelle belle et douce nuit ! observa-t-il. De celles que l'on dédie à la déesse Hathor.

— La déesse de l'Amour, répondit Hatchepsout sans tourner la tête. Je n'ai pas vraiment rendu de culte.

Elle glissa un regard de côté vers Senenmout.

— Du moins pas pour l'instant.

— Et c'est très sage, ma reine. Nous vivons au temps de la hyène, l'année de la sauterelle.

Il se mit à parler plus vite.

— Les ennemis de l'Égypte se lèvent dans les Terres rouges, au-delà de nos frontières. Mais les serpents lovés dans votre propre demeure, prêts à frapper, sont plus dangereux encore.

Hatchepsout lui jeta un rapide coup d'œil. Était-il au courant de ce qui se passait ? Était-ce lui le maître chanteur ?

— Est-ce bien l'heure de parler de serpents ? dit-elle froidement.

— Parce que c'est ce qui convient, Majesté.

Il avait employé ce titre intentionnellement tout en se rapprochant.

— Majesté, répéta-t-il d'une voix rauque, il faut me faire confiance.

— Pour quelle raison ?

— Parce que vous ne pouvez vous fier à personne d'autre.

— Tu t'es laissé acheter par Rahimere ?

— Il a essayé.

— Et pourquoi as-tu refusé ?

— Pour trois raisons, ma reine. D'abord, je ne l'aime pas. En second lieu, c'est vous que j'aime et, enfin, ce qu'il offrait n'était pas suffisant.

Hatchepsout éclata de rire. D'une main légère, elle lui effleura la joue.

— Eh bien, parle franchement et dis-moi combien tu veux ?

— Rien, ma reine. Mais si je réussis, alors tout.

— Tout ? répéta-t-elle d'un ton moqueur.

Elle l'observait en souriant derrière ses paupières mi-closes, parcourue d'un frisson d'excitation. Voilà un homme qui la désirait désespérément et qui était prêt à payer le prix, si élevé soit-il.

— Alors dis-moi, mon si intelligent surveillant des grands travaux, dis-moi ce que combine Rahimere, demanda-t-elle.

— Il va demander qu'on envoie une armée au sud. Omendap la commandera.

— Étais-tu à Sakkara avec mon époux ?

Senenmout secoua la tête.

— Qu'aurait à faire dans l'armée le surveillant des travaux royaux ?

— Mais tu as été soldat, n'est-ce pas ? Capitaine dans un escadron de chars, je crois.

Elle l'examina de la tête aux pieds, comme elle l'aurait fait d'un lutteur avant de risquer un pari.

— Tes bras sont puissants, tes jambes solides, ta poitrine large et tu sembles ignorer la peur.

— Je suis le surveillant des travaux de Pharaon, répéta sèchement Senenmout. Comme je viens de le dire, Rahimere va envoyer une armée dans le sud et vous devrez aller avec elle.

— Je m'en doute déjà.

— Vous ne devez pas refuser.

Senenmout s'était encore rapproché, mais gardait les yeux fixés au loin, comme s'ils s'entretenaient tous deux de choses sans importance.

— Partez avec vos troupes, insista-t-il d'un ton pressant. Vous y serez plus à l'abri qu'à Thèbes où je vous sais menacée de mort. J'irai avec vous.

— Et si j'échoue ?

— Alors j'échouerai aussi.

— Mais si je gagne ? demanda-t-elle d'un ton moqueur.

— Alors, ma reine, j'aurai tout gagné.

— Et tu attendras jusque-là ?

Les yeux de Senenmout se plissèrent en un sourire amusé.

— Ma reine, la réponse vous appartient. Suivez mon conseil. Si vous le pouvez, faites en sorte que l'affaire appelée devant le seigneur Amerotkê soit close. Enterrez-la. Oubliez-la. Seuls les dieux savent pourquoi vous l'avez mise en route !

Senenmout allait continuer quand les employés annoncèrent que le Conseil reprenait et que ses membres devaient retrouver leur siège. Ils regagnèrent la salle et les portes se refermèrent. Hatchepsout sursauta. Une lampe à huile était tombée de sa niche, provoquant une certaine agitation et quelques rires étouffés. La flamme courut jusqu'à un tapis et y mit le feu, mais un serviteur avisé eut tôt fait de l'éteindre. On remplaça la lampe. Un prêtre entonna le psaume consacré à la gloire du divin Pharaon. À peine avait-il terminé qu'un cri affreux retentit. Hatchepsout se retourna sur son siège. Le commandant Ipouwer s'était dressé et regardait son bras avec horreur. Des documents s'échappèrent de l'écritoire posée sur la table devant lui. Effrayée, Hatchepsout vit une vipère se tortiller parmi les papyrus.

Le général Omendap sortit promptement sa dague pour la frapper, mais il la manqua et la vipère attaqua de nouveau Ipouwer qu'elle mordit cette fois à la cuisse. Omendap la poursuivit tandis que la salle du Conseil sombrait dans une folle agitation. On ouvrit les portes et les soldats se précipitèrent à l'intérieur. Ipouwer s'était écroulé, entouré par des officiers de son régiment. Omendap finit par tuer la vipère et la piqua de la pointe de son arme avant de la jeter au loin. Impuissants, tous regardèrent Ipouwer se convulser tandis que le venin se répandait dans son corps. Un cri étranglé, un ultime spasme, et sa tête retomba sur le côté tandis que son corps se figeait, les yeux fixes, la bouche entrouverte.

— Qu'on l'emmène ! s'écria Omendap. Je me charge d'annoncer moi-même sa mort !

Hatchepsout demeurait aussi immobile qu'une pierre. La mort soudaine d'Ipouwer venait de réveiller en elle le souvenir des terribles convulsions qui avaient secoué le corps de son époux devant la statue d'Amon-Rê.

Rahimere fit évacuer la salle. Les membres du Conseil se rassirent, mais personne ne parlait. Les vêtements, les sacs et tous les objets se trouvant dans la salle furent examinés avec le plus grand soin.

— Quel accident terrible ! observa Bayletos.

— Un accident ! ricana Senenmout. Messeigneurs et vous, ma reine, croyez-vous qu'il s'agisse d'un accident ? Le commandant Ipouwer aurait-il pu, de lui-même, introduire une vipère dans son écritoire ? Et si tel était le cas, pourquoi ne se serait-elle pas manifestée dès le début de la réunion ?

— Ipouwer a été assassiné, déclara Sethos. Quelqu'un a placé la vipère dans son écritoire. L'assassin n'a donc pas fini de frapper. Le divin Pharaon ne sera pas seul dans son voyage vers l'horizon lointain !

— Je suis d'accord, admit Rahimere, les yeux fixés sur Hatchepsout. Un meurtre a été commis et j'en appelle au dieu Thot, le dieu de la Vérité, pour qu'il démasque l'assassin afin qu'il… ou qu'*elle* subisse le châtiment mérité.

CHAPITRE VI

Ceux qu'on appelait les Amemets ou les dévoreurs – en fait des assassins – étaient assis en rond dans le bosquet de palmiers proche du temple d'Hathor, un endroit isolé et désert. Leur chef s'était senti assez à l'abri pour allumer un petit feu. La ville était silencieuse. La brise nocturne n'apportait que le cri lointain et occasionnel d'un garde ou d'une sentinelle. Du fleuve proche leur parvenaient parfois le grognement d'un hippopotame ou le soudain froissement d'ailes d'une nuée d'oiseaux chassés des buissons de papyrus. Dans l'air flottait une odeur de pourriture provenant du Nil. Ses eaux avaient entamé leur décrue, laissant à découvert de larges espaces d'une boue fertile, séchée par le soleil dans la journée, mais d'où s'exhalaient, le soir, d'étranges relents putrides. Les Amemets se sentaient en confiance. Leur chef venait de leur expliquer précisément ce qu'ils avaient à accomplir. Rien de bien dangereux : juste quelques gardes à réduire au silence, puis enlever et exécuter le capitaine Ménéloto.

Les hommes tuèrent le temps en se racontant des histoires jusqu'à ce que l'un d'eux apporte son chat, un animal énorme, à demi sauvage, aux oreilles pointues, qu'ils considéraient comme leur mascotte, leur porte-bonheur. Un autre avait capturé un scorpion qu'il conservait dans une cage en papyrus durci. Ils délimitèrent un petit espace en l'entourant d'un cercle de feu et placèrent le scorpion au centre. Des paris furent ouverts et, après que le chat eut été déposé à son tour dans le cercle, l'un d'eux entama le compte à rebours. Ils avaient parié sur le temps qu'il faudrait au chat pour tuer le scorpion. L'animal était entraîné à tuer et ses succès lui donnaient droit à un morceau de viande de choix. Évitant avec adresse le cercle de feu, il frappa le scorpion sur le côté, le retourna et, d'un puissant coup de patte, arracha sa queue où se trouvait le venin avant de croquer l'autre partie. Un soupir parcourut l'assistance. Le chat avait agi si vite que les gagnants étaient peu nombreux. Les autres venaient de perdre leurs debens de cuivre.

— Un véritable tueur ! déclara avec satisfaction le chef des Amemets en ramassant le chat pour le serrer contre lui.

Les ordres lui étaient parvenus de manière aussi secrète et mystérieuse que la dernière fois. Mais l'or était bien là. Quel que soit le personnage qui se dissimulait derrière tout cela, ce ne pouvait être qu'un grand seigneur.

— Il est temps à présent, dit-il à voix basse. Il est grand temps !

Il tendit le chat à son lieutenant. Le feu fut rapidement étouffé. Les Amemets s'enveloppèrent dans leurs manteaux noirs, dissimulant leur visage comme le faisaient les nomades du désert. Puis ils sortirent leurs dagues et traversèrent l'espace découvert aussi silencieusement que le chat qu'ils vénéraient, avant de disparaître dans une ruelle.

Ménéloto demeurait en ville dans une petite maison de deux étages entourée d'un jardin et d'une clôture. Le garde, à moitié endormi après avoir abusé de bière bon marché, fut éliminé aussitôt, la gorge tranchée d'une oreille à l'autre. Le soldat surveillant la poterne arrière était plus éveillé, mais les Amemets se jetèrent sur lui avant qu'il pût donner l'alerte. Ils le maintinrent à terre en étouffant ses cris et le transpercèrent de coups de dague jusqu'à ce que son corps cessât de se débattre. Les mains couvertes de son sang, ils escaladèrent le muret et traversèrent comme une vague sombre le jardin éclairé par la lune, tuant au passage deux autres gardes. Les scellés posés sur la porte latérale furent brisés et la serrure forcée. Un officier, les yeux encore remplis de sommeil, tomba sous une grêle de flèches et mourut sur-le-champ. Le chef des Amemets se précipita en avant tandis que ses hommes se dispersaient dans la maison avec l'espoir de trouver des objets de valeur à dérober. Quelques minutes après, Ménéloto fut tiré brutalement d'un profond sommeil, contraint de s'habiller et entraîné au-dehors où l'air de la nuit le réveilla. Les silhouettes noires se rassemblèrent autour de lui. Ménéloto empoigna solidement le manteau qu'on lui avait mis dans les mains et jeta un coup d'œil vers le coin du jardin où un pilier en ruine ouvrait une brèche dans l'enceinte. S'il parvenait jusque-là, il pourrait escalader le muret et se perdre dans le lacis de ruelles avoisinantes.

— Tu dois venir avec nous, ordonna une voix grinçante.

— Où ?

— Dans un endroit sûr !

Ménéloto comprit qu'on allait le tuer. Il lança son manteau d'un geste ample comme pour le mettre sur ses épaules mais, en fait, le jeta sur ses ravisseurs. Puis il s'élança, repoussant les mains qui cherchaient à le retenir, atteignit le muret et le franchit au moment où les premières flèches passaient au-dessus de sa tête.

Assis sur son siège de juge, Amerotkê considérait Sethos d'un air incrédule.

— Le capitaine Ménéloto s'est échappé ?

— Apparemment !

Le procureur royal étendit les mains devant lui.

— Sans aucun doute avec de l'aide extérieure. Les soldats chargés de la garde ont été tués.

Amerotkê baissa les yeux pour réfléchir, ignorant le murmure de consternation qui courait parmi les scribes et les témoins. « Comme le Nil, se disait-il, la vie de Thèbes est sujette à maints flux et reflux. »

Des changements fondamentaux étaient en cours. En parcourant la ville tôt le matin, suivi de Shoufoy toujours grommelant, il avait perçu une certaine tension. Les postes de garde avaient été doublés et, sur la place du marché, les échanges n'étaient pas aussi animés que d'habitude. Shoufoy lui avait rapporté ce qui se racontait autour des comptoirs de bière et de vin. Le commandant du régiment Horus, le populaire et ambitieux Ipouwer, avait été mordu par une vipère lors de la réunion du Conseil royal dans la maison de Millions d'années. Officiellement, on avait conclu à un accident mais, en privé, les gens parlaient de meurtre et faisaient des rapprochements entre cette mort et celle de Pharaon.

Dans un sens, Amerotkê se sentait soulagé par la fuite de Ménéloto. Mais il était contrarié de voir l'affaire finir ainsi avant même que la justice ait pu se prononcer. N'empêche, il avait opté pour la seule conclusion logique. Le divin Pharaon avait peut-être été mordu par une vipère, mais certainement pas par cet animal desséché qui gisait sur la table devant lui. En admettant qu'il fût mort à cause d'un venin, ce n'était pas ce serpent-là qui le lui avait administré. Et, même en admettant cette hypothèse, s'agissait-il d'un accident ou d'un meurtre ?

— Il faut ajourner cette affaire, affirma Khemut, le principal scribe. Seigneur Amerotkê, le prisonnier ayant disparu, il n'y a plus lieu de rendre un jugement.

Animé d'un certain ressentiment, Amerotkê effleura l'effigie de Maât sur son pectoral. La justice relevait de l'autorité de Pharaon et, avant tout, de celle des dieux. En aucun cas elle n'était un jouet entre les mains d'une quelconque faction du Conseil royal.

— La justice ne pouvant s'exercer, cette affaire est ajournée, déclara-t-il vivement. Cependant, en tant que juge principal de la salle des Deux Vérités, je suis autorisé à faire quelques commentaires. Il y a en effet certains points qui me préoccupent beaucoup.

L'assemblée devint silencieuse. Les mains bien à plat sur ses genoux, la tête haute, Amerotkê fixa son regard sur l'œil d'Horus, celui qui voit tout, peint sur le mur opposé.

— En premier lieu, commença-t-il, il me semble difficile de croire que la mort de Pharaon ne soit pas liée d'une manière quelconque à la profanation de sa tombe intervenue lors de son voyage de retour sur le Nil.

Un profond soupir salua cette déclaration et l'assistance s'agita.

— En second lieu, poursuivit imperturbablement Amerotkê, il me semble difficile de croire que la mort de Pharaon ait été causée par la vipère découverte à bord de *La Gloire de Rê*. Je considère les deux témoignages comme recevables, à savoir celui du procureur – les yeux et les oreilles de Pharaon – et celui de Ménéloto, aujourd'hui absent. Tous deux ont décrit ce qu'ils ont vu et parlé avec des accents de vérité. Je demeure convaincu qu'un profond mystère reste attaché à la mort de notre divin Pharaon.

Sethos se pencha, comme s'il voulait intervenir. Mais, d'un geste de la main, Amerotkê l'en empêcha.

— Aucun jugement ne sera prononcé. L'affaire est ajournée.

Amerotkê ne bougea pas de son siège. Avec un soupir d'exaspération, Sethos se mit debout, s'inclina devant le juge, puis devant l'autel de la déesse, et quitta la salle des Deux Vérités. Amerotkê claqua des doigts pour indiquer que le tribunal continuait de siéger et pour demander qu'on appelle d'autres affaires. Il avait parfaitement conscience que Sethos aurait aimé parler avec lui en privé des déclarations qu'il venait de faire, mais il préférait ne pas se laisser entraîner dans les intrigues de la cour. Lui-même aurait bien voulu faire quelques commentaires sur la mort d'Ipouwer. Il eut cependant le bon sens de les garder pour lui. S'il devait s'exprimer sous serment à ce propos, il le ferait. Il soupçonnait de plus en plus que Pharaon avait été assassiné et que sa mort était liée à celle d'Ipouwer.

En attendant, qui avait bien pu libérer Ménéloto ? Un membre du Conseil royal, afin d'apporter une conclusion brutale à une affaire embarrassante qu'il valait mieux écarter et oublier rapidement ? À moins que, craignant qu'on ne lui fasse pas honnêtement justice, Ménéloto n'ait comploté son évasion avec des complices ?

Amerotkê accepta la coupe de vin coupé d'eau que lui tendait Prenhoe. Après quelques gorgées, il la lui rendit et se tourna vers les scribes en proie à une certaine agitation.

— Le tribunal siège toujours, rappela-t-il. Appelez le cas suivant.

Les scribes n'oublieraient pas de sitôt cette matinée. Amerotkê se prononçait rapidement et avec sévérité. Une femme qui avait tué son enfant fut condamnée à rester sept jours sur la place du marché à la vue de tous, son enfant mort dans les bras. Cinq ivrognes, qui avaient uriné dans l'étang sacré du temple d'Hathor, la déesse de l'Amour, furent traînés dans la maison de l'Obscurité pour y être fouettés. Un marchand qui avait vendu de la viande avariée et provoqué ainsi la mort de deux de ses clients fut condamné à une forte amende et banni des marchés de la ville pour un an et un jour. À midi, Amerotkê estima qu'il avait suffisamment servi la justice de Pharaon et la séance fut levée. Il se dressa, raide et d'humeur sombre, et se rendit dans la petite chapelle attenante. Il était en train de se débarrasser du pectoral de Maât quand une silhouette sortant de l'ombre le fit sursauter. L'homme était vêtu comme un prêtre. Amerotkê remarqua ses bras puissants et son port de tête arrogant.

— Vous n'avez pas le droit de vous trouver ici, dit-il sèchement sans pousser plus loin son examen.

— Voyons, seigneur Amerotkê, ta mémoire a-t-elle faibli ?

Amerotkê se retourna et il sourit.

— On dirait que tu as pris un peu de poids, seigneur Senenmout. Comment pourrais-je oublier ce regard et cette voix ?

Ils se saluèrent.

— Toutefois, tu te trouves dans ma chapelle privée et cet endroit m'est strictement réservé, rappela Amerotkê.

— C'est justement pourquoi tu m'y vois, répondit Senenmout. Seigneur Amerotkê, je t'apporte les salutations de Sa Majesté Hatchepsout, veuve du divin Pharaon.

— Je sais parfaitement qui est la reine Hatchepsout.

Senenmout lui mit dans les mains un petit rouleau de papyrus. Amerotkê le déroula. Voyant apparaître le cartouche royal, il lut :

Le seigneur Amerotkê et dame Norfret sont conviés au banquet qui se tiendra ce soir au palais royal. À cette occasion, le seigneur Amerotkê se verra conférer l'anneau et le sceau officiels, emblèmes de sa promotion au titre de membre du Conseil royal.

— Cet honneur est pour moi une surprise, dit Amerotkê en relevant la tête.

Mais Senenmout avait déjà disparu.

Déjà bas à l'horizon, le soleil baignait la ville de ses derniers rayons quand Amerotkê et Norfret, montés sur la plate-forme de leur char, prirent la direction de la maison de Millions d'années, sur les rives du Nil. Norfret s'était montrée enchantée d'apprendre le grand honneur réservé à son époux.

— Tu dois accepter, avait-elle dit vivement en lui prenant la main. Que cela te plaise ou non, te voilà dans les filets politiques de la cour.

L'air sombre, le juge avait secoué la tête.

— Ils espèrent ainsi me museler. Me faire taire ou m'acheter. L'évasion de Ménéloto et la mort subite du commandant Ipouwer, voilà assez de raisons pour embarrasser la cour.

— Tu n'as rien à voir avec ces deux événements. Ménéloto est un soldat émérite. À présent qu'il s'est échappé, je le crois tout à fait capable de prendre soin de lui.

Il étudia son visage, pensant y trouver un signe d'émotion ou de consternation, mais Norfret lui rendit froidement son regard.

— Tu connais la vérité, avait-elle repris fermement. Car les dieux qui parlent par ta bouche la connaissent aussi. Dans ce cas, pourquoi se soucier de ce que peuvent dire les autres ?

Finalement, et comme toujours, elle l'avait emporté. Amerotkê se sentait flatté et même gratifié par l'ambition raisonnable de son épouse. En fin de compte, Norfret se réjouissait de pouvoir désormais se rendre à la cour et aux dîners où elle pourrait recueillir les dernières rumeurs. Bref, une occasion à ne pas manquer.

Amerotkê l'avait embrassée sur le front.

— Tu me fais penser à une jolie ombre, avait-il déclaré en lui prenant les mains.

— Une ombre ? s'était-elle exclamée en l'entourant de ses bras pour embrasser le bout de son nez.

— Parce que tu aimes te rendre à ces invitations, non pour t'y montrer, mais pour écouter et observer.

— C'est comme ça que nous nous sommes rencontrés, rappelle-toi. Nous avons d'abord passé la soirée à nous observer !

Avec un éclat de rire, Norfret avait couru à sa toilette en lui recommandant de mettre sa plus belle tenue.

Serrant les rênes de son attelage d'une main, Amerotkê jeta un coup d'œil à son épouse. Il portait une robe plissée neuve ainsi que l'anneau, symbole de sa fonction. Mais, comme à son habitude, sa tête était dépourvue de perruque. Au temps où il servait dans une unité de chars, les soldats se moquaient des officiers maniérés qui cherchaient à rester à la pointe de la mode, même quand ils patrouillaient dans les Terres rouges. Il n'avait pas oublié leurs ricanements. Norfret, elle, était belle comme la nuit, drapée dans une robe de lin gaufrée, d'un blanc immaculé. Elle portait une longue perruque noire entremêlée de fils d'argent et d'or tandis que des anneaux d'améthyste ornaient ses oreilles. Au creux de sa gorge s'étalait un large et superbe collier de lapis-lazuli. Penchée à l'extérieur du char, elle parlait à Shoufoy qui suivait à pied, tenant d'une main un parasol et de l'autre une canne.

— Monte donc avec nous, il y a de la place, lança-t-elle au nain. Ce n'est pas un char de guerre et il est tiré par des hongres tout à fait calmes.

— Je n'aime pas les chars, répliqua le nain. Je n'aime pas non plus les festivités ni les banquets. Les gens ne cessent de me dévisager et de me poser des questions du genre : « Qu'est-ce que tu as fait de ton nez ? » Et, moi, j'ai toujours envie de leur répliquer : « Il est sur votre derrière ! »

Norfret se mit à rire et se détourna.

Amerotkê resserra ses doigts autour des rênes et contempla un instant les plumets rouges des chevaux ondulant à chaque mouvement de leurs têtes altières. Comme toujours, et quelle que fût l'heure, les quais et les rives du Nil grouillaient de monde. Les échoppes étaient ouvertes. Dans les ruelles se pressaient marins et soldats à la recherche des maisons de plaisir. Titubant, un gobelet à la main, ils dévisageaient les filles qui passaient en échangeant des plaisanteries. Bien sûr, Norfret attirait tous les regards mais, à la vue d'Amerotkê et des deux soldats qui les escortaient jusqu'au palais, les hommes se détournaient vite vers des proies plus abordables.

Un magicien s'élança pour leur proposer des amulettes et des bâtonnets contre le mauvais sort mais, vif comme un singe, Shoufoy eut tôt fait de l'écarter.

Ils atteignirent enfin la chaussée qui menait au palais. Une foule avide se pressait de chaque côté, contenue par des archers et des fantassins du régiment Isis. Amerotkê secoua les rênes pour accélérer l'allure. Ils franchirent les portes et pénétrèrent dans les jardins du palais, véritable paradis avec ses allées ombragées, ses bassins ornementaux et ses vastes pelouses peuplées de gazelles et de moutons. Les gardes leur ouvrirent le chemin et, une fois arrivés, Amerotkê aida Norfret à descendre avant d'ordonner aux serviteurs de dételer et de panser les chevaux. Ils furent escortés jusqu'à la porte principale et longèrent des murs sur lesquels d'immenses fresques rappelaient les succès de Pharaon sur les champs de bataille. Ils traversèrent ensuite la salle des Colonnes, où des soldats gardaient le seuil de la maison de l'Adoration qui abritait les appartements privés du jeune pharaon. Après quoi, ils gagnèrent la vaste salle des banquets. Ses colonnes peintes en rouge sombre étaient coiffées de chapiteaux dorés en forme de bourgeons de lotus. Des lampes d'albâtre de différentes couleurs diffusaient une douce lumière qui semblait animer les fresques couvrant les parois : arbres, oiseaux au superbe plumage, fleurs, papillons s'y déployaient en une gamme de subtiles nuances. Au-dessus couraient des bandes de hiéroglyphes promettant vie, santé et prospérité à ceux qui se trouvaient réunis dans la salle.

Amerotkê balaya du regard la foule de femmes aux épaules nues et d'hommes portant perruques. Il aperçut Sethos, Rahimere, le général Omendap. Chacun d'eux le salua d'un léger signe de tête tout en poursuivant sa conversation. Des servantes pratiquement nues, à l'exception d'un léger pagne drapant leurs hanches, offraient aux arrivants une fleur de lotus en signe de bienvenue. Elles leur proposaient aussi du vin, de la bière et des sucreries dans des coupes ornées de joyaux. Norfret prit une de ces coupes et alla saluer une connaissance tandis qu'Amerotkê restait près de l'entrée. Le bourdonnement des conversations cessa quand les portes situées à l'autre extrémité de la salle s'ouvrirent pour livrer passage à la reine Hatchepsout. Amerotkê fut surpris de la voir si changée. Elle s'avançait maintenant avec majesté, les mains serrées devant elle, éblouissante de beauté dans une robe de lin si fine qu'elle en était presque transparente. Sa longue perruque, luisante d'huile, était retenue sur le front par un diadème en forme de vautour rappelant à tous qu'elle était la souveraine d'Égypte. Autour de son cou, un pectoral d'argent portait le même symbole. Des bracelets d'or ornés d'un cobra dressé cernaient ses poignets. Le bout de ses doigts et de ses orteils étaient rougis au henné et ses yeux à la prunelle sombre étirés et agrandis à l'extrême par un étonnant fard bleu-vert.

Croisant le regard d'Amerotkê, elle lui adressa un léger sourire. D'un geste de la main, elle écarta poliment les personnes qui se pressaient pour la saluer et se dirigea vers lui. Sur l'une de ses épaules nues, on pouvait distinguer un tatouage à l'image de Sekhmet, la déesse lionne, initiatrice de vengeance. « Hatchepsout est vêtue comme une princesse, pensa Amerotkê, mais il y a en elle la détermination d'un guerrier. »

Elle s'arrêta devant lui et étendit la main. Il allait plier le genou comme le voulait le protocole mais elle le retint en lui lançant un regard malicieux.

— Seigneur Amerotkê !

Sa voix était basse et profonde.

— Cela fait combien d'années à présent ? Dix ? Douze ? Depuis que tu as quitté la cour de mon père ?

— Douze, je crois, ma reine.

— Te voilà de retour et je te souhaite la bienvenue.

Amerotkê jeta un coup d'œil par-dessus son épaule. Les autres notables présents – commandants, hauts fonctionnaires, scribes – faisaient mine d'être plongés dans des conversations animées, mais ne perdaient rien de la scène. Plus loin, adossé à une colonne, Sethos, la main de Norfret dans la sienne, s'essayait à quelque plaisanterie. Le rire léger de la jeune femme parvint jusqu'à Amerotkê.

— Je t'ai vu arriver, poursuivit Hatchepsout. Ton épouse Norfret est plus belle que jamais.

— Elle n'est pas la seule dans ce cas, répliqua Amerotkê.

Hatchepsout soupira et, en voyant ses lèvres rougies se crisper légèrement, Amerotkê se demanda si elle se moquait de lui. Elle pencha la tête avec grâce pour le regarder.

— Tu ne feras jamais un bon courtisan, Amerotkê. Ton compliment est trop direct.

— Sans doute parce que je suis juge, répondit-il. Donc peu accoutumé à la flatterie.

— Tu as toujours fonctionné ainsi.

Elle le regarda avec douceur et reprit :

— Tu es toujours fou amoureux de ta Norfret, n'est-ce pas ? Je t'ai aperçu en train de contempler l'assistance d'un air renfrogné. Serais-tu un peu jaloux, par hasard ?

Elle dissimula un rire derrière sa main.

— Ah, Senenmout !

Le surveillant des travaux royaux venait de faire son apparition au côté d'Hatchepsout et Amerotkê s'étonna de son attitude familière. On aurait pu le prendre pour un membre de la famille royale, un prince du palais. Il répondit poliment à son salut.

— Je suis désolé de n'avoir pu rester plus longtemps ce matin, s'excusa Senenmout. J'ai craint un refus de ta part, ce qui nous aurait mis l'un et l'autre dans l'embarras.

Il tendit à la reine un petit sac de cuir brodé. Hatchepsout l'ouvrit et en sortit un anneau d'or qu'elle glissa au doigt d'Amerotkê. Ce dernier l'examina avec intérêt. Il vit, gravés sur le large anneau d'or, des hiéroglyphes proclamant au monde qu'il était maintenant un « ami de Pharaon », un membre du cercle royal possédant un siège au Conseil et chargé d'assister Pharaon de ses avis.

— Il ne s'agit pas d'un pot-de-vin, murmura Hatchepsout, le regard froid et déterminé. Mais j'ai besoin de toi, Amerotkê. De ta capacité de réflexion, de tes sages avis. Et, pour être honnête, de ton bon sens.

Amerotkê aurait voulu lui demander pourquoi, mais les serviteurs étaient déjà en train de disposer les coussins devant les tables en prévision du banquet. Hatchepsout effleura légèrement sa main et s'éloigna.

Des esclaves s'approchèrent de lui. L'une glissa une couronne de fleurs autour de son cou, l'autre lui offrit un pain de parfum solidifié qu'il refusa. Ceux qui portaient des perruques posaient sur leur tête ces petites galettes où elles fondaient en répandant une odeur suave. Comme de coutume, les hommes prirent place d'un côté de la salle et les femmes de l'autre. Des coupes de vin circulèrent et le festin commença. On servit du bœuf rôti, du poulet, de l'oie, des pigeons et diverses variétés de pain. On ouvrit des jarres de vin marquées d'un sceau indiquant l'année de production et maintenues par un pied de métal. Les serviteurs veillaient à ce que les coupes de bronze serties de joyaux ne soient jamais vides. On apporta des serviettes et des rince-doigts. Le général Omendap était assis à côté d'Amerotkê. Après avoir trempé le bout de ses doigts dans un bol, il le salua d'un bref signe de tête.

— Bienvenue dans le cercle royal, murmura-t-il.

Amerotkê lui sourit. Il avait rencontré le général en de multiples occasions et savait que c'était un homme brave et honnête. Charpenté, le visage charnu, il arborait une bonne dose d'humour qui dissimulait un esprit acéré et une vive intelligence. Un lotus d'or, une décoration octroyée par Pharaon pour sa bravoure au combat, pendait à son cou. Il se rapprocha de son voisin et, d'un coup d'œil, s'assura qu'aucun serviteur n'était dans les parages.

— Nous sommes tous au courant de ton jugement à propos de ce pauvre Ménéloto. Tu as exprimé la vérité ! Cette affaire n'aurait jamais dû être citée devant le tribunal.

— Alors, pourquoi l'a-t-elle été ? demanda Amerotkê. Le Conseil royal n'était donc pas informé ?

— L'épouse de Pharaon en a décidé ainsi !

Omendap regarda l'extrémité de la salle où Hatchepsout était assise sur un trône surélevé par rapport aux autres femmes.

— Je lui aurais cru davantage de bon sens. Enfin, tu auras vite fait de comprendre ce qui se passe au Conseil royal. En gros, il y a deux factions.

Il souleva sa coupe pour siroter une gorgée de vin et continua :

— Il y a d'un côté Rahimere.

Il fit un geste en direction du vizir, somptueusement paré de bijoux et occupé à parler avec Bayletos, le chef des scribes.

— Il est clair qu'il convoite la régence. Mais Hatchepsout la désire tout autant.

— Qui l'emportera ?

— Probablement Rahimere. C'est lui qui a la haute main sur le trésor, la chancellerie et le temple d'Amon-Rê.

— Et la reine ?

— Elle dispose de trois appuis : Sethos, Senenmout et, à présent, le seigneur Amerotkê.

— Je n'appartiens à aucune faction.

Omendap esquissa un sourire.

— Vraiment ? Tu as accepté son invitation et cet anneau. Nous voilà tous pris dans la danse maintenant.

— Et vous autres ? demanda Amerotkê en levant sa coupe en direction des officiers supérieurs groupés un peu plus loin.

— Nous n'avons pas encore pris de décision. Nous sommes des soldats, disposés à obéir aux ordres. Mais nous savons aussi ce qui se raconte sur la place du marché. Pharaon a entamé son voyage sacré vers l'ouest, et son successeur n'est qu'un enfant. Les chacals pensent qu'en l'absence d'un bon chien de garde l'occasion est bonne pour aller piller le poulailler.

— Qui défendrez-vous, dans ce cas ?

Omendap s'agita un peu sur son cousin et se rapprocha.

— Ma sympathie va à la reine Hatchepsout. En elle coule le sang des Touthmôsis et je n'aime pas Rahimere. Mais, encore une fois, nous sommes des soldats. Nous avons pour règle de ne pas nous lancer dans une bataille si nous n'avons pas de bonnes chances de la gagner. Alors buvons ! Et prions pour que des jours plus heureux nous soient accordés, lança-t-il en levant sa coupe.

Amerotkê se concentra sur le repas. Il levait les yeux pour voir où était assise sa compagne quand il aperçut un messager qui entrait dans la salle portant un coffret cerclé de cuivre. Un genou en terre, il attendait sur le seuil qu'on remarque sa présence. Le serviteur personnel de Rahimere qui se tenait derrière son maître lui fit signe de s'avancer.

— De quoi s'agit-il ? s'enquit le vizir.

— D'un présent, seigneur. De la part d'Amenhotep.

Le grand vizir plissa les lèvres. Amenhotep n'était pas seulement un vieux prêtre mais aussi le chapelain du pharaon décédé, Touthmôsis II.

— Amenhotep devrait se trouver parmi nous. En tant que prêtre du temple d'Horus, il est de son devoir d'assister aux réunions du cercle royal.

Rahimere avait parlé avec autorité et un silence embarrassé tomba sur la salle. Une invitation à un banquet royal était en effet une obligation et il fallait être gravement malade ou confronté à une calamité pour s'abstenir d'y répondre. Amerotkê fut surpris. Il avait parfois rencontré Amenhotep, un petit homme agité et pompeux, fier de son importance. Cela ne lui ressemblait pas de manquer de telles occasions de parader.

— C'est peut-être une offrande de paix, suggéra d'un air moqueur le chef des scribes. Une excuse pour ne pas s'être présenté.

Rahimere haussa les épaules et fit signe à son serviteur de s'approcher. Amerotkê remarqua qu'Hatchepsout était pâle et que ses yeux lançaient des éclairs de fureur. Il est vrai que le présent aurait dû lui être immédiatement apporté. C'était elle qui recevait et commandait au palais. L'intervention de Rahimere était un camouflet public et un rappel éloquent que les rênes du pouvoir étaient entre ses mains. Le serviteur s'avança avec le coffret.

— Il a été apporté par un homme vêtu de noir, seigneur, expliqua-t-il.

Amerotkê reposa dans l'assiette le morceau d'oie qu'il s'apprêtait à manger. L'évocation d'un homme en noir éveilla en lui des souvenirs. Divers rapports présentés au tribunal faisaient état d'une association d'assassins, les dévoreurs – des tueurs professionnels. On savait que les membres de cette bande assoiffée de sang vénéraient la déesse Mafdet, un félin d'une grande férocité, et qu'ils étaient toujours vêtus de noir de la tête aux pieds.

Rahimere claqua des mains avec irritation :

— J'accepte le présent. Qu'on ouvre ce coffre !

Les sceaux furent brisés et le couvercle soulevé. Amerotkê se tournait vers son voisin pour lui dire un mot quand il entendit un grand cri. Le serviteur venait de sortir le présent et le tenait devant lui, en état de choc. Des gouttes de sang coulaient encore du cou. Remplis d'horreur, les invités contemplèrent la tête coupée du prêtre Amenhotep.

CHAPITRE VII

Le banquet bascula dans la plus totale confusion. Deux dames s'évanouirent. Quelques hommes sortirent précipitamment, la main sur la bouche, pour aller vomir aux toilettes. La tête fut rejetée dans le coffre et l'on envoya des gardes à la recherche du porteur, mais celui-ci avait disparu depuis longtemps. Assistée de Senenmout et de Sethos, Hatchepsout remit avec autorité de l'ordre dans l'assistance. Elle frappa dans ses mains pour obtenir le silence :

— Messeigneurs et dames ! Il n'est pas question de poursuivre les festivités. Le banquet est terminé. Le Conseil royal se réunira dans la salle des Colonnes.

Des serviteurs s'empressèrent de faire disparaître les assiettes et les cruches de vin. Les invités qui n'étaient pas membres du Conseil furent trop heureux de quitter le palais après avoir fait un signe pour se protéger du mauvais œil. Amerotkê demanda à Shoufoy de raccompagner Norfret à la maison. Le général Omendap mit deux de ses officiers à sa disposition pour assurer leur protection.

Après leur départ, Amerotkê regagna la salle du banquet et s'accroupit à côté du coffre sanglant dont le couvercle était resté ouvert. L'horrible face le contemplait de ses yeux exorbités, la langue sortie. Il étudia attentivement la blessure du cou : la tête avait été tranchée nettement et proprement. Quant à la peau du visage, elle était gonflée et décolorée.

— Que cherches-tu ?

Encadrée de Senenmout et de Sethos, Hatchepsout se tenait au-dessus de lui et le regardait.

— Ma reine, je soupçonne qu'Amenhotep était mort quand on lui a coupé la tête. Elle a été tranchée d'un seul coup et je reconnais là l'œuvre d'un professionnel. Le messager qui l'a apportée était vêtu de noir. J'y vois la signature des Amemets, une bande d'assassins de métier.

— Mais pourquoi tuer Amenhotep ?

Senenmout s'accroupit à son tour et examina la tête avec curiosité.

— Cette bouche bavarde est maintenant silencieuse, dit-il. Et ces yeux arrogants ne me dévisageront plus.

Amerotkê jeta un rapide coup d'œil à celui qui était maintenant le bras droit de la reine et qui ne cachait pas son antipathie pour le mort. D'un coup de son pied chaussé d'une sandale, Hatchepsout referma le coffre.

— Tous dans la salle des Colonnes, ordonna-t-elle d'un ton sec.

La pièce avait été préparée pour la réunion du Conseil. On avait apporté des sièges disposés en ovale et des petites tables. Entouré de ses scribes et de ses prêtres, Rahimere occupait déjà la place du président. Hatchepsout s'assit à la même place que le soir précédent, entre Senenmout et Sethos.

Amerotkê s'installa près de la porte. Il se sentait mal à l'aise et aurait bien voulu se trouver à mille lieues de là. L'atmosphère était oppressante, le bouillonnement des haines et des jalousies presque palpable.

Le prêtre se hâta d'entonner un cantique comparant le visage du jeune Pharaon à celui d'Horus, ses cheveux aux fines nuées du ciel, son œil gauche au soleil du matin et son œil droit à celui du soir. La gloire de Rê baignait son corps, lui insufflant lumière et chaleur pour qu'il les restitue au peuple égyptien. Quand le prêtre eut terminé son oraison, il n'y eut malheureusement aucun signe de lumière ni de chaleur dans la salle. Hatchepsout prit l'initiative.

— Messeigneurs !

Son attitude était si impérieuse qu'on l'aurait crue assise sur un trône. Rahimere voulut l'interrompre mais elle l'arrêta d'un geste de la main.

— Seigneur vizir, nous sommes ici au palais royal, dans la maison de Millions d'années. Notre glorieux Pharaon occupe la maison de l'Adoration. Je suis sa belle-mère. Examinons la situation. Mon époux s'est écroulé au pied de la statue d'Amon-Rê, mordu par un serpent. Le général Ipouwer est mort dans cette pièce même, mordu par un serpent. Et voilà maintenant que la tête coupée d'Amenhotep nous est apportée durant un banquet comme un sinistre rappel de ces événements ou à titre d'avertissement pour chacun de nous.

— Que voulez-vous dire par là ? gémit le chef de la maison de l'Argent. Trois hommes sont morts.

— Non, intervint Senenmout. Trois hommes ont été assassinés.

Rahimere leva la tête.

— Assassinés ? Vous affirmez à présent que la mort du divin Pharaon – que son voyage vers l'ouest soit béni ! – n'était pas accidentelle ?

— Celle du général Ipouwer ne l'était certainement pas, rétorqua Hatchepsout. Et je ne pense pas qu'Amenhotep ait fait une chute dans l'escalier.

Rahimere en appelait à l'assistance :

— Seigneur Amerotkê, nous avons tous entendu votre jugement.

Il étendit devant lui ses mains aux doigts chargés de bagues.

— Vous avez établi, pour votre propre satisfaction tout au moins, que la vipère trouvée à bord de *La Gloire de Rê* ne pouvait être responsable de la mort du divin Pharaon. Nous savons tous qu'ensuite le divin Pharaon a été porté dans un palanquin jusqu'au temple où il a retrouvé son épouse.

Tout le monde retint son souffle. Voyant que Senenmout s'apprêtait à bondir, Hatchepsout lui saisit le poignet pour l'arrêter.

— Je n'ai jamais dit que le divin Pharaon avait été assassiné, intervint vivement Amerotkê. Ce n'était pas l'objet du jugement. J'ai déclaré que la vipère qui avait tué Pharaon ne pouvait être celle que l'on a découverte dans la barque royale.

— Mais vous avez également parlé de la profanation de la tombe de Pharaon, dit un des scribes.

— Tout le monde est au courant de cela à Thèbes, répondit Amerotkê. J'ai supposé, comme j'en ai le droit, que quelqu'un entretenait contre Pharaon une rancune blasphématoire.

— Et quelle est ton opinion sur la mort du commandant Ipouwer ? s'enquit Sethos.

Amerotkê pointa le doigt vers l'un des sacs accrochés à sa chaise qui contenait son écritoire.

— Le Conseil royal s'est bien réuni dans cette salle, n'est-ce pas ?

— C'est un fait, répondit Rahimere d'un ton brusque.

— Et Ipouwer y avait apporté des documents ? poursuivit Amerotkê.

— En effet, admit Omendap.

— Oui, ajouta Sethos. Nous avons ensuite rassemblé nos papyrus pour les glisser dans nos sacs. Que cherches-tu à dire, Amerotkê ? Que l'un de nous se serait déplacé pour déposer une vipère dans le sac d'Ipouwer ?

Ces paroles suscitèrent quelques ricanements malveillants parmi les scribes.

— La vipère s'y peut-être glissée d'elle-même. C'est une possibilité, gloussa un prêtre d'un air moqueur.

— À moins qu'elle n'ait volé jusque-là, répliqua Amerotkê pour remettre l'impudent à sa place.

Une nouvelle salve de rires salua cette hypothèse.

— La solution est beaucoup plus logique. Une vipère qui s'introduirait d'elle-même dans la salle du Conseil ou dans un temple serait aussitôt repérée. De même, si elle s'était glissée dans le palanquin du divin Pharaon.

— Pourtant, Pharaon est bien mort d'une piqûre de serpent, observa Rahimere.

Amerotkê se redressa.

— C'est exact. Mais quand, comment et pourquoi, cela reste un mystère. Quelqu'un a-t-il jamais vu une personne se faire piquer par une vipère au milieu de la foule sans que l'animal ait été repéré auparavant ?

Un murmure général approuva cette objection.

— Oui, ce mystère est grand, insista Amerotkê. Quelqu'un a-t-il aperçu cette vipère avant qu'Ipouwer ne glisse la main dans son sac ? Un prêtre, un scribe, un soldat ou l'un des membres du Conseil royal ? Seigneur vizir, si vous permettez ?

Rahimere hocha la tête et Amerotkê se leva pour faire le tour de la salle en s'arrêtant un instant près des sacs accrochés aux sièges de certains assistants. Il fit un geste en direction de Sethos.

— Seigneur, toi qui représentes les yeux et les oreilles de Pharaon, apprends que j'ai changé de place certains de ces sacs. Malgré tes yeux perçants et ta perspicacité, peux-tu me dire maintenant à qui appartient chacun d'eux ?

Hatchepsout sourit et Senenmout frappa sur la table.

— Le soir où Ipouwer est mort, poursuivit Amerotkê en regagnant sa place, l'assassin, disciple de Seth, dieu de la Destruction, a introduit la vipère dans la salle du Conseil à l'intérieur d'une écritoire. Messeigneurs, ma reine, rendez-vous sur la place du marché et interrogez n'importe quel homme-scorpion ou charmeur de serpents, des hommes manipulant ces animaux venimeux pour étonner la foule et gagner quelques debens. Tous vous confirmeront qu'il est facile de transporter un serpent dans un sac ou dans un panier. Le mouvement de balancement l'endort, surtout s'il a été nourri récemment. Il se love au fond et ne bouge pas.

— Jusqu'à ce que Ipouwer ait glissé sa main dans le sac, acheva Omendap.

— En effet, poursuivit Amerotkê. Brusquement réveillée et furieuse, la vipère a piqué à plusieurs reprises. Qui aurait pu remarquer qu'un sac avait été échangé contre un autre au moment où nous allions nous séparer ? L'un d'entre vous peut-il affirmer que cette vipère se trouvait bien dans le sac d'Ipouwer ?

— Non, impossible, reconnut Sethos tout en pointant le doigt en direction d'Omendap. C'est toi qui t'es occupé du corps et l'a fait transporter dans la cité de la Mort.

Le visage gras d'Omendap s'empourpra.

— C'est aussi moi qui ai rassemblé les documents d'Ipouwer, répondit-il vivement. Mais, à ce moment-là, je ne savais pas de quoi il s'agissait.

— Bien entendu ! s'exclama Senenmout avec une pointe de sarcasme.

Omendap allait répliquer, sûr du soutien de ses officiers, mais Sethos intervint pour détendre l'atmosphère. Ce n'était pas le moment d'indisposer l'armée dont Hatchepsout avait le plus grand besoin.

— Seigneur Amerotkê, tu sembles savoir bien des choses sur les serpents.

— Et sur les meurtres, ajouta Rahimere d'un ton fielleux.

— Messeigneurs, répondit Amerotkê. Il n'est question dans toute la ville de Thèbes que de mort par morsure de serpents. Je me suis fondé sur ce qu'on raconte. Ce que je viens de suggérer n'est peut-être pas la vérité, mais c'est une hypothèse logique.

— Quelles sont tes conclusions ? interrogea Hatchepsout. En supposant que tu aies raison et que les sacs aient bien été échangés…

— Alors, ma reine, l'assassin doit se trouver dans cette salle. Nous savons tous que ce ne peut pas être un soldat, ni un serviteur. Le sac a été introduit ici et surveillé par quelqu'un qui l'a accroché discrètement au siège d'Ipouwer. Cette tâche incombe en général au scribe. Mais chacun d'entre nous, ainsi que je viens de le démontrer, peut en avoir fait autant.

— Continue ! ordonna Rahimere.

— Nous savons donc que l'assassin doit être un membre du Conseil royal.

Amerotkê tournait autour de son doigt l'anneau de Maât, réclamant secrètement son appui afin que, de sa plume divine, elle effleure son cœur et ses lèvres, et leur permette d'exprimer sagesse et vérité.

— La question qu'il faut à présent se poser est : pourquoi avoir agi ainsi ?

Il allait poursuivre son raisonnement quand on frappa vigoureusement à la porte. Le capitaine de la garde entra, un Nubien vêtu d'un costume de cuir. L'emblème de son régiment, celui d'Osiris, barrait son torse nu. Ignorant Hatchepsout et Rahimere, il s'inclina devant le général Omendap.

— J'ai suivi tes instructions, maître, dit-il.

— Eh bien ?

— Les rives du fleuve ont été fouillées jusqu'aux environs de l'ancien temple. Nous avons découvert le corps sans tête d'Amenhotep flottant dans les roseaux. Il était nu, à l'exception d'un pagne et d'un bracelet qui nous a permis de l'identifier.

— Y a-t-il autre chose ?

— Oui, maître. L'un des soldats a étudié la médecine, car il a travaillé un certain temps dans la maison de Vie. Le corps était gonflé et décoloré.

— C'est étonnant que les crocodiles ne l'aient pas dévoré, se moqua Bayletos.

— Amenhotep a été mordu cinq ou six fois à la jambe par une vipère, acheva le soldat.

— Fais transporter le corps à la nécropole, ordonna Rahimere. Amenhotep s'était préparé une tombe. Explique cela au surveillant de la maison de la Mort. Que son corps soit inhumé comme il convient. Les frais seront couverts par la maison de l'Argent.

Le soldat se retira.

— C'est la saison des sauterelles, murmura un des prêtres. Mort et dévastation. Sekhmet la destructrice erre désormais dans le royaume des Deux Pays, semant chaos et dangers.

Comme en écho à ces mots, la lumière s'assombrit brusquement et les nuages dissimulèrent le soleil. Amerotkê se demanda dans quelle mesure le prêtre pouvait dire vrai. Il se souvenait des histoires que lui racontait sa grand-mère et comment, chaque jour, Amon-Rê traversait le ciel dans son char d'or. À la nuit, le char pénétrait dans Duat, le monde souterrain, où l'attendait son principal adversaire pour le détruire, le terrible dieu serpent, Apep. Était-ce en train de se produire ? Ces meurtres par morsures de vipères annonçaient-ils la prochaine destruction du pays des Deux Terres et un bain de sang, comme dans les années de cauchemar où les rois de Thèbes avaient dû lutter contre les Hyksos ?

— Nous déplorons tous ce qui est arrivé à Amenhotep, déclara Hatchepsout. Seigneur Amerotkê, as-tu terminé ?

— Non, non ! s'écria Amerotkê en repoussant la table devant lui. Nous avons trois morts sur les bras. Deux sont certainement des meurtres. Toutes semblent avoir été causées par une morsure de vipère. Mais nous ignorons qui en est responsable et quels peuvent être les mobiles. Il nous faut donc nous tourner du côté des victimes et nous demander ce qu'elles peuvent avoir en commun.

— Il me semble que c'est évident, intervint Bayletos d'une voix traînante.

Il agita son chasse-mouches comme pour mieux rejeter les paroles d'Amerotkê. S'il avait pensé attirer l'attention du grand vizir par ce sarcasme, il fut déçu. Celui-ci gardait les yeux fixés sur Amerotkê.

— Il est évident que toutes les victimes, y compris notre divin souverain, étaient membres du Conseil royal, observa Rahimere. Quoi d'autre ?

— Ces morts, ainsi que la profanation de la tombe de Pharaon, coïncident sur un point. Elles ont eu lieu après qu'il fut rentré de son expédition victorieuse contre les Peuples de la mer dans le delta du Nil, remarqua Amerotkê. Son voyage vers la grande mer fut couronné de succès. Voyons, Ipouwer se trouvait avec lui, n'est-ce pas ?

Un murmure général le lui confirma.

— Amenhotep également ?

— Que cherches-tu à insinuer par là, Amerotkê ?

Le juge fit la grimace.

— Quelque chose s'est-il produit au cours du voyage de retour entre le Delta et Thèbes ?

— Quel genre de chose ?

— Un accident, une crise quelconque ? Le divin Pharaon a-t-il fait part à quelqu'un d'un projet qu'il envisageait de réaliser une fois de retour à Thèbes ?

Amerotkê se tourna vers Hatchepsout :

— Des faits nouveaux se seraient-ils produits ici pendant son absence ? Ce ne sont là que des interrogations. Je n'ai aucune preuve, pas le moindre soupçon de preuve.

La conversation devint générale. Senenmout se pencha par-dessus la table pour murmurer quelque chose à Sethos qui ne cessait de remuer la tête. Amerotkê remarqua qu'Hatchepsout avait l'air préoccupée, presque effrayée. Elle semblait perdue dans une lointaine rêverie, bougeant silencieusement les lèvres et clignant des yeux. Il songea aux rumeurs la concernant et aux observations qu'il avait pu lui-même faire à la cour royale.

« Trop douce pour être honnête », avait dit une fois un page du palais.

On racontait qu'Hatchepsout avait eu tôt fait de s'imposer à son demi-frère et époux, Touthmôsis II. Selon le protocole, elle aurait dû l'accompagner durant son expédition dans le Delta, mais il l'avait laissée à Thèbes pour lui confier le gouvernement et la ville, prouvant ainsi la confiance qu'il avait en son épouse. Hatchepsout avait-elle une part de responsabilité dans ces tragiques événements ? Elle ou le rusé Senenmout ? Ce dernier était-il impliqué dans un jeu subtil afin de prendre le pouvoir et de contrôler non seulement Thèbes, mais aussi le royaume et l'empire au-delà des frontières ?

— Je ne vois rien de particulier, déclara enfin Rahimere en étendant les mains pour réclamer le silence. Le divin Pharaon a vogué sur le Nil à bord de *La Gloire de Rê*. Il a fait halte à Sakkara pour rendre visite aux pyramides et au temple funéraire de ses ancêtres. Il a fait exécuter quelques princes captifs en offrande aux dieux, puis il a poursuivi son voyage.

— Sans que l'on constate le moindre changement dans son humeur ou dans son comportement ? demanda Amerotkê.

— Le divin Pharaon gardait ses distances, déclara pompeusement Rahimere. Il ne se prêtait pas aux bavardages ni aux confidences. Il a paru pâle et souffrant, mais rappelez-vous qu'il était épileptique. Quand les dieux le visitent, il entre en transe et reçoit des visions.

Amerotkê se tourna vers Hatchepsout.

— Ma reine, votre époux vous a-t-il confié quelque chose de particulier dans la lettre qui vous était destinée ?

— Juste que Rê lui avait souri en lui accordant la victoire, répondit-elle. Comment il avait écrasé ses ennemis sous son talon et combien son épouse et sa famille lui manquaient.

Amerotkê baissa la tête. Sans rien révéler, Hatchepsout venait de rappeler au Conseil royal combien elle et le divin Pharaon avaient été proches.

— Il s'est montré très silencieux, observa soudain Omendap. Mais il n'a pas souffert d'épilepsie durant son voyage. Il était seulement calme et perdu dans ses pensées.

L'air préoccupé, le général joua un instant avec sa hache d'argent, insigne de ses fonctions.

— Réflexion faite, il s'est passé quelque chose. Souvenez-vous, nous avons quitté Pharaon peu après que *La Gloire de Rê* eut fait voile pour Thèbes.

Il fit un geste en direction des scribes et des prêtres et continua :

— Son Excellence le vizir, le seigneur Sethos et moi-même, ainsi que la plupart d'entre vous, sommes partis avant lui afin de préparer son arrivée à Thèbes. Or je n'ai aucun souvenir que Pharaon ait offert un sacrifice aux dieux. Le jour où il a débarqué, j'ai même entendu certains hommes de la garde royale s'en étonner.

— Cela n'a aucun sens ! s'écria un prêtre d'Amon assis à côté de Bayletos en levant la main.

D'un signe de tête, Rahimere lui donna l'autorisation de parler.

— J'ai accompagné le divin Pharaon depuis Sakkara. Il est exact qu'il n'a offert aucun sacrifice. Mais, jusqu'à son arrivée à Thèbes, il n'a pas quitté la barque royale.

— Il n'a donc rendu visite à aucun autre temple ou sanctuaire ? demanda Omendap.

— Non. Il n'a pas quitté l'embarcation et rarement la cabine royale, dont il ne sortait que pour aller prier. Demandez aux gardes. Il se rendait alors à la poupe, faisait apporter des nattes et des coussins et restait assis là, jambes croisées, le regard tourné vers les étoiles, les mains levées.

Le prêtre eut un sourire affecté.

— En vérité, pendant son voyage de retour vers Thèbes, il est resté constamment en prières. Je ne sais pas ce que cherche à prouver le seigneur Amerotkê, mais je peux affirmer, en tant que chapelain royal, que rien de fâcheux ne s'est produit pendant que le divin Pharaon était absent de la ville et de la cour.

Rahimere voulut intervenir, mais Hatchepsout se leva brusquement. Senenmout et Sethos suivirent son exemple et Amerotkê ne put que les imiter. La reine demeura un instant silencieuse, debout, puis croisa les mains devant sa poitrine, le geste même de Pharaon quand il allait prendre la parole. C'était comme un défi lancé à l'assemblée présente. Hatchepsout leur rappelait à tous qu'elle était la veuve de Pharaon et que dans ses veines coulait le sang royal. Le rituel et le protocole exigeaient que tous se lèvent avec elle, mais Rahimere demeura immobile. Omendap fit signe à ses officiers qui se mirent lentement debout, bientôt imités par les prêtres et les scribes. Rahimere dut se résoudre à son tour à en faire autant. Il s'exécuta avec une excessive lenteur, sans lâcher le bâton signalant sa fonction. Son visage était impassible, mais la haine allumait des incendies dans ses yeux.

— Ces paroles ont troublé mon cœur et affligé mon âme, déclara Hatchepsout en abaissant les bras. La réunion du Conseil est ajournée, mais notre désir est que les morts du commandant Ipouwer et du grand prêtre Amenhotep fassent l'objet d'une enquête dirigée par le seigneur Amerotkê, juge principal de la salle des Deux Vérités.

Ses paupières cernées de khôl clignèrent.

— Il m'en rendra compte directement. Mes conseillers et moi-même allons maintenant nous réunir dans mes appartements privés.

— Et les autres affaires ? insista Rahimere.

— Quelles autres affaires ? Il n'y en a aucune qui ne puisse attendre demain matin, grand vizir. Général Omendap, les régiments sont-ils rassemblés aux portes de Thèbes ?

— Les régiments Isis, Osiris, Horus et Amon-Rê sont bien présents. Mais ceux de Seth et d'Anubis bivouaquent dans une oasis plus au sud.

Omendap marqua une pause, puis poursuivit :

— Mais il me semble que c'est le grand vizir Rahimere qui commande les troupes mercenaires chargées de la police de la ville. Elles sont cantonnées dans les prés qui entourent la maison de l'Argent, en même temps que celles du temple d'Amon-Rê, précisa-t-il habilement.

— Elles sont là pour assurer la protection de la ville en cette période troublée, intervint Rahimere.

Hatchepsout hocha la tête et plissa les lèvres.

— Pour notre protection à tous, grand vizir ?

— Oui, Majesté, pour notre protection à tous.

Les personnes présentes s'empressèrent de dissiper la tension en s'occupant de diverses choses – rajuster un vêtement, rassembler des papiers. Mais tous savaient que les forces armées de l'Égypte étaient maintenant présentes aux portes de la ville. Les épées étaient tirées et ce n'était plus qu'une affaire de temps et de circonstances avant qu'on en fasse usage. Le Conseil royal ne tarderait pas à se diviser et la ville, le royaume et l'empire plongeraient dans la guerre civile.

— Il serait peut-être souhaitable que notre divin jeune Pharaon se montre aux troupes, suggéra Bayletos, un sourire flottant sur son visage gras. Nous pourrions organiser une procession solennelle à travers la ville. Les prêtres d'Amon et les mercenaires assureraient une protection efficace.

Hatchepsout lui retourna son sourire, mais le sien ressemblait davantage au rictus d'un chien prêt à mordre. Elle regarda Rahimere et Bayletos en s'efforçant de garder son calme. « Je sais ce que tu complotes, se dit-elle. Une fois le jeune garçon hors du palais, les mercenaires et les prêtres d'Amon l'entraîneront au loin pour l'empêcher à jamais de régner. »

— Le divin Pharaon réfléchira à votre suggestion, répondit-elle lentement. Mais c'est encore un enfant et vous n'êtes pas sans savoir qu'une épidémie sévit en ville. Je pense qu'il est préférable de le laisser dans la maison de l'Adoration. Néanmoins, je tiendrai compte de votre avis, grand scribe. Les dieux savent que nous vivons des temps troublés. Général Omendap, je vous demande de poster une brigade complète dans l'enceinte du palais royal. Son commandant sera placé directement sous mes ordres.

Le général s'assombrit, prêt à refuser, mais Hatchepsout claqua des doigts. Senenmout se dirigea vers lui et lui mit dans la main un rouleau de papyrus. Omendap l'ouvrit, aperçut le cartouche royal et posa ses lèvres dessus.

— Cet ordre n'exprime pas mon désir, dit-elle d'une voix suave, mais celui du divin Pharaon. Telle est sa volonté.

Omendap s'inclina.

— Les désirs de Pharaon sont des ordres, renchérit-il aussitôt. Naturellement, je viendrai chaque jour au palais pour m'assurer du bon fonctionnement de mes troupes.

— Tu seras toujours le bienvenu ici, répondit Hatchepsout en souriant. Messeigneurs, je vous salue !

Elle sortit, suivie de Senenmout et de Sethos.

La réunion prit fin aussitôt. Amerotkê remarqua qu'un groupe s'agglutinait autour de Rahimere et chuchotait. Omendap restait à l'écart, mais deux de ses officiers supérieurs étaient en grande conversation avec Bayletos.

« La guerre civile menace, songea Amerotkê. Hatchepsout et Rahimere se haïssent. L'un des deux devra mourir. »

Il devinait ce qui se passerait si la troupe entrait en jeu. La populace envahirait les habitations près des quais et des émeutes éclateraient. « Je dois mettre à l'abri Norfret et les enfants, songea-t-il. Je les enverrai au nord, près des temples de Memphis. Si les armes parlent à Thèbes, la voix de la justice ne pourra se faire entendre. »

— Seigneur Amerotkê ?

Il leva les yeux. Sur le seuil, un page lui faisait signe. Amerotkê aurait voulu ignorer ce geste cavalier, mais Rahimere et ses acolytes le regardaient, attendant qu'il se décide enfin. S'il s'en allait, les deux factions le considéreraient comme un ennemi. S'il restait, Hatchepsout le rejetterait dans le camp de Rahimere. Il se tourna vers Omendap. Du regard, le général lui montra la porte. Amerotkê repoussa sa chaise et suivit le page.

CHAPITRE VIII

Amerotkê parcourut la galerie derrière le page. De chaque côté, les murs étaient décorés d'immenses fresques représentant les victoires de l'Égypte. Des chars peints en bleu et or écrasaient sous leurs roues les vaincus – Nubiens, Libyens ou guerriers du pays de Punt. Des Asiatiques en état de choc, les yeux remplis d'horreur, contemplaient la gloire de Pharaon et la puissance de l'armée égyptienne. Toutes les peintures s'ornaient de chants de louange.

Il a étendu son bras. Lui, le faucon d'or d'Horus, il a fondu sur ses ennemis. Il leur a brisé le cou. Il a fracassé leurs têtes. Il s'est emparé de leur or et de leurs biens. Il a fait trembler la terre devant son nom.

Amerotkê se demanda si ces inscriptions n'allaient pas servir d'épitaphe à la gloire de l'Égypte. Un pharaon qui n'était encore qu'un enfant, un Conseil royal divisé et, maintenant, un meurtrier à l'œuvre parmi ceux qui gouvernaient Thèbes.

Le jeune page qui trottinait devant lui tourna à droite. Devant la porte, les gardes portaient leur tenue de cérémonie : haute coiffure rayée de bandes rouges et blanches, corselets de bronze, pagnes de cuir. Les soldats appartenant à un régiment d'élite avaient leur bouclier au bras et leur épée à la main. Le page marmonna quelque chose à l'oreille de l'un d'eux qui ouvrit les portes de bronze. Amerotkê pénétra dans les appartement privés d'Hatchepsout, frais et bien éclairés. Les murs aux tons pastel offraient une agréable détente après les scènes guerrières de la galerie. L'air était chargé de senteurs d'encens et des parfums exhalés par les fleurs en pots ou en bouquets tout autour de la pièce. Celle-ci était peu meublée : quelques belles statuettes d'or et d'argent et des sièges de bois poli incrusté d'ébène et d'ivoire.

Le page le laissa dans l'antichambre et se dirigea vers une petite porte latérale. Pour se distraire, Amerotkê admira sur les murs les scènes peintes : pêcheurs jetant leur filet dans le Nil ou petites danseuses nues et coiffées d'une lourde perruque. Dans la pénombre elles semblaient se mouvoir gracieusement, levant leurs sistres dans une danse sans fin.

— Venez, seigneur juge !

Le page lui adressa un signe impérieux. Amerotkê franchit la porte qui s'était ouverte et resta figé. La pièce n'était pas grande et on distinguait mal les fresques aux murs, car l'éclairage provenait seulement de deux lampes placées de chaque côté d'un siège en forme de trône, surmonté d'un dais de drap d'or. Hatchepsout y était assise, les mains crispées sur les accoudoirs sculptés représentant des léopards, la gueule menaçante. Ses pieds reposaient sur un petit tabouret, également recouvert d'un drap d'or sur lequel on pouvait voir la déesse Maât trônant victorieuse au-dessus d'un des terribles démons du monde souterrain. Senenmout et Sethos se tenaient de part et d'autre de la reine.

Amerotkê comprit qu'Hatchepsout avait choisi cette pièce pour leur rappeler qu'elle détenait la puissance royale. Si elle avait été coiffée de la double couronne, la crosse et le fléau dans les mains, elle aurait incarné l'image même de Pharaon prêt à juger. Son visage aussi avait changé. L'expression enjouée et séductrice avait fait place à la fureur. Après un regard à Sethos, Amerotkê mit un genou en terre. C'était un signe de respect dû à son rang, mais il ne put s'empêcher d'évoquer en même temps l'avertissement d'Omendap. Hatchepsout faisait comprendre clairement que c'était elle la régente. Il se demanda en secret si elle n'ambitionnait pas de devenir pharaon.

— Majesté, dit Amerotkê fermement, vous m'avez fait appeler.

— Si tu ne veux pas rester, seigneur Amerotkê, tu es libre de partir !

Hatchepsout avait parlé d'une voix tendue et saccadée. Amerotkê soupira en se relevant et croisa les bras sur sa poitrine. Il vit que Sethos lui lançait un regard noir pour l'avertir de veiller à ce qu'il allait dire et cela l'irrita.

— Je suis le juge principal de la salle des Deux Vérités, dit-il. Je représente la justice de Pharaon.

— Tu as toujours été raide comme un bâton, contra Hatchepsout en se penchant vers lui et en esquissant un sourire. Te souviens-tu, Amerotkê ? Tu avais un lé… lé… ger bé… bé… bégaiement, ajouta-t-elle d'un ton moqueur. T'en souviens-tu ?

— Je me souviens de vos taquineries, Majesté. Comment l'oublier ? Vous et votre petit chat. Il était gris, n'est-ce pas ? Avec des yeux très doux mais des griffes acérées. Il m'était parfois difficile de distinguer le chat de sa maîtresse.

Sethos fronça les sourcils, mais une lueur espiègle était apparue dans les yeux d'Hatchepsout.

— Tu t'exprimes sans détour comme d'habitude, Amerotkê. Tu as surmonté ton bégaiement, mais il est toujours aussi difficile de lire sur ton visage. Tu as toujours la même passion pour ton épouse Norfret et la même détermination d'accomplir le bien. Tu n'en as pas assez parfois ?

— Majesté, j'ai été formé à la cour de votre père et, si c'était le cas, j'ai appris à le dissimuler comme il convient.

Il se sentait mal à l'aise et aurait voulu pouvoir s'en aller, mais il savait aussi que c'était une réaction puérile. Ne dissimulait-elle pas simplement de la peur ?

— Certains pourraient juger tes paroles impertinentes, dit Senenmout.

Un de ses bras reposait sur le trône et il semblait le caresser si amoureusement qu'Amerotkê se demanda si le favori d'Hatchepsout ne visait pas à s'y asseoir lui-même.

— Je te demande pardon ?

Amerotkê avait relevé la tête comme s'il n'avait pas compris les paroles de Senenmout.

— Seigneur Amerotkê, répéta ce dernier, certaines personnes pourraient te qualifier d'impertinent.

— Dans ce cas, on ne manquera pas de dire que nous avons beaucoup de points communs.

Hatchepsout se mit à rire et se leva. Elle s'approcha d'Amerotkê et s'appuya contre lui. Il eut l'impression de se retrouver des années en arrière quand il n'était alors qu'un tout jeune homme à la cour de Pharaon qu'un petit diable de fille aimait taquiner. Les parfums coûteux dont son corps et sa robe étaient empreints montèrent jusqu'à lui. Elle déposa un baiser sur sa joue et s'éloigna de sa démarche élégante pour regagner son trône.

— Que désires-tu, Amerotkê ?

— J'aime être seul.

— Ce n'est pas cela. En tant que juge principal ?

— Vie, santé, prospérité pour le divin Pharaon. La paix dans sa maison.

— Amerotkê, intervint Sethos. Cesse de jouer les vertueux avec nous. Pour parler net, une ligne a été tracée. De quel côté te trouves-tu ?

Amerotkê leva les sourcils.

— Je crains, Seigneur, de me trouver toujours à la même place.

— Tu es un menteur ! s'écria Senenmout.

Amerotkê esquissa un pas en avant, mais Senenmout leva aussitôt les mains.

— Excuse-moi, je retire ce que je viens de dire. Il est bien évident que tu n'es pas un menteur. Tout le monde connaît ton intégrité. Sans détour et plutôt raide, hein ? Mais en cas de guerre civile ?

— Je défendrai Pharaon contre ses ennemis, répondit Amerotkê.

— Mais qui sont les ennemis de Pharaon ? interrogea Hatchepsout d'une voix forte.

Elle tendit un bras et ouvrit la main. Amerotkê aperçut au creux de sa paume le cartouche royal du jeune pharaon, avec les hiéroglyphes bien reconnaissables représentant Thot, le dieu de la Sagesse, le nom royal de Pharaon et la double couronne d'Égypte.

— Eh bien, que dit la loi ? insista la reine.

— Celui qui possède le cartouche, le sceau de l'Égypte, détient et exprime la puissance divine d'Amon-Rê, répondit Amerotkê.

— Et c'est moi qui l'ai, conclut-elle. Ces imbéciles du Conseil s'imaginent que mon beau-fils me hait et veut m'écarter. Mais ce n'est pas le cas !

Amerotkê se pencha pour embrasser le cartouche.

— Qu'attendez-vous de moi, Majesté ?

Il désigna Sethos.

— Ici se trouve celui qui représente les yeux et les oreilles de Pharaon. S'il faut rechercher des ennemis…

— Ah, c'est donc ça ! s'exclama Hatchepsout avec un sourire. Tu penses qu'il faut montrer les dents. Mais, vois-tu, poursuivit-elle, je veux seulement que tu enquêtes sur ces morts.

— Pourquoi ?

— Parce que l'assassin menace peut-être toutes les personnes présentes ici.

— Pourquoi ? répéta Amerotkê.

— Pharaon n'est encore qu'un enfant, intervint Sethos. Il y a peut-être un membre du Conseil royal qui songe à prendre le contrôle du trône d'Égypte, fût-ce en versant le sang.

— Je ne le pense pas, répondit Amerotkê. Majesté, il me semble que ces morts sont liées d'une manière quelconque au décès de votre époux. Dès son retour à Thèbes, il fut le premier sur la liste et les autres ont suivi de près.

Cette fois, ce fut Hatchepsout qui demanda :

— Mais pourquoi ?

Amerotkê lut de l'effroi dans ses yeux et, d'un seul coup, elle parut vulnérable, troublée. Amerotkê regretta de s'être montré un peu brusque. « Elle sait quelque chose », songea-t-il.

— Et si tu attrapes le tueur ? insista Senenmout.

— Si je le découvre, alors nous connaîtrons son mobile. Mais ce sera une tâche difficile. Pour commencer par la mort du divin Pharaon, je crois le capitaine Ménéloto innocent.

— Acceptes-tu la mission que je te confie ? insista Hatchepsout.

— Je l'accepte.

— Et tu m'en rendras compte directement ?

— Si tel est votre désir, Majesté. Mais cela suppose aussi que je sois autorisé à vous poser quelques questions.

Hatchepsout tressaillit et s'agita sur son siège.

— Mais… Je ne sais rien. J'ai accueilli le divin Pharaon sur les marches du temple d'Amon-Rê. Nous avons pénétré à l'intérieur, puis il s'est écroulé dans mes bras et a rendu son dernier souffle.

— Sans rien dire ?

— Sans prononcer un mot !

« Elle ment », songea Amerotkê. Il jeta un coup d'œil à Senenmout et se demanda jusqu'à quel point il pouvait être informé.

— Quant à moi, je me trouvais dans la foule à l'extérieur du temple, déclara Senenmout. Je ne faisais pas partie de l'entourage du divin Pharaon.

— Et moi j'étais encore plus loin, ajouta Sethos sur le ton de la plaisanterie. Tout en bas de la ville, sur les quais dominant la foule.

— Le divin Pharaon est mort à midi, poursuivit Amerotkê. Que s'est-il passé ensuite, Majesté ?

— Le corps doré de Pharaon a été emporté dans un temple funéraire du voisinage. Un médecin a été appelé.

— Lequel ? Était-ce Peay ? demanda Amerotkê.

— Non, non. Un vieil homme venant de la maison de la Vie. Il a cherché le pouls de Pharaon à son cou, à sa poitrine, tendu un miroir devant ses lèvres, et déclaré que son âme s'était envolée.

— Et ensuite ?

— Ce fut la consternation générale et, dehors, le chaos.

Hatchepsout haussa les épaules.

— Des prisonniers ont été exécutés. De sinistres présages se sont produits dans la cour intérieure et des colombes sont tombées du ciel.

— Ah oui, j'en ai entendu parler.

— Certains ont clamé que c'était l'annonce de grands malheurs, poursuivit Hatchepsout. D'autres ont affirmé que les oiseaux avaient tout simplement été blessés par des chasseurs. Ils avaient survolé la ville mais se dirigeaient manifestement vers le temple avec l'intention de franchir ses hautes murailles, ce qui était bien significatif.

— A-t-on fait une recherche ? Je veux dire pour trouver les chasseurs ? Y avait-il d'autres oiseaux ?

— Je l'ignore. Je suis restée près du corps de mon défunt époux dans le temple funéraire jusqu'au crépuscule. Je n'arrivais pas à y croire. L'idée qu'il était parti vers les lointains horizons me paraissait inacceptable. Il me semblait que c'était une sinistre erreur.

— Mais des gens sont certainement venus vous voir.

— Quelques-uns. Rahimere, le général Omendap, d'autres membres du Conseil royal. Ils m'ont posé des questions, mais je les ai oubliées à présent.

Amerotkê hocha la tête avec compréhension. Les déclarations d'Hatchepsout coïncidaient avec le protocole de la cour. Quand un pharaon mourait, sa reine devait le pleurer seule. Le processus d'embaumement, la préparation du corps en vue des rites funéraires ne pouvaient commencer qu'une fois le crépuscule tombé.

— C'est alors qu'on a appelé le médecin Peay ?

— J'ai dévêtu le corps. La couronne du divin Pharaon était tombée, mais elle avait été apportée dans le temple funéraire avec sa dépouille. Je lui ai ôté son pagne, sa cuirasse, son pectoral, ses sandales et j'ai recouvert son corps d'un tissu de lin. La nuit tombée, Peay est venu avec les embaumeurs pour l'emporter.

— Et c'est à ce moment-là que la morsure de serpent a été découverte ?

— Oui, sur la jambe gauche de Pharaon, juste au-dessus du talon.

— Qui l'a remarquée en premier ?

— Peay. Il s'imaginait que Pharaon pouvait être seulement plongé dans un sommeil profond.

Hatchepsout étendit ses doigts devant elle, regardant la lumière jouer sur ses bagues en forme de serpents.

— Tu connais le reste. J'ai appelé Sethos qui était de garde. Il a ordonné aux soldats d'aller fouiller la barque royale et ils ont découvert la vipère lovée sous le trône. Si petite, et pourtant cause de si grandes douleurs !

— Pourquoi avoir alors accusé Ménéloto ?

— Le seigneur Sethos était contre, expliqua Hatchepsout. Mais j'étais désemparée, furieuse et je pensais réellement, comme je le pense toujours, que l'imprévoyance de Ménéloto a été responsable de la mort de Pharaon.

— J'aurais été du même avis que Sethos, grommela Senenmout. Mais, à ce moment, on ne m'a rien demandé.

La main d'Hatchepsout glissa sur l'accoudoir de son siège et vint glisser sur le genou de Senenmout.

— Ménéloto a été arrêté, dit-elle, et l'affaire t'a été transmise pour être jugée.

— A-t-on entrepris des recherches pour retrouver le capitaine des gardes ?

— On a envoyé des espions et des éclaireurs, mais Ménéloto peut tout aussi bien se trouver avec les habitants du désert qu'avec les troglodytes des Terres rouges.

Sethos se leva et avança un siège, faisant signe à Amerotkê de s'asseoir. Bien que toujours mal à l'aise, le juge n'était pas mécontent de la situation. « Voilà exactement ce que je sais faire, pensa-t-il. Résoudre un problème, rechercher des preuves. Quelle est la part de la vérité dans toute cette histoire ? Jusqu'où me mènera ce fil dont je ne tiens qu'un seul bout ? »

— Ménéloto est comme une poignée de sable, déclara Senenmout d'un ton bourru. Seigneur Amerotkê, veux-tu un peu de vin ?

— J'ai bu suffisamment au banquet, répondit le juge.

— Dans la salle du Conseil, intervint Sethos, tu as supposé, Amerotkê, que la visite de Pharaon à la pyramide de Sakkara pouvait avoir joué un rôle dans l'affaire. Cette idée ne t'est sûrement pas venue à l'esprit par hasard ?

— En effet. Avant le procès de Ménéloto, j'ai lu avec attention toutes les dépositions. Après les grandes victoires de Pharaon dans le Delta, rien d'extraordinaire ne s'est produit. Mais, dans sa déposition devant la cour, dont il a été établi une copie écrite, Ménéloto raconte comment Pharaon, d'abord heureux de ses remarquables succès, est devenu soudain calme et replié sur lui-même après sa visite à Sakkara. Ce changement d'attitude a été également souligné lors d'une réunion du Conseil.

— C'est exact, admit Sethos. Mais il est vrai qu'avec d'autres j'ai quitté Pharaon dès son retour sur *La Gloire de Rê* pour regagner Thèbes avant lui.

— Majesté, demanda Amerotkê. Pourquoi le divin Pharaon a-t-il fait halte à Sakkara ? Ce n'était sûrement pas seulement pour voir les pyramides ?

— Dans une lettre qu'il m'a adressée juste après la victoire, répondit Hatchepsout, il me disait avoir reçu une curieuse missive de Neroupe, prêtre et gardien en chef des temples funéraires de Sakkara. Neroupe était l'un des fidèles les plus sûrs de mon père.

— Je connais son nom, observa Amerotkê. Il écrivait une histoire de l'Égypte et je l'ai rencontré une fois dans la salle de la Lumière, au temple de Maât.

— Neroupe est tombé malade, poursuivit Hatchepsout. Il était très âgé et, le temps que le divin Pharaon atteigne Sakkara, il était mort.

— Qu'est-il arrivé alors ?

— La barque royale s'est amarrée à la rive, intervint Sethos, et le divin Pharaon a poursuivi son voyage dans l'intérieur des terres. Le général Omendap confirmera ces détails.

— Ensuite ?

— Le divin Pharaon est parti seul.

— Non, il s'est fait accompagner d'Ipouwer, d'Amenhotep et d'un détachement de la garde royale, soit en tout de cinq hommes. Ils sont restés trois jours à Sakkara.

— Et Ménéloto ?

Sethos fit une grimace.

— Il était aussi de la partie. C'était son devoir en tant que garde du corps de Pharaon. Mais, d'après ce que j'ai pu apprendre, il ne s'est rien passé d'extraordinaire.

Pharaon a séjourné dans la maison de Neroupe, visité les temples, les sanctuaires et les tombes de ses ancêtres. Après quoi, il a regagné sa barque royale.

— A-t-il parlé à quelqu'un de ces visites ? demanda Amerotkê.

Sethos fit signe que non.

— Dès le lendemain, il m'a envoyé à Thèbes et chargé de remettre des lettres à la reine et à d'autres membres de sa famille. Mes compagnons et moi avions ordre de préparer son entrée dans la cité royale.

Amerotkê croisa les bras et pensa à Sakkara, à ses tombes et à ses mausolées gigantesques élevés des centaines d'années auparavant pour témoigner de la puissance et de la gloire de l'Égypte. Depuis que la cour s'était installée à Thèbes, le lieu était devenu un désert de ruines, pris entre les rives verdoyantes du Nil et les sables brûlants du désert des Terres rouges. Une pointe de satisfaction l'envahit. Il avait vu juste. Touthmôsis, Amenhotep et Ipouwer avaient visité ces sanctuaires. Tous trois étaient morts et Ménéloto, d'abord gravement accusé, avait maintenant disparu. À moins qu'il n'ait été tué lui aussi ? Qui pouvait bien se dissimuler derrière tout cela ? Rahimere et sa faction ? Hatchepsout et Senenmout ? Celui-ci était-il son amant ? Leur liaison avait-elle commencé pendant que Pharaon combattait au loin les ennemis de l'Égypte ?

— Majesté ?

Hatchepsout, qui bavardait à mi-voix avec Senenmout, se retourna.

— Quoi, seigneur Amerotkê ? Je te croyais endormi.

— Votre divin époux vous a-t-il écrit ? Vous a-t-il fait part d'une préoccupation quelconque pendant les quelques minutes d'intimité que vous avez partagées dans le temple d'Amon-Rê ?

— J'ai reçu une lettre de lui après son départ de Sakkara. Il me parlait de ses victoires, me confiait des messages personnels ainsi qu'un mot pour son fils. Il me disait, entre autres choses, combien il avait hâte de retrouver Thèbes. Mais je n'ai rien lu de préoccupant, ajouta-t-elle avec assurance pour dissimuler son mensonge.

— Seigneur Amerotkê, intervint sèchement Senenmout, nous te prions d'enquêter sur ces morts brutales. En ce qui concerne Ipouwer, tu en sais autant que nous. Il a glissé la main dans son sac et a été mordu par une vipère. Comment c'est arrivé, nous l'ignorons. Quant à Amenhotep, à toi de démêler l'affaire. Tu disposes de l'autorité nécessaire pour agir.

Amerotkê nota que Senenmout avait dit « nous » comme s'il était le grand vizir d'Hatchepsout ou son principal ministre. Il leva les yeux vers elle et elle lui rendit son regard froidement. « C'est une rusée petite friponne, se dit-il, et je l'ai mal jugée. Elle est bien plus fine et dangereuse que je ne le croyais. Il est évident qu'elle me cache des choses. Et qu'elle ne souhaite pas vraiment que je fasse preuve de trop de zèle dans mon enquête. Ce n'est qu'un prétexte, une concession, un geste pour le peuple. Le véritable jeu se joue ici, dans ce palais. Lorsqu'elle aura le pouvoir, qui s'en souciera ? Et si j'échoue, quelle importance ? »

— Tu peux te retirer.

Amerotkê se leva, s'inclina et quitta les appartements privés d'Hatchepsout pour regagner la salle des Colonnes à présent vide. Les sièges et les coussins avaient été remis en place, mais des gobelets et des assiettes encombraient toujours les tables. La nuit était tombée. De l'extérieur lui parvenait le cliquetis des hommes en armes et il espérait que Norfret était bien rentrée à la maison. Puis l'image de la tête d'Amenhotep lui revint en mémoire et il fut parcouru d'un frisson. Naturellement, le pauvre Shoufoy devait être quelque part près du portail à l'attendre.

— Seigneur Amerotkê ?

Le juge sursauta et distingua la silhouette d'Omendap, presque invisible dans l'ombre d'une colonne.

— Je t'ai pris pour un chat à guetter ainsi furtivement dans l'ombre, seigneur général, lança-t-il d'un ton moqueur en s'inclinant. Est-ce moi que tu attends ? Ou l'occasion de parler tranquillement à la reine ?

Omendap jouait nerveusement avec sa hache d'argent, la passant d'une main à l'autre. Il saisit Amerotkê par le coude et l'entraîna vers une porte.

— As-tu décidé dans quelle faction tu te rangeais, Amerotkê ?

— Non. Je suis ici pour enquêter sur des morts. L'une des victimes compte parmi tes plus anciens officiers.

Omendap s'arrêta sur le seuil.

— Nous ne craignons rien ici, murmura-t-il. Le bois de cette porte est épais et aucune oreille indiscrète ne peut nous entendre du balcon ou du jardin.

— Qu'as-tu donc à me dire ?

— C'est à propos du voyage de Pharaon à Sakkara. Il s'est absenté trois jours, mais cela tu le sais déjà. J'ai demandé à Ipouwer, à leur retour, ce qui s'était passé. Rien, m'a-t-il répondu, sauf que Pharaon est sorti une nuit accompagné d'Amenhotep et de Ménéloto. Ipouwer, lui, est resté.

— Ont-ils dit quelque chose à leur retour ? Leur attitude avait-elle changé ?

— Je te parle d'homme à homme, Amerotkê. Le divin Pharaon souffrait d'épilepsie. Il avait des visions, des rêves. Moi, je suis un soldat. Je me contente de lutter contre ses ennemis, mais il fait ce qu'il veut. S'il veut sortir une nuit pour une cérémonie quelconque ou prier les étoiles, c'est son affaire.

— Mais alors, pourquoi éliminer Ipouwer ?

— Je ne sais pas. Et c'est la raison pour laquelle je suis ici. C'était un de mes meilleurs officiers, aussi brave qu'un lion, loyal et de grand cœur.

Les yeux d'Omendap se remplirent de larmes.

— Il aurait dû tomber l'épée à la main et non comme une vieille femme, mordu par une vipère dans la salle du Conseil.

— C'est donc cela que tu voulais me dire ?

Amerotkê ne voyait pas où l'entraînait cette conversation.

— Non, je suis venu pour te confier deux choses. Ou, plus exactement, trois.

Il s'approcha et Amerotkê sentit son haleine chargée de relents de bière.

— Avant de te parler, sache que ma loyauté et celle de mes officiers restent pour l'instant partagées. Lorsque nous saurons enfin qui a assassiné Ipouwer, cela décidera de notre choix. Même si cela doit déclencher un bain de sang.

Il frappa la poitrine d'Amerotkê de sa hache d'argent.

— Et nous n'épargnerons aucun responsable, quel que soit son rang ou les bonnes relations que nous avons pu avoir par le passé.

— Tu avais deux choses à me dire, rappela froidement Amerotkê. Puis tu as précisé trois. Je suis pressé.

— Ce n'était pas une menace.

— Je ne l'ai pas non plus compris ainsi. Allons, présente-moi tes arguments.

— Après la visite à Sakkara, le comportement d'Ipouwer n'a pas changé, mais celui d'Amenhotep, si. Il n'est plus allé aux réunions du Conseil royal, il ne se lavait plus, ne se coiffait plus. Une fois, j'ai même cru qu'il était ivre. Ensuite, Ipouwer n'a rien dit, mais j'ai trouvé ceci.

Omendap ouvrit une sacoche de cuir accrochée à sa ceinture et en sortit une petite figurine rouge qu'il tendit à Amerotkê. Le juge la prit et alla l'examiner de près à la lueur d'une lampe d'albâtre. En argile, à peine plus haute qu'un doigt, elle représentait un prisonnier, les mains et les chevilles liées derrière le dos à l'aide d'un lacet rouge.

— Les lacets rouges de Montou, dieu de la Guerre, observa-t-il.

— En effet, acquiesça Omendap. Exactement de la manière dont les prêtres attachent les prisonniers avant de les exécuter.

— De la magie. L'œuvre d'un homme-scorpion ou d'un vendeur d'amulettes.

— C'est un signe, expliqua Omendap. Un avertissement de Seth aux cheveux rouges, le maître de la Destruction. Et ce n'est sans doute pas simplement de l'argile, mais de la terre provenant d'une tombe mêlée à du sang de menstrues et à de la fiente de mouches. Une offrande à un démon.

— Et elle a été remise à Ipouwer ?

Omendap lui arracha la figurine des mains.

— Non ! C'est la troisième chose que j'avais à te dire. Quand je suis entré dans le palais ce soir, on a glissé cette obscénité dans ma main !

— Sais-tu qui l'a envoyée ?

— Hélas, non ! Mais je vais la détruire en la brûlant sur un feu sacré. Cela ne fera pas de mal.

Son visage était sombre et crispé.

— C'est une malédiction aussi ancienne que l'Égypte, un appel à l'ange de la mort !

CHAPITRE IX

Après avoir laissé Omendap, Amerotkê traversa la grande salle pour gagner la vaste cour qui s'étendait au pied du palais. Elle grouillait de mercenaires en tenue de guerre traditionnelle. On y reconnaissait les Shardanas, au visage maigre et aux traits aigus sous leur casque à cornes ; les Dakkaris, avec leur coiffure rayée et leur bouclier rond accroché dans le dos ; les Radous, leur peau noire couverte de tatouages bleus, vêtus de longs manteaux et de ceintures brodées, leurs boucles d'oreilles et leurs colliers jetant des éclats à la lueur des torches ; les Shiries, la tête coiffée d'un bonnet, armés de courts arcs ; les Nubiens, noirs comme la nuit, vêtus de jupes en peau de léopard et coiffés de plumes. Tous traînaient sous les portiques ou le long des murs, leurs armes près d'eux. Ils jetèrent des coups d'œil méfiants à Amerotkê tandis qu'il se frayait un chemin parmi eux, leur souriant poliment pour s'excuser. Quand ils virent le pectoral et l'anneau indiquant son rang, ils s'écartèrent de mauvaise grâce.

La tension était tangible. Les troupes régulières, commandées par Omendap, marcheraient à son ordre. Mais les mercenaires étaient placés sous l'autorité de Rahimere, qui les mettait habilement en avant et les rapprochait du palais. On pouvait compter sur la loyauté des troupes d'Omendap, mais les auxiliaires, régiments de gardes ou escadrons de chars, ne lèveraient pas le petit doigt.

Amerotkê atteignit le portail et jeta un coup d'œil derrière lui. Si Rahimere décidait d'attaquer, songea-t-il, le palais serait envahi et la révolte s'étendrait rapidement dans tous les quartiers de la ville. Les plus pauvres sortiraient de leurs taudis le long des quais et déferleraient sur la ville. Que pourrait-on y faire ? Il ne serait plus question de tribunal et la populace attaquerait certainement les villas et les propriétés situées aux abords de la cité. Aucun abri ne serait sûr. Amerotkê songea à des amis qu'il avait à Memphis ou aux garnisons établies plus loin sur le Nil. Il allait falloir se préparer au pire.

Tout en s'éloignant du palais, Amerotkê s'engagea sur l'immense place qui s'étendait devant lui. Fichées sur des piquets, des torches flambaient, repoussant l'obscurité et rivalisant avec l'éclat de la pleine lune, suspendue dans le ciel bleu sombre comme un disque d'argent. Aucun signe de nervosité, encore, car la foule des noctambules semblait surtout préoccupée de troc et de commerce, profitant du beau temps et de la promesse d'une bonne récolte. Un groupe de prêtres vêtus de blanc s'avança, précédé de la bannière d'Amon-Rê et escorté par quelques mercenaires. Amerotkê s'arrêta pour laisser passer une procession funéraire. Une famille transportait dans un cercueil la dépouille momifiée du chat de la maison. Ainsi que le voulait la coutume, tous s'étaient rasé les sourcils. Précédée de pleureuses professionnelles qui répandaient des cendres sur leur tête, la procession se dirigeait vers la nécropole des chats située sur l'autre rive du Nil. Par leurs gémissements incessants, les pleureuses rappelaient à tous la triste perte qu'ils venaient de subir et priaient les dieux d'accompagner le chat dans son voyage vers l'ouest afin que, plus tard, il retrouve ses propriétaires pour l'éternité.

Amerotkê balaya des yeux les environs en quête de Shoufoy. Un court instant, il fut distrait par la vue d'esclaves assemblés sous un olivier. Récemment achetés, ils attendaient d'être marqués au front par leur nouveau propriétaire. Sans souci de leurs cris, on étalait une poudre noire sur la brûlure au fer qui, de ce fait, ne pouvait cicatriser. De la sorte, ils demeureraient marqués à vie. Amerotkê détourna les yeux de ce spectacle cruel, songeant au visage défiguré de Shoufoy. Plus loin, un groupe de prostituées déambulait, les joues peintes en rouge, les yeux ombrés de vert et cernés de khôl pour les faire paraître plus brillants. Elles portaient de fines robes blanches transparentes, ne laissant guère de place à l'imagination, et des perruques nattées huileuses qui se balançaient de façon provocante. Apercevant Amerotkê, l'une d'elles s'arrêta et, d'un geste obscène, lui fit signe de venir la rejoindre. Il refusa d'un signe de tête, ce qui n'aurait probablement pas suffi à détourner l'intérêt des prostituées si un groupe de jeunes gens ne s'était dirigé vers elles pour leur parler. Sans doute de jeunes prêtres, en raison de leurs crânes rasés dissimulés sous des chapeaux de paille. Tous s'éloignèrent avec des cris aigus et des gloussements de rires, marchandant sans doute le prix d'une nuit de distractions dans quelque maison de plaisirs.

Marchands et colporteurs bourdonnaient d'activité sur la grand-place du marché, côtoyant des marins venus des quais ou des fonctionnaires allant rendre compte de leur travail au nomarque. Des cuisiniers avaient installé leur éventaire, faisant cuire en plein air des gazelles apportées par des chasseurs. Vidés et nettoyés, les animaux, entourés de bandelettes, cuisaient sur des grilles posées sur des charbons rougeoyants. L'arôme appétissant se répandait dans l'air, couvrant les odeurs moins agréables qui s'échappaient des latrines ou des mendiants, accroupis dans leur crasse, levant vers le ciel leurs yeux aveugles et tendant des mains décharnées à la recherche d'une improbable aumône. Sortant de la maison des Chants, un groupe de musiciens s'engagea dans la foule, entonnant un hymne en l'honneur d'un dieu dont Amerotkê n'avait jamais entendu parler. Ils furent brusquement interrompus par une violente querelle entre un charmeur de serpents et un vendeur d'oiseaux chanteurs. Apparemment, un cobra s'était échappé de son panier pour se glisser vers les cages et projeter sa longue langue à travers les barreaux, tuant un oiseau à l'insu de son propriétaire. Les deux hommes commencèrent à se battre et bousculèrent un des chanteurs. Une mêlée générale allait s'engager quand des policiers intervinrent, frappant tout le monde à l'aide de bâtons.

Tout en jurant à mi-voix, Amerotkê poursuivit son chemin à la recherche de Shoufoy. De joyeux fêtards, manifestement ivres, traînaient d'une maison à l'autre un cercueil en forme de momie qui avait appartenu à un ancien ami dont ils voulaient ainsi rappeler le souvenir. Avisant Amerotkê, ils tentèrent de l'entraîner avec eux dans cette commémoration, mais le juge les ignora. L'un d'eux se fâcha et se dirigea vers lui, de la bave au coin de sa bouche ouverte, les poings serrés. Un policier s'interposa après avoir remarqué les insignes d'Amerotkê et repoussa doucement l'homme vers ses compagnons. Puis il revint sur ses pas.

— Puis-je vous aider ? Vous êtes le seigneur Amerotkê, n'est-ce pas ? Le juge principal de la salle des Deux Vérités ? Vous ne devriez pas vous trouver ici, maître. C'est une nuit de fête.

Remarquant l'étonnement de son interlocuteur, il précisa :

— Aujourd'hui, nous célébrons Osiris.

— Ah, oui, c'est vrai, dit Amerotkê en soupirant. J'avais oublié. C'est que, vois-tu, je suis à la recherche d'un de mes serviteurs. Il s'agit d'un nain portant le nom de Shoufoy. Son visage est défiguré et il…

— Il n'a pas de nez ! acheva le jeune policier en souriant. Je le connais. On l'appelle ici l'homme aux amulettes.

Il tendit le doigt vers l'autre extrémité de la place.

— Vous le trouverez là-bas, en train de faire des affaires à grand bruit !

Amerotkê le remercia et se perdit dans la foule. Plus loin, des arbres subsistaient dans cette partie de la place, quelques acacias, des oliviers et des palmiers. Leurs branches offraient de l'ombre pendant les heures chaudes de la journée et un abri utile le soir pour les rencontres. Sous l'un d'entre eux, Shoufoy était perché sur un tonneau, un manteau étalé par terre devant lui. Se proclamant homme-scorpion, il vendait des amulettes censées protéger de tous les démons, les sorcières, les charmes et les mauvais sorts lancés par des ennemis ou des rivaux faisant appel à la magie.

Amerotkê contempla la scène avec stupéfaction. L'éventaire de Shoufoy était abondamment garni : petites statuettes de Bès, le dieu nain, scarabées sculptés, amulettes couvertes de hiéroglyphes magiques tels que l'œil d'Horus, ainsi que de petites stèles bordées d'oreilles et dédiées à Taweret, signe évident que la déesse entendrait toutes les prières. Shoufoy les brandissait devant la foule bouche bée en clamant leurs vertus avec emphase.

— J'ai parcouru les Terres noires et les Terres rouges ! lançait-il de sa voix puissante. Je vous offre le bonheur et la chance ! Des amulettes et des scarabées ! Des reliquaires et des statues, tous porteurs de bonne fortune et protecteurs efficaces contre les démons. J'ai aussi de la cire sacrée.

Il s'accroupit, son visage grotesque grimaçant, et en tendit un morceau à un paysan éberlué.

— Tu en mets la nuit dans ton oreille, et cela empêche qu'un démon ne vienne éjaculer dedans.

D'un geste large, il embrassa sa petite collection d'objets et poursuivit de plus belle :

— Allons, approchez, n'hésitez plus ! Venez vous protéger contre les flèches de Sekhmet, la lance de Thot, la malédiction d'Isis. Venez empêcher Osiris de vous rendre aveugles et Anubis de semer en vous le germe de la folie !

Amerotkê se rapprocha.

— Est-ce que cela protège aussi des mensonges et des ruses de charlatan ? lança-t-il.

L'attitude de Shoufoy se transforma de manière étonnante. Il sauta à bas de son tonneau et, en un clin d'œil, amulettes, scarabées et autres curiosités furent enveloppés dans son manteau tandis qu'il criait à la foule de se disperser. Puis il s'assit sur le tonneau et regarda son maître d'un air désolé.

— Je pensais que tu étais rentré à la maison, maître, gémit-il. Que tu avais pris ton char et laissé le pauvre Shoufoy à ses affaires. Un homme doit travailler. Il doit peiner de l'aube au crépuscule pour gagner son pain à la sueur de son front, dit-il, citant un des dictons préférés des scribes. Mon visage est pâle, soupira-t-il. Mon ventre est vide. Ma bourse plate et pleine de poussière.

Amerotkê s'accroupit devant lui.

— Assez, Shoufoy ! Tu as ta chambre dans ma maison. Tu manges et tu bois aussi bien qu'un scribe. Tu as de beaux vêtements.

Il saisit le nain par sa veste élimée.

— Mais tu insistes pour t'habiller comme un Syrien trouvé errant dans le désert.

Les yeux de Shoufoy brillèrent à cette évocation d'un célèbre proverbe.

— Ah ! Tu te souviens aussi de celui-là, observa le juge. Mais que cela ne dissimule pas la vérité. Qu'est-ce donc que tout ce bric-à-brac ? enchaîna-t-il en tapotant d'un doigt réprobateur le ballot rempli d'amulettes. Que je sache, tu n'es ni un sorcier ni un homme-scorpion !

— Comment s'est passé le Conseil ? demanda Shoufoy en penchant la tête d'un côté, les yeux rêveurs.

— Ne change pas de sujet ! s'exclama Amerotkê en se retenant à grand-peine de rire. Où as-tu trouvé toutes ces bêtises ? Où les cachais-tu ? Que fais-tu du profit que tu en tires ?

— J'ai fait un rêve la nuit dernière, dit Shoufoy en se balançant d'avant en arrière. J'ai rêvé que je capturais un hippopotame et que je le découpais pour un repas. Cela signifie que toi et moi dînerons dans des palais. Ensuite, j'ai rêvé que je copulais avec ma sœur.

— Tu n'as pas de sœur, interrompit Amerotkê.

— C'est vrai, mais si je le faisais, elle ressemblerait à la fille dont j'ai rêvé. Cela signifie que mes richesses vont augmenter. Maître, j'ai également rêvé que ton pénis devenait très grand et que l'on t'offrait un arc en or, signe certain que tes biens vont se multiplier et que tu occuperas de hautes fonctions.

Amerotkê se leva d'un bond et tira Shoufoy à lui.

— C'est la première fois que tu fais allusion à des rêves. Tu as parlé à Prenhoe, n'est-ce pas ? C'est dans sa maison que tu caches ton sac ! Je parie que tu partages les bénéfices avec lui. Je comprends à présent pourquoi je ne t'ai jamais surpris. Quand Prenhoe rentre, il te prévient que j'arrive et tu caches tes petits trésors. À moins qu'il ne les emporte chez lui.

Shoufoy gratta sa barbe emmêlée.

— C'est un bon petit commerce, maître. Nous ne faisons de mal à personne et les temps sont durs.

— Que veux-tu dire ? demanda Amerotkê.

— Je n'ai peut-être pas de nez, mais j'ai des oreilles. On en parle dans toute la ville. La guerre est proche, n'est-ce pas ?

Il leva les yeux d'un air interrogateur.

— Le cœur de l'homme est violent, la peste se répandra à travers le pays et le sang éclaboussera les rues de nos villes. Des morts seront jetés dans le fleuve, poursuivit-il d'une voix sonore. Et les crocodiles se rassasieront de ce qu'ils y trouveront.

— Est-ce que tu as bu ? demanda Amerotkê sèchement.

— Juste un peu de bière, maître.

Amerotkê soupira.

— Je surveillerai tes babioles. Va te renseigner pour savoir où habitait le prêtre Amenhotep.

Shoufoy se précipita, trop heureux de la diversion. Il réapparut peu après, ramassa le sac et le jeta sur son épaule.

— Suis-moi, maître.

Ils quittèrent la place du marché pour s'engager dans des ruelles sinueuses, marchant entre les murs de boue séchée des maisons de paysans ou d'ouvriers. Leurs petites fenêtres et leurs portes étaient grandes ouvertes tandis que leurs occupants, hommes, femmes ou enfants, étaient accroupis dehors autour de grands feux sur lesquels cuisaient des aliments. Tous se levèrent à leur passage, pressés de leur vendre quelque babiole. Mais Shoufoy annonça bien haut la fonction d'Amerotkê et ils s'effacèrent dans l'ombre.

Ils traversèrent ensuite une bande de terrain à découvert et parvinrent jusqu'à une allée étroite et sombre. Là, les maisons étaient plus vastes, entourées de hauts murs et protégées par des portails garnis de bronze. Shoufoy s'arrêta devant l'une d'elles et fit retomber le marteau. Amerotkê recula d'un pas pour regarder par-dessus le mur. C'était une maison à trois étages dont les volets étaient fermés. Il n'aperçut aucune lumière.

— Qui est-ce ? demanda une voix geignarde de femme.

— Le seigneur Amerotkê, juge suprême de la salle des Deux Vérités, ami du divin Pharaon ! tonna Shoufoy. Ouvre !

Le portail s'ouvrit devant une vieille femme portant une petite lampe à huile dans un pot d'albâtre. Elle les regarda, levant vers eux un visage noirci de suie où ses larmes traçaient des sillons.

— Vous n'avez donc aucun respect ? gémit-elle. Mon maître est mort ! Lâchement assassiné !

— C'est la raison pour laquelle nous sommes ici.

Amerotkê écarta Shoufoy et franchit le seuil. Prenant la vieille femme par le bras, il l'entraîna doucement vers la maison principale à travers un petit bois d'acacias. Divers effluves l'enveloppèrent, le parfum des fleurs, l'âcre douceur du pressoir à vin, la bonne odeur du pain qui sort du four, l'arôme de viandes et de fruits en train de cuire.

— Ton maître était-il un homme riche ?

— C'était un prêtre du temple d'Amon-Rê, chevrota la vieille femme. Chapelain personnel du divin Pharaon.

Elle tamponna les larmes qui maculaient son visage.

— Que s'est-il passé ? demanda Amerotkê.

Ils pénétrèrent dans le hall d'entrée. Murs et piliers étaient recouverts de fresques récentes représentant des scènes de chasse et la vie des dieux. Mais le sol n'avait pas été lavé et, dans la pièce, l'air était humide et aigre. Dans un coin, des plantes fanaient dans leurs pots, laissant tomber des feuilles d'un jaune sombre. Une assiette contenant de la nourriture était abandonnée sur une chaise et des mouches tournoyaient au-dessus. Les volets avaient été fermés et l'on n'entendait que le bourdonnement irritant des moustiques dansant autour de la lampe à huile, ce qui accentuait encore l'impression d'abandon et de désolation. On aurait pu croire qu'Amenhotep, pressentant sa mort, avait perdu tout goût de la vie.

— Est-ce que ton maître se portait bien ?

La vieille laissa tomber par terre le châle brodé qui recouvrait ses épaules, laissant apparaître ses seins flasques et son cou décharné.

— Non, pas depuis quelque temps, admit-elle tristement. Tout le jour, il restait dans sa chambre, réclamant parfois à manger et à boire. Surtout à boire, oh oui ! J'avais beau lui dire que c'était mauvais de mettre du vin fort dans un estomac vide, mais il refusait de sortir, que ce soit pour aller au palais ou au temple. Il ne recevait aucun visiteur.

Amerotkê fronça le nez en distinguant une odeur âcre qui venait se mêler aux fumets montant des cuisines.

— Il refusait de me laisser nettoyer, gémit-elle. Il avait renvoyé ses serviteurs et ses esclaves. Même les jeunes filles qui dansaient pour le distraire.

— Que sais-tu de sa mort ?

Le juge jeta un coup d'œil par-dessus son épaule. Shoufoy ne l'avait pas suivi dans la maison et il espérait qu'il n'était pas en train de faire quelque sottise dans le jardin obscur.

— Un messager est venu, expliqua la femme. Son allure ne m'a pas plu. C'est vrai que je l'ai juste aperçu. Il était vêtu de noir, comme ces nomades du désert. Il m'a dit qu'il avait un message pour mon maître et me l'a remis. Après ça, il a disparu.

— Quand était-ce ?

— Hier, de bonne heure. Je l'ai monté dans la chambre du Très Pur.

Par ces mots, la vieille femme employait le titre souvent donné aux prêtres de haut rang.

— Il l'a ouvert et s'est montré soudain très agité. Puis il m'a fait signe de partir tout en marmonnant. Il n'avait pas très bon caractère. Des fois, même, il me lançait des choses à la figure. Depuis la mort du divin Pharaon, il vivait comme un reclus.

Elle leva les yeux et fixa Amerotkê comme si elle le voyait pour la première fois.

— Vous êtes le seigneur juge, n'est-ce pas ? Celui qui siège dans la salle des Deux Vérités ? Êtes-vous ici pour une enquête ?

Amerotkê acquiesça.

— Est-ce que tu sais ce qui a provoqué le changement d'attitude de ton maître ?

— Au début, j'ai cru que c'était la mort de Pharaon, mais il ne me parlait jamais. Il ne parlait jamais à personne, d'ailleurs. Venez, je vais vous montrer.

Elle lui fit traverser la maison, puis une cour intérieure où clapotait un jet d'eau dans une fontaine. La vieille femme soufflait en avançant péniblement avec sa lampe à huile, telle une ombre dans un faisceau de maigre lumière. Elle s'arrêta devant une porte et Amerotkê reconnut une petite chapelle privée, semblable à la sienne. L'intérieur était aussi sale et mal entretenu que le reste de la maison. Des peintures d'Amon-Rê, recevant, les bras tendus, l'hommage de ses prêtres ornaient les murs. À ses côtés était représenté Horus, le dieu à tête de faucon, portant des offrandes sur un plateau. La porte de la niche abritant le naos et son reliquaire était ouverte. À l'intérieur, la petite statue avait l'air abandonnée et la coupe d'offrandes devant elle semblait là depuis des jours. Le sable jeté sur le sol était piétiné, l'encensoir froid et la résine qu'il contenait toute durcie. La *situla* d'eau sacrée utilisée par les prêtres pour se purifier gisait, fêlée, sur le sol. En d'autres circonstances, Amerotkê aurait pensé que la chapelle avait été profanée. À la lueur tremblotante de la lampe, on aurait pu croire qu'Amenhotep avait délaissé ses dieux, à moins que ce ne fussent les dieux eux-mêmes qui l'aient abandonné.

La vieille femme avait regagné la porte et, de là, scrutait la nuit. Amerotkê la rejoignit.

— Amenhotep ne t'a rien dit ?

— Absolument rien, seigneur juge. Il mangeait peu, buvait beaucoup de vin et dormait. Le reste du temps, il était assis dans sa chambre en marmonnant des mots sans suite.

Amerotkê évoqua la tête coupée apportée à Rahimere pendant le banquet. Elle n'était pas rasée et les joues, tout comme le menton, s'ornaient d'une barbe broussailleuse. Amenhotep n'avait même pas pris la peine de se purifier comme tout prêtre en avait le devoir.

— Et il a lu ce message ? insista-t-il.

— Il l'a lu, répondit la femme d'une voix tremblante. Puis il l'a brûlé sur une lampe à huile. Je l'ai vu faire. Plus tard, dans l'après-midi, il a pris un manteau, sa canne de promenade et il est sorti sans un mot.

— Peux-tu me montrer sa chambre ? demanda Amerotkê.

Elle le fit monter à l'étage. L'appartement privé d'Amenhotep était sale et il y régnait une odeur fétide, comme si le prêtre avait uriné dans les coins au lieu d'utiliser les latrines. Dans la chambre à coucher traînaient des débris de nourriture et Amerotkê sursauta quand deux rats, perchés sur un fauteuil, détalèrent à son approche. Il attendit que la vieille allume d'autres lampes à huile. Compte tenu de son grand âge, Amenhotep avait certainement joui d'un niveau de vie luxueux. Le lit en sycomore était incrusté d'or. Des étoffes précieuses habillaient chaises et fauteuils aux montants décorés d'ivoire et d'ébène. Les tables étaient chargées de coupes, de plats d'or et d'argent. Des tapis de pure laine et des tapisseries recouvraient le sol et les murs. Amerotkê souleva le couvercle d'un petit coffret rempli de turquoises et de pierres précieuses provenant des mines du Sinaï.

— Cela ne signifiait rien pour lui, se lamenta la vieille femme. Rien du tout. D'habitude, il se rendait au lac de Pureté, là-bas, dans le jardin. Il se lavait et se baignait trois fois par jour. Mais, la semaine avant sa mort, il n'avait même pas pris la peine de changer de robe.

Amerotkê déroula un papyrus. C'était une magnifique copie du Livre des morts que chaque prêtre connaissait et étudiait avec soin. On y trouvait les prières et les rites qui devaient accompagner une âme dans son voyage à travers le monde souterrain jusqu'à ce qu'elle se présente devant Osiris et les autres dieux pour être jugée. De très beaux hiéroglyphes étaient tracés sur le papyrus, en *Medu Netfer*, le langage des dieux. Mais Amenhotep avait barbouillé d'encre rouge et verte – sans doute avec un stylet – les symboles et les exquises peintures pour les défigurer. Çà et là, il avait gribouillé dans la marge des hiéroglyphes représentant les chiffres un et dix.

Amerotkê jeta le rouleau sur le lit et se dirigea vers la fenêtre. Il se déplaçait lentement en regardant attentivement ses pieds. Une pièce aussi sale attirait forcément les serpents ou d'autres bêtes dangereuses. En contemplant le ciel étoilé, il médita. Qu'est-ce qui avait bien pu provoquer un tel bouleversement ? L'esprit d'Amenhotep s'était-il brusquement dérangé ? On pouvait le croire. Mais pourquoi un prêtre riche et arrogant s'en serait-il pris à lui-même ? Pourquoi aurait-il abandonné les rites les plus élémentaires, négligé les dieux et ses devoirs au temple ? Était-ce à cause de la mort de Pharaon ? Ou pour une autre raison ? Quelque chose se serait-il produit pendant que Pharaon avait fait halte à Sakkara lors de son voyage ? Amerotkê jeta un coup d'œil derrière lui. La vieille femme avait saisi un plat en or bordé de pierres précieuses et remuait avec dégoût les débris de nourriture.

— Ce changement s'est-il produit après son retour de Sakkara ?

— Oui, mais je ne sais pas pourquoi.

Elle renifla les restes de nourriture avariée.

— Vous savez, après, il ne voulait plus manger que du mouton et des oignons.

Amerotkê écarquilla les yeux.

— Mais c'est une nourriture interdite aux prêtres ! Cela les infecte, les rend impurs !

— C'est bien ce que je lui ai dit. Mais il n'a fait qu'en rire. Il a dit qu'il voulait se remplir le ventre de mouton et d'oignons et ne manger que ça.

Des larmes se mirent à ruisseler sur ses joues.

— Pourquoi est-il mort, seigneur ? Oh, pour sûr, c'était un hâbleur, mais il savait aussi se montrer gentil. Il me faisait des cadeaux.

— A-t-il reçu des visites ? demanda Amerotkê.

— Une seulement. Enfin, pas tout à fait.

Elle reposa le plat et se dirigea vers un coin sombre.

— Tu as trouvé quelque chose ? insista le juge.

— Je suis allée au portail et j'ai ouvert pour voir si on avait peut-être déposé des aliments frais, des provisions, surtout du vin. Mon maître insistait pour que sa coupe soit toujours pleine. J'ai trouvé un petit paquet enveloppé d'un linge blanc serré par un cordon rouge.

Sa voix résonnait pendant qu'elle continuait de fouiller dans l'ombre.

— Je l'ai apporté à mon maître qui l'a ouvert. Ah, le voilà !

Elle revint et déposa dans les mains d'Amerotkê une figurine de cire, pieds et mains liés par un lacet rouge.

— Sais-tu ce que c'est ?

La vieille femme cligna des yeux dans la faible lumière.

— C'est une poupée. Un jouet.

Amerotkê posa l'objet sur une table.

— Oui, dit-il avec un soupir. Un jouet. Mais il faut le brûler, ajouta-t-il en frappant l'épaule de la femme. Nettoie cette pièce et brûle-le !

Il redescendit et sortit dans le jardin. Accroupi près du portail, Shoufoy serrait contre lui son précieux paquet.

— *Le cœur d'un homme est purifié par une attente patiente*, chantonna le nain.

— Ainsi que par un bon sommeil, rétorqua Amerotkê. Viens, Shoufoy.

Le petit homme ouvrit le portail et le suivit, tête baissée. Il ne voulait pas que son maître s'aperçoive qu'il était inquiet après ce qui venait de se passer. Car un peu plus tôt, alors qu'il explorait le jardin dans l'espoir d'y trouver quelque chose à ramasser, il avait entendu qu'on frappait au portail et s'était précipité, inquiet pour son ballot de marchandises abandonné à l'entrée. Une silhouette vêtue de noir se tenait de l'autre côté du seuil et lui avait mis dans les mains un petit paquet enveloppé de tissu.

— Pour ton maître, siffla une voix dans le noir.

Puis l'homme s'était éloigné. Curieux, Shoufoy avait défait le cordon rouge et découvert avec horreur une figurine, poignets et chevilles liés comme un prisonnier que l'on conduit au sacrifice. Aussitôt, il avait compris que le sinistre présent portait la marque du dieu Seth. Une menace de mort visait son maître ! Envahi par la colère et l'angoisse, il avait alors écrasé la poupée sous son talon. Comme il est écrit dans le Livre des proverbes : « La curiosité ne peut s'expliquer », ou encore : « Ce n'est pas le devoir d'un serviteur de détruire l'harmonie dans le cœur de son maître. »

Dans la grande caverne béante surplombant le wadi poussiéreux et encombré de rocs à l'extrémité de la Vallée des Rois, l'assassin adorateur de Seth était assis par terre, jambes croisées. Il contemplait la nuit. Les parois de la caverne étaient couvertes de signes étranges. Elle avait servi autrefois au culte de Mertseger, la déesse serpent mais, à présent, elle était vide. Le vieux prêtre, qui s'était exprimé si clairement devant Amerotkê, gisait dans un coin, sa gorge tranchée laissant échapper des mares de sang autour de son corps émacié. L'assassin prépara un feu de crottes séchées. Il était nécessaire d'entretenir un bon feu car, au-delà de la saillie rocheuse sur laquelle était située la caverne, s'étendaient les Terres rouges, domaine des lions, des chacals et des grandes hyènes à collerette dont les hurlements perçaient la nuit. Il jeta un coup d'œil à sa lance, son arc coiffé de cornes et son carquois rempli de flèches posés à côté de lui. Certes, les flammes sauraient écarter les hyènes, mais les flèches constituaient une protection supplémentaire contre ces tueuses voraces qui hantaient la nuit.

L'assassin se rapprocha un peu du feu et contempla les étoiles à travers l'ouverture de la grotte. Il mordit dans une tranche de melon et contempla le corps de sa victime. Un peu plus tôt, il avait offert des sacrifices, d'abord un héron consacré à Horus et, maintenant, ce vieux prêtre. Fermant les yeux, il respira profondément en invoquant les personnages grotesques du monde souterrain : le buveur de sang des abattoirs, les ogres au pied des balances, le grand marcheur, l'avaleur d'ombres, le briseur d'os, le héraut annonciateur des combats. Il pria Sekhmet, la déesse lionne, et Seth, le dieu de l'Obscurité, de la Mort et de la Destruction, d'écouter ses prières et d'envoyer leurs démons pour lui venir en aide.

Gisant aux côtés de la dépouille du prêtre, les corps de deux babouins baignaient eux aussi dans le sang. Le tueur les avait offerts en sacrifice aux démons de la nuit. Il énuméra les noms de ses ennemis, pria pour qu'ils soient inscrits sur le rouleau où les dieux du monde souterrain notent ceux qui doivent mourir avant la fin de l'année. Il fallait qu'il agisse ainsi. Sinon l'Égypte ne pourrait être sauvée et ses dieux ne seraient plus protégés. Qu'importe si cela entraînait le désordre ! Il lui fallait se montrer à la fois rusé et impitoyable. Particulièrement avec Amerotkê ! Pas de morsure de serpent pour lui ! L'assassin regarda autour de lui cette scène de destruction dont il était l'auteur et inclina la tête en signe de remerciements. Il prêta l'oreille pour écouter l'aboiement des hyènes au-dehors. C'était une réponse à ses prières. Il savait comment détruire le rigoureux et trop curieux juge principal de la salle des Deux Vérités.

CHAPITRE X

Hatchepsout roula sur le dos en balayant du regard le décor de sa chambre. La flamme tremblotante des lampes à huile faisait danser les ombres et les personnages peints sur les murs. Elle saisit un éventail de plumes d'autruche pour se rafraîchir le visage d'un peu d'air parfumé. Dans le lit aux montants incrustés d'ébène, les draps en désordre étaient trempés de sueur. Elle les repoussa et se leva. Çà et là traînaient par terre des tuniques brodées d'or et ornées de milliers de petites rosaces. Ses yeux tombèrent sur un flacon d'onguent et elle sourit en y lisant l'inscription : « Un million d'années de vie à toi, ô bien-aimée de Thèbes ! Que ton visage se tourne vers le nord et que tes yeux demeurent noyés d'amour. »

Hatchepsout se débarrassa de sa perruque retenue par un diadème auquel était attaché un collier de pierres précieuses, de son boléro de lapis-lazuli et de ses castagnettes dorées. Elle jeta un coup d'œil à Senenmout étendu sur le lit, encore endormi, son corps puissant couvert de sueur. Il s'était montré insatiable, fort et ardent. Ils avaient bu du vin dans des hanaps d'or et elle avait dansé pour lui, portant ses bijoux et ses atours d'épouse de Pharaon. Ensuite, Senenmout l'avait possédée brutalement, presque cruellement, écartelant son corps et le transperçant comme s'il avait voulu le remplir de sa semence. Elle s'avança vers le lit et effleura doucement du bout du doigt le nez de son amant. Est-ce qu'il l'aimait ? Était-ce la raison pour laquelle il l'avait prise et reprise maintes fois ? Ou parce qu'elle était une princesse de sang royal, épouse et veuve de Pharaon, de sorte qu'en la séduisant c'était l'Égypte qu'il conquérait, son territoire et son rang, ce que convoitaient tous les ambitieux courtisans ? Pouvait-on lui faire confiance ? Était-ce lui le maître chanteur ? Lui qui avait déposé le petit rouleau de papyrus soigneusement scellé avec ses menaces, ses avertissements et ses instructions ? Hatchepsout se pencha vers lui et laissa courir un doigt en travers de sa gorge. Si cet homme la trahissait, elle danserait encore une fois pour lui, l'abreuverait de mets délicats et de bons vins, lutterait encore une fois sous lui comme une chatte dans une joute d'amour et, quand il serait endormi, elle lui couperait la gorge !

Hatchepsout sourit à cette évocation dramatique qui lui rappela le massacre des prisonniers lors du retour du divin Pharaon. Elle avait alors pensé se trouver mal mais, à présent, elle était prête à traverser une mer de sang pour s'emparer de ce qui devait lui revenir. Elle ferait couper les têtes de Rahimere, d'Omendap et des autres pour les placer dans la maison des Crânes.

Hatchepsout s'étendit sur le dos et contempla le plafond que les peintres avaient parsemé d'étoiles. Qu'est-ce qui avait provoqué en elle un tel changement ? Était-ce la menace ? Le fait d'être seule ? La crainte d'être jetée dans la maison des Femmes, la maison de la Réclusion ? De devenir grasse en voyant les années passer, occupée seulement à peindre, à broder, à écouter les potins de cour ? Ou y avait-il quelque chose d'autre ? Il lui semblait posséder l'esprit d'un homme dans un corps de femme. Elle songea à cette esclave dont elle avait fait son amie avant de devenir l'épouse de Touthmôsis. Est-ce qu'elle s'identifiait réellement à l'Égypte ? C'était ainsi que l'appelait son père. Ce vieux guerrier bourru la soulevait dans ses bras, la pressait contre lui et l'appelait sa « petite Égypte ». « Tu représentes toute sa gloire, sa beauté et sa grandeur ! » lui répétait-il.

Hatchepsout agita son éventail d'autruche. Tout cela appartenait au passé, désormais. Son père et son époux étaient partis à l'ouest rejoindre la maison de l'Éternité et elle se retrouvait seule. Que signifiaient ces menaces ? Qui était ce maître chanteur ? Par tous les dieux, comment avait-il pu découvrir le secret que sa mère avait murmuré à son oreille sur son lit de mort ? Et pourquoi le révéler maintenant ? Les avertissements avaient commencé au moment du retour de Touthmôsis à Thèbes. Leur auteur cherchait-il à s'imposer à elle et, par son intermédiaire, à toute l'Égypte ? Ou, encore, à l'entraîner au cœur des ombres ? Était-ce l'œuvre de Rahimere, de Bayletos ou de ces prêtres souriants et prétentieux qui se réunissaient dans les pièces secrètes de leurs temples pour comploter et trahir ? À moins qu'il ne s'agisse de soldats sous les ordres d'Omendap ? Le divin Pharaon avait toujours eu un faible pour les militaires. À présent, qu'allait-il arriver ? Comme dans une partie d'échecs, chaque partenaire avait déplacé ses pions. Elle gardait le contrôle des palais, Rahimere celui des temples tandis que les soldats refusaient de bouger.

Hatchepsout reposa l'éventail. Elle sentait que l'orage menaçait, comme lorsque la pluie se met soudain à tomber dru et que des nuages assombrissent le ciel de Thèbes. Senenmout lui avait dépeint la situation. Des espions et des éclaireurs signalaient la présence de cavaliers libyens dans les Terres rouges, c'est-à-dire bien plus loin à l'est qu'ils ne s'étaient jamais aventurés. Le vice-roi de Koush se plaignait que les Nubiens ne versaient plus leur tribut, que les châteaux et les forteresses au-delà de la Première Cataracte souffraient d'un isolement grandissant. Des patrouilles étaient tombées dans des embuscades. Fallait-il s'attendre à pire ? Senenmout parlait sans cesse du nord d'où ses espions et ses éclaireurs n'étaient pas revenus. Il lui avait décrit en phrases courtes et claires les dangers réels qui menaçaient l'Égypte. Les Éthiopiens, les Libyens et les Nubiens n'étaient qu'une épine irritante, une gêne comparable à ces mouches bourdonnant autour d'une lampe à huile. Mais les Mitanniens, cette grande puissance asiatique, jetaient des regards d'envie sur les riches champs de Canaan. Que se passerait-il s'ils décidaient d'avancer vers l'ouest ? S'ils envoyaient une armée traverser le Sinaï pour s'emparer des mines d'or, d'argent, de turquoises et autres pierres précieuses ? Ils pouvaient atteindre le Delta et occuper les villes du nord. Et ensuite ?

Senenmout avait étalé une feuille de papyrus sur laquelle il avait tracé une carte grossière.

— Rahimere demandera qu'on envoie une armée au nord ou au sud. Son commandant sera naturellement Omendap. Mais il insistera pour que tu l'accompagnes.

— Et alors ? avait-elle demandé.

— À quoi penses-tu ?

— Je serai vaincue. Prisonnière des Mitanniens ou ramenée à Thèbes l'oreille basse, comme un chien battu.

— Une chienne, avait corrigé Senenmout en plaisantant. Oui, une chienne que l'on ramène à sa niche.

— Et pendant mon absence… reprit vivement Hatchepsout.

— Pendant ton absence, les mercenaires auront été disposés tout autour du palais et les fonctionnaires trouveront sans cesse de bonnes excuses pour rendre visite à ton beau-fils.

Hatchepsout soupira et se tourna sur le côté. Fallait-il voir dans ce sinitre tableau la raison des meurtres ? Cela n'avait pas de sens. Ipouwer était, certes, un bon commandant, mais on pouvait le remplacer. Quant à Amenhotep, si prétentieux, qui le pleurerait ? Et Amerotkê. Pouvait-elle se fier à lui ? Hatchepsout ferma les yeux. Il fallait qu'elle parle à quelqu'un de cette nuit épouvantable lorsque, agenouillée près du corps de son époux, elle avait découvert le message dans un rouleau entouré d'un ruban rouge. Il fallait qu'elle se libère ! Qu'elle se confie ! Elle se pencha sur Senenmout et souffla doucement sur son visage.

Amerotkê s'était levé bien avant l'aube et Norfret, inquiète, l'avait imité. Elle était sortie de sa chambre les yeux lourds de sommeil pour lui poser tout un tas de questions. Amerotkê l'avait enlacée, appréciant la douceur et le parfum de sa peau tandis qu'elle l'interrogeait sur ce qui s'était passé la veille au soir. Il lui en avait dit ce qu'il jugeait bon. Après quoi Norfret s'était écartée de lui les yeux brillants de malice.

— Tu es le plus mauvais menteur que j'aie jamais connu, Amerotkê ! C'est sérieux, n'est-ce pas ? Le moment de tirer les épées est venu. Et tu en seras.

Voyant qu'il hochait la tête, elle s'écria, la voix suppliante :

— Ne m'envoie pas au loin ! Ne m'éloigne pas, Amerotkê !

Il lui sourit.

— Je te reconnais bien là, mon petit chat courageux. Mais pense à nos fils. Si le peuple se soulève, il se répandra dans toute la ville de Thèbes.

— Mais… et les troupes ?

— L'armée n'est censée intervenir que lorsqu'on lui en donne l'ordre, soupira Amerotkê. Et il se pourrait bien qu'à ce moment-là, il n'y ait plus personne pour la commander. Pis encore, les troupes pourraient se joindre aux émeutiers.

Il lui saisit les mains et les étreignit.

— Promets-moi une chose. Si le pire arrive, fais exactement ce que te dira Shoufoy.

— Shoufoy !

— Il est capable de faire jaillir du sang d'un rocher, rétorqua Amerotkê. Et il n'y a pas un trou dont il ne puisse s'extirper. À lui seul, il vaut un régiment de soldats. Il saura vous conduire en lieu sûr, toi et les enfants.

Norfret lui donna sa parole et regagna sa chambre. Après avoir fait halte un instant dans son bureau, Amerotkê monta sur la terrasse de la maison pour regarder le soleil se lever. Après s'être lavé le visage et les mains, il se rinça la bouche avec du sel pour se purifier. Quand le soleil parut, il s'agenouilla, mains tendues, les yeux fermés, et pria pour que la sagesse lui soit donnée et que sa famille soit protégée. Il se tourna ensuite sur la gauche, en direction du nord, et sentit la brise fraîche sur son front, le souffle d'Amon. Puis il descendit retrouver les enfants qui folâtraient dans la salle des repas tandis que des servantes tentaient de leur faire absorber quelque nourriture avant de les envoyer jouer. Après avoir répondu distraitement à leurs questions, Amerotkê regagna son bureau en haut de la maison.

Le lever du soleil avait été salué par les trompettes du temple, leurs sons éclatants portés par la brise à l'instant où les premiers rayons formaient des cercles de lumière en se posant sur les obélisques coiffés d'or. Amerotkê porta toute son attention aux registres de comptes du temple de Maât : achat de provisions, plantations de fleurs, part de bénéfices dans le commerce d'encens avec le pays de Punt. Rejoignant les enfants, Shoufoy les pourchassa tout autour du jardin. Puis il entreprit de leur faire la morale sur un ton solennel pour qu'ils lui manifestent davantage de respect. Amerotkê avait décidé de ne pas intervenir dans le commerce d'amulettes et de scarabées du petit homme. Il savait qu'il serait très difficile de l'en empêcher car, lorsque Shoufoy voulait quelque chose, il faisait mine d'obéir, mais se fermait les yeux et les oreilles.

— Ne vous moquez pas de l'aveugle, ne raillez pas le nain ! criait Shoufoy aux deux petits diables. Ne taquinez pas un homme qu'un dieu a si mal fait !

« Il n'y a pourtant rien de mal en toi », songea Amerotkê.

Norfret vint s'asseoir quelques instants auprès de lui pour discuter de la prochaine entrée de leur fils aîné dans la maison de la Vie en tant que scribe. Voyant qu'elle le dérangeait dans son travail, elle l'embrassa sur le front et s'en alla.

Prenhoe se présenta et, dûment chapitré, avoua être le complice de Shoufoy.

— Nous nous intéressons tous les deux aux rêves, plaida le jeune homme. Et le commerce des amulettes offre un supplément aux revenus plutôt maigres d'un scribe.

— Tu es pourtant bien payé, que je sache, objecta Amerotkê.

Il ouvrit un petit coffre et en sortit une bourse de cuir.

— Tiens, voilà pour toi. Tu es un bon scribe, attentif et précis. Je regarde souvent ta main se déplacer sur le papyrus. Tes rapports de séances du tribunal comptent parmi les meilleurs.

Le visage de Prenhoe s'illumina.

— Je savais que ce jour serait heureux. La nuit dernière, j'ai rêvé que je mangeais de la chair de crocodile.

— Oui, oui, coupa impatiemment Amerotkê. Ma foi, c'est toujours mieux que Shoufoy. Il a rêvé qu'il copulait avec sa sœur.

— Mais il n'a pas de sœur !

— Je sais. Maintenant, écoute-moi bien, Prenhoe. Rédige le compte rendu du procès de Méněloto et apporte-le-moi aussi vite que possible.

Le visiteur suivant fut Asoural. L'air abattu, il se présenta tel le dieu de la Guerre, équipé de son pagne de cuir, de sa cuirasse et de son casque qu'il tenait sous le bras. Amerotkê se réjouit secrètement que les enfants ne soient pas là pour lui réclamer une millionième fois le récit de son combat, à l'aide d'une seule main, contre un champion libyen. Le chef de la police du temple s'assit sur un tabouret et accepta volontiers une coupe de bière.

— Encore des vols ? demanda le juge.

— Oui. Des statuettes, des petits objets. Tu connais la liste : flacons de parfums, boîtes à aiguilles, coupes et plats de petite taille.

Amerotkê songea à l'histoire qu'il racontait aux enfants.

— Toujours sans effraction ?

— Les portes restent intactes ! Les vols ne sont découverts que lorsqu'on ouvre la tombe pour y mettre un autre corps. Or il n'y a pas d'autres entrées secrètes ni de tunnels, seulement des conduits d'air.

Asoural s'agita sur son siège.

— Oh, à propos, juste au moment où je partais, un jeune prêtre du temple m'a dit qu'on avait déposé ceci pour toi.

Il tendit un rouleau à Amerotkê.

— Cela vient de Labda ! s'exclama ce dernier en le déchiffrant. Il veut me voir au sanctuaire de la déesse serpent dans la Vallée des Rois, juste avant le crépuscule. Il s'excuse de ne pouvoir venir lui-même et me prie d'être indulgent.

— C'est un endroit bien solitaire, observa Asoural. Juste à la lisière du désert. Il te faudra être prudent. Et pourquoi veut-il te rencontrer ?

Amerotkê consulta les lignes rédigées en cursive, l'écriture des scribes professionnels.

— Il prétend avoir des informations sur la mort du divin Pharaon. Il a découvert quelque chose.

— Bien, au fait, je suis également venu pour te féliciter, ajouta Asoural d'un ton malicieux. Pour ta promotion en tant que membre du Conseil royal.

— Quoi d'autre ? interrompit Amerotkê.

— C'est le commencement.

— Par tous les dieux, Asoural, de quoi parles-tu ?

— Des réfugiés sont arrivés en ville, quelques marchands venus de Memphis ou d'autres villes du nord. Pour l'instant, ce ne sont que des rumeurs et les hommes du vizir les font taire, mais on raconte qu'une importante armée a franchi le Sinaï et opère des raids dans le Delta.

Amerotkê fut secoué d'un frisson. Enfant, il avait entendu parler des Hyksos, ces rudes combattants montés sur des chars qui avaient envahi l'Égypte, apportant la famine, la guerre, la peste et dévastant tout sur leur passage. Son père les disait cruels et Amerotkê s'y connaissait assez en stratégie militaire pour réaliser la gravité de la situation. Si l'armée ennemie prenait le contrôle du Delta et des villes du nord, l'Égypte serait coupée en deux.

— Ce ne sont peut-être que des bavardages, observa-t-il.

— Je ne le pense pas. Tu devrais faire un tour en ville, Amerotkê. Pour découvrir ce qui se passe réellement !

— Nous avons encore le temps. Si le nombre de réfugiés s'accroît, la maison des Secrets interviendra pour éviter que la panique ne gagne du terrain. En attendant, ce n'est pas le moment. Le Conseil royal est divisé.

Amerotkê aurait voulu s'être mordu la langue quand il vit la curiosité allumer de nouveaux feux dans les yeux d'Asoural.

— Ainsi, vous n'êtes pas d'accord ? murmura le chef de la police. Ce qu'on raconte est donc vrai ?

— Retourne à la salle des Deux Vérités, ordonna Amerotkê. Fais doubler la garde et fermer les portes. Le tribunal ne siégera pas pendant les jours prochains. Il n'y a pas de cas urgents en attente.

Asoural se leva.

— Pas de nouvelles de Méméloto ?

Asoural qui se dirigeait vers la porte se retourna.

— C'est comme la fumée de l'encens, dit-il. L'odeur subsiste, mais aucun signe du fugitif.

Amerotkê entendit les pas lourds d'Asoural descendre l'escalier. Il se sentait angoissé, l'estomac serré, mais bien décidé à ne pas se laisser gagner par la panique. Pour cela, il fallait rester actif, aussi étala-t-il devant lui un feuillet de papyrus, ouvrit la boîte contenant son matériel et saisit un stylet qu'il plongea dans l'encre rouge. Il se mit à écrire rapidement de droite à gauche, utilisant les signes qu'il avait appris à la maison des Scribes. De loin lui parvenaient les cris des enfants jouant parmi les tamaris et les sycomores, et faisant fuir les huppes qui aimaient se rassembler autour du bassin ornemental. Quand il eut terminé l'introduction, il tailla un nouveau stylet en s'abîmant dans ses pensées. Comment interpréter tous ces événements ?

Amerotkê traça le signe représentant Touthmôsis II, divin Pharaon, mystique, épileptique, mais aussi général courageux et bon stratège. Il s'était avancé vers le nord et avait infligé une fameuse correction aux ennemis de l'Égypte. Tout avait bien fonctionné. Il était accompagné de ses principaux dignitaires tandis que son épouse et demi-sœur Hatchepsout assurait le gouvernement à Thèbes. Amerotkê dessina une pyramide. Le divin Pharaon avait repris la direction du sud. Il avait fait halte à Sakkara pour visiter les grandes pyramides et les temples mortuaires de ses lointains ancêtres. Touthmôsis avait alors quitté la barque royale en compagnie du commandant Ipouwer, du capitaine Ménéloto et du prêtre Amenhotep. Sa visite à la grande pyramide avait eu lieu de nuit et secrètement. Amerotkê écrivit « Pourquoi ? » et leva les yeux vers les rayons du soleil filtrant par une fenêtre.

— Oui, pourquoi ? murmura-t-il.

Parce que Pharaon avait reçu une lettre du vieux prêtre Neroupe ? Il continua d'écrire. Que contenait ce message ? Qu'est-ce qui le rendait si important ? Pharaon avait-il découvert quelque chose là-bas ? Avait-il partagé un secret avec Amenhotep ? S'agissait-il d'une question concernant la foi ? Touthmôsis avait toujours été le plus dévot des hommes. Il avait continué ensuite à prier et à faire des offrandes, mais en privé, s'abstenant de toute visite aux temples. De son côté, Amenhotep avait donné l'impression de perdre toute raison de vivre et toute croyance dans les dieux. Pourquoi avait-il griffonné des hiéroglyphes représentant les chiffres un et dix ? Amerotkê savait, l'ayant appris autrefois, qu'il s'agissait là de nombres sacrés représentant l'entité divine et l'accomplissement de toutes choses.

Et les meurtres ? De quoi était mort le divin Pharaon ? La morsure de serpent était indubitable. Mais était-elle la cause réelle du décès ? Tous les faits indiquaient que non. Et pourquoi un serpent ? Amerotkê dessina une vipère. Fallait-il attribuer une signification rituelle à l'arme utilisée par l'assassin ? Le serpent était-il censé incarner les démons du monde souterrain ? Apep, seigneur du chaos et de la nuit éternelle, en lutte constante contre Amon-Rê et les forces de lumière ? À moins qu'il ne s'agisse d'Uræus, le cobra dressé figurant en diadème sur la coiffure de Pharaon, symbole de résistance face à tous les ennemis de l'Égypte ? Ou n'était-ce qu'une arme commode pour effectuer un meurtre ? L'assassin semblait en savoir beaucoup sur les reptiles. En s'y prenant bien – il avait souvent observé des charmeurs de serpents sur les marchés –, ceux-ci pouvaient être manipulés et transportés sans le moindre risque. Amerotkê sourit tristement. Ipouwer s'était révélé une victime facile. Que ce soit durant la séance très animée du Conseil ou au moment de son ajournement, quelqu'un avait tout simplement échangé les sacoches. Mettre la main sur une vipère provoquait une mort quasi instantanée.

Et le pauvre Amenhotep ? Il avait dû sortir pour rencontrer une personne de connaissance, en qui il avait toute confiance. Le vieux prêtre avait été lui aussi une victime facile. On l'avait attiré dans ce temple abandonné sur les rives du Nil pour le tuer. Après quoi, l'assassin, un quelconque homme de main, avait apporté sa tête coupée à Rahimere. Tout ce qu'on savait de ces meurtriers, c'était qu'ils étaient vêtus de noir. Amerotkê reposa son stylet.

— Les Amemets ! s'exclama-t-il.

Les figurines de cire avaient-elles été distribuées également par eux ? Était-ce dans leurs habitudes d'affoler d'abord leur future victime ? Amerotkê avait toujours rêvé d'arrêter un jour ces sinistres tueurs et de les faire comparaître dans la salle des Deux Vérités. Cela l'aurait comblé. Il aurait aimé les questionner et leur faire réciter la longue litanie de leurs crimes. Mais c'était aussi difficile que de capturer les rayons du soleil ou le souffle divin d'Amon-Rê.

Amerotkê se remit à écrire. Était-ce Hatchepsout ? Son lieutenant Senenmout ? Ou encore Rahimere avec sa coterie de flagorneurs ? Mais pour quel objectif ? Une revanche ? La nécessité de dissimuler un secret ? Ou simplement le désir de provoquer le chaos, la confusion générale ? Amerotkê soupira et repoussa le papyrus. Il s'était assigné une tâche trop difficile. Personne ne dirait la vérité. L'épouse du divin Pharaon en savait certainement davantage, mais le gardait pour elle. On se servait de lui dans le seul but de faire un geste vis-à-vis du peuple. Amerotkê se leva et s'étira. Le jour baissait et le jardin était à présent silencieux. Il gagna sa chambre et s'étendit sur son lit, laissant son esprit évoquer des images, des souvenirs. Il entendit Norfret appeler, mais ses yeux se fermaient. Soudain il fut secoué par Shoufoy, qui le fixait en grimaçant un sourire.

— Le fardeau d'une fonction élevée est bien lourd, n'est-ce pas, maître ?

Amerotkê se redressa, sortit ses jambes du lit et accepta la coupe de bière fraîche que Shoufoy lui tendait. Il aperçut alors sur la table un plateau chargé de pain sortant du four et de minces tranches d'oie rôtie.

Shoufoy étudia attentivement son maître.

— Viens nous rejoindre dans le jardin, seigneur juge. Le soleil commence à baisser et il fait frais sous les sycomores.

— Je dois sortir, déclara Amerotkê en se dirigeant vers la table pour prendre le plateau.

— Pourquoi ?

— Parce que c'est nécessaire, répondit évasivement Amerotkê. Une affaire pour le Conseil royal.

— J'ai rencontré Asoural, annonça le nain. Aussi, prépare-toi à m'écouter attentivement, maître. Cela te sera utile.

— Je suis fatigué d'écouter tes conseils, rétorqua Amerotkê.

— Tu me fais penser à un bécasseau, répliqua Shoufoy d'un air boudeur. Un de ces oiseaux qui s'aventurent près du crocodile prenant le soleil sur la rive de boue sèche et se glissent dans sa gueule quand il bâille, pour y picorer les débris restés entre ses dents. Le crocodile pourrait fermer sa gueule et le bécasseau devenir alors lui-même un savoureux morceau à avaler.

— Et qui est ce crocodile ? demanda Amerotkê d'un ton léger.

— Va jusqu'à la maison de Millions d'années, répliqua Shoufoy. L'endroit grouille de crocodiles tous avides de sang.

Amerotkê sourit et acheva sa collation.

— Je connais une autre histoire de crocodiles, Shoufoy. Quand ils prennent le soleil sur une rive de boue sèche et ouvrent grandes leurs gueules, une mangouste peut se glisser entre leurs mâchoires, se faufiler dans l'estomac et tuer l'animal en rongeant sa chair pour sortir.

— Quelle mangouste !

Riant, Amerotkê se lava les mains et le visage, puis enfila une robe. Il sortit d'un coffre un épais manteau militaire et sa ceinture de guerre cloutée de bronze, glissant ensuite son épée et sa dague dans leur fourreau.

— Dis à dame Norfret que je serai bientôt de retour, mais ne la dérange pas.

Ignorant les regards d'avertissement de Shoufoy et la litanie de proverbes qu'il marmonnait, Amerotkê descendit l'escalier et savoura sur le seuil le doux parfum de fleurs en provenance du jardin où Norfret était en train d'apprendre à écrire aux deux garçons.

« Comme j'aimerais rester ! » se dit Amerotkê.

Mais le vieux prêtre pouvait avoir quelque chose d'intéressant à dire. Amerotkê songea un instant à prendre un char, mais il craignit qu'un départ aussi spectaculaire n'alerte Norfret et n'incite les garçons à lui poser encore des questions. Il sortit donc discrètement par une porte latérale. L'allée était relativement déserte. Une procession s'avançait dans sa direction : un groupe de jeunes prêtres accompagnant un bœuf couvert de fleurs et de guirlandes qui tirait sur son harnais orné de broderies. Amerotkê s'inclina lorsque les prêtres passèrent devant lui et jeta un coup d'œil dans la charrette. Heureusement que Shoufoy ou Prenhoe n'étaient pas là, se dit-il, car elle était remplie d'ossements provenant de l'abattoir du temple que les prêtres emportaient dans le désert pour les brûler. C'était un mauvais présage et il adressa une courte prière à Maât.

Amerotkê franchit bientôt les portes de la ville, poursuivit son chemin en direction des quais par les ruelles bordées de maisons de boue séchée où vivaient des artisans et des paysans. Contrairement à ce que lui avait rapporté Asoural, il n'y décela aucune tension. Dans les marchés et les échoppes, le commerce battait son plein.

L'air était chargé de la lourde odeur du natron dont les marchands enduisaient leurs étals pour chasser les mouches. Un colporteur le saisit par le bras.

— Graisse de chat à vendre, dit-il. Tu en enduis le linteau de ta porte et tu ne verras pas une seule souris ni un seul rat !

— Ce ne sont pas les souris et les rats que je crains ! riposta Amerotkê.

Il repoussa l'homme et longea le fleuve. Voyant le soleil baisser, il fit halte pour acheter une gourde d'eau qu'il suspendit à son épaule. Il avait quitté la maison sans y penser mais se souvenait maintenant d'expéditions antérieures dans la Vallée des Rois où la chaleur et la sécheresse avaient eu vite fait de lui dessécher la gorge.

Il passa devant un groupe de jeunes gens dansant et luttant avec des baguettes de papyrus comme avec des épées. D'autres ramassaient les bouses d'animaux et y mêlaient de la paille pour en former des galettes qui, une fois séchées, serviraient de couverture pour les toits des maisons ou de combustible en hiver.

Plus loin un groupe d'hesets, jeunes choristes au service d'Hathor, déesse de l'Amour, avaient attiré une foule nombreuse qui bloquait le passage. Amerotkê s'arrêta pour les regarder. Les jeunes filles à l'allure provocante étaient coiffées de perruques huilées, entremêlées de rubans colorés. Elles portaient des colliers et des boucles d'oreilles de fleurs de lotus qui s'entrechoquaient à chacun de leurs mouvements. Leur corps était nu, à l'exception d'une courte jupe de lin épais ondulant de manière séduisante tandis qu'elles battaient des mains et entamaient une danse sensuelle en chantant :

Comme il est délicieux, mon bien-aimé !
Je me languis de descendre avec lui jusqu'aux rives
[*du fleuve,*
Je désire tant que vienne ce moment

Où il me demandera de me baigner sous ses yeux.
Je plongerai dans l'eau et ressortirai
En tenant un poisson rouge.
Il reposera heureux entre mes doigts,
Il reposera entre mes seins.
Viens avec moi, mon bien-aimé !

La danse suggestive et le chant provocant avaient attiré des marins qui en répétaient les paroles de leurs voix puissantes et acceptaient avec empressement les petites bandes de papyrus distribuées par les musiciens de l'orchestre, représentant des scènes érotiques d'un grand réalisme. Un groupe de Nubiens vêtus de peaux de panthère, envoûtés par le rythme de la flûte, se joignit à la danse des hesets, entraînant ainsi un désordre qui attira la police du marché. Amerotkê s'écarta de la foule et s'engagea dans un passage surplombant les quais animés où se pressaient toutes sortes de bateaux et de barges. Marchands, marins, souteneurs, prostituées et toutes sortes de visiteurs s'entassaient dans les tavernes où bière et vin coulaient à flots. Ils y échangeaient des potins, des marchandises ou simplement se reposaient en contemplant les derniers instants d'animation du marché. Amerotkê s'en éloigna et poursuivit son chemin, dépassant les quais jusqu'à ce que les maisons et les entrepôts fassent place à d'épais fourrés de papyrus entre lesquels serpentait un sentier boueux. Il s'arrêta alors, contemplant sur l'autre rive du fleuve la cité des Morts, surplombée par des falaises de granit et de calcaire aux formes étranges qui bordaient de part et d'autre la Vallée des Rois. Il ferma les yeux et fit tourner sur son doigt l'anneau de Maât, saisi brusquement par l'intuition d'un proche danger. Mais le prêtre du dieu serpent détenait peut-être une information précieuse et il devait répondre à son appel. Il pria Maât de le ramener sain et sauf de cette expédition.

CHAPITRE XI

Amerotkê continua d'avancer le long de la rive. Des nuées d'oiseaux jaillissaient brusquement des roseaux pour s'envoler au-dessus du fleuve. Des cris perçants sortaient d'un épais fourré où des chasseurs étaient en train de frapper un cochon de leurs bâtons tandis que d'autres lançaient dans l'eau des morceaux de porc piqués à de longs crochets. Ils espéraient que les cris de l'animal et la viande sanguinolente attireraient un crocodile. Il serait ensuite tiré à terre et assommé. Les hommes ne portaient qu'un simple pagne, mais ils étaient armés de lances et de lourds bâtons. L'un d'eux aperçut Amerotkê.

— Viens donc te joindre à nous, lança-t-il. C'est un bon sport !

Amerotkê secoua la tête et poursuivit son chemin. Il parvint enfin jusqu'à un embarcadère qui lui parut désert et parcourut la chaussée, les yeux fixés sur les eaux, hautes pour cette saison. Le danger des crocodiles était réel. Il arrivait qu'ils s'attaquent sur la rive à un promeneur inattentif. Asoural prétendait qu'ils avaient pris le goût de la chair humaine du fait que beaucoup d'hommes ivres étaient tombés dans le Nil. Amerotkê se tint là jusqu'à ce qu'il attire l'attention d'un petit bateau à une seule voile qui faisait la navette sur le fleuve.

Il grimpa dans l'embarcation. Le passeur et ses hommes ne s'intéressèrent pas à lui, mais seulement au deben de cuivre qu'il leur remit. Tout en bavardant entre eux, ils lui firent traverser le Nil. Sur ses indications, ils se dirigèrent vers un petit débarcadère proche de la nécropole. Amerotkê leva les yeux sur le dédale de ruelles, de maisons, de boutiques, de baraquements surmontés par une haute saillie rocheuse qui s'embrasait sous les feux du soleil couchant. C'était le pic occidental dédié à la déesse serpent Mertseger, celle qui aimait le silence. Amerotkê se remémora l'avertissement attaché à cette vallée sur laquelle le rocher jetait son ombre :

« Méfie-toi de la déesse du pic occidental. Elle frappe instantanément et sans prévenir. »

Il écarta de son esprit ces sombres images pour se demander ce que Norfret et ses deux fils étaient en train de faire en ce moment. Il plongea si profondément dans ses pensées que les passeurs le crurent endormi et le secouèrent au moment où le bateau heurtait le quai de bois. Amerotkê les remercia et sauta à terre.

Il s'engagea sur la voie sinueuse qui traversait la nécropole et fit une pause devant la gigantesque statue d'Osiris, le dieu de la Mort devant lequel tous les hommes devaient un jour se présenter. Il était déjà venu ici plusieurs fois pour se recueillir sur la tombe de parents et d'alliés de la famille, mais cela avait toujours été une expérience troublante. Le long des multiples ruelles de la petite ville s'entassaient les maisons des embaumeurs, des fabricants de cercueils, des transporteurs, des peintres et autres marchands de mobilier funéraire. Par la porte ouverte des échoppes, Amerotkê apercevait des cercueils peints adossés aux murs, des salles d'exposition où les clients pouvaient faire leur choix. Certains marchands leur proposaient même des cercueils miniatures en forme de momies qu'ils pouvaient emporter chez eux pour les examiner.

Les boutiques des embaumeurs comportaient une sorte de bâtiment annexe où ils préparaient les corps. L'air était chargé des lourds relents du natron, ce sel âcre dans lequel on plongeait les défunts avant que l'embaumeur ne commence son travail. Il s'y mêlait d'autres odeurs déplaisantes, celles des viscères extraites par le nez ou, plus agréables, du vin de palme, d'encens pilé et de myrrhe que l'on glissait dans le corps une fois celui-ci vidé et nettoyé. Ce travail ne concernait que les riches. Les dépouilles des pauvres étaient simplement suspendues à des crochets. Amerotkê en aperçut au passage quelques-uns virant au bleu-noir en attendant de baigner dans d'immenses chaudrons de natron pour être purifiés. Après quoi ils seraient rendus à leur famille.

Au-delà des maisons et des baraques s'étendait la multitude des tombes creusées dans la roche calcaire. Amerotkê s'écarta pour laisser passer un cortège funèbre conduit par un prêtre chantant un hymne à Osiris, suivi de serviteurs chargés de jarres d'albâtre emplies d'aliments ou d'huiles et de longs coffres dans lesquels on avait déposé les parures, les armes et les vêtements du mort. Un traîneau couvert tiré par deux hommes marquait le centre de la procession. Il renfermait les vases canopes où l'on avait placé les viscères embaumés retirés du corps. Derrière, un chantre psalmodiait solennellement une invocation :

Nous nous présentons devant toi, Osiris, seigneur de l'Occident. Aucune parole mauvaise n'est jamais sortie de la bouche de cet homme. Il n'a jamais offensé la vérité. Accorde-lui de figurer parmi les favoris de ta suite. Salut à toi, ô divin père Osiris ! Ô seigneur du souffle ! Ô seigneur des palais d'éternité ! Fais en sorte que le kâ de cet homme puisse demeurer à ta cour !

Ces litanies étaient reprises par d'autres prêtres entourant le cercueil sculpté en forme de corps et reposant sur une litière surmontée d'un dais. Le cortège s'ébranlait, suivi par la foule des parents et amis ainsi que des pleureuses professionnelles échevelées et gémissantes, se frappant la poitrine, lançant des poignées de poussière sur leur tête et leurs vêtements afin de mériter l'argent qu'elles touchaient.

La procession passée, Amerotkê allait reprendre son chemin quand il aperçut le médecin Peay sortant furtivement d'une maison, son petit singe favori sur l'épaule. C'était un de ces petits vervets que les riches chérissaient comme animal familier. Le médecin marchait rapidement en se dissimulant et Amerotkê se demanda ce qu'il pouvait bien faire dans la nécropole. Il allait se diriger vers lui quand il heurta un homme qu'il reconnut. Il s'agissait de l'embaumeur intervenu pour son parent lors du dernier procès dans la salle des Deux Vérités. Embarrassé, l'homme murmura une excuse en reculant.

— Santé et bénédictions ! lança Amerotkê en guise de salut.

— Santé et bénédictions sur vous, seigneur Amerotkê. Que faites-vous dans la cité des Morts ?

— Les juges et leur famille finissent aussi par arriver ici, répondit Amerotkê.

— Où sont ensevelis les vôtres ? demanda l'homme.

Amerotkê indiqua un point à l'autre extrémité de la ville.

— Je peux vous y conduire, proposa l'embaumeur. La cité des Morts n'est pas un endroit pour vous.

Amerotkê jeta un coup d'œil par une porte entrouverte. Le corps nu et luisant de sueur ceint d'un pagne, des embaumeurs s'affairaient autour d'un mort. Il entendit le bruit métallique d'un marteau, les gémissements de la procession funèbre qui revenait. L'odeur étrange, écœurante du natron emplissait son nez et sa bouche. Jusqu'à ce jour, Amerotkê n'était venu ici qu'entouré de sa famille, de ses serviteurs, de gardes, et de personnages officiels. Il retint un frisson.

— Il faut marcher prudemment, observa l'embaumeur.

— Je suis prudent, rétorqua Amerotkê.

Il voulut poursuivre son chemin, mais l'homme ne s'écartait pas. Amerotkê posa la main sur la poignée de son épée. Aussitôt l'embaumeur inclina la tête et leva les mains en signe de paix.

— Je vous remercie, seigneur, d'avoir eu pitié de mon parent.

— C'était en effet une grâce insigne, car il avait commis un terrible sacrilège.

— Je prierai toujours pour vous, seigneur Amerotkê.

Le juge tapa sur l'épaule nue de l'homme.

— Commence donc maintenant, lui lança-t-il en s'éloignant.

Amerotkê sortit enfin de la nécropole et s'engagea dans un chemin poussiéreux bordé d'épais ajoncs verts. Les bruits et les odeurs de la ville s'effacèrent, remplacés par le souffle chaud du désert. Il atteignit enfin la base de la saillie rocheuse et l'étroit sentier escarpé qui longeait le wadi au lit desséché et s'enfonçait dans la Vallée des Rois. De part et d'autre se dressaient de sombres et menaçantes falaises au sommet desquelles s'attardaient les derniers rayons du soleil couchant. Comme il entendait un léger bruit, Amerotkê s'arrêta. Il aperçut un peu plus haut, au pied de la falaise, un tas de chiffons qui semblait bouger. L'épée à la main, il escalada la pente semée de cailloux roulant sous les pieds et découvrit une vieille femme abandonnée là. Son visage jaunâtre, plissé par l'âge, était encadré de rares cheveux gris et graisseux. Un râle s'échappait de sa gorge. Amerotkê la secoua doucement. Ses paupières frémirent et elle ouvrit des yeux laiteux, exhumant une main aux veines saillantes comme si elle cherchait à se protéger du soleil. Amerotkê la souleva avec précaution et l'installa à l'ombre, adossée au rocher. Elle était aussi légère qu'une plume. Ses lèvres remuèrent, mais il ne put comprendre ce qu'elle bredouillait. Il se doutait de ce qui était arrivé. La vieille avait été amenée ici pour mourir dans le désert car sa famille, trop pauvre, ne pouvait continuer à nourrir une bouche devenue inutile avec l'âge.

— D'où viens-tu ?

La femme voulut parler, mais ne réussit qu'à émettre une sorte de croassement. Amerotkê saisit sa gourde et la porta à ses lèvres. Elle but avidement. Versant alors un peu d'eau dans ses mains, il en humecta ses joues et son front. Elle ouvrit de nouveau des yeux blanchis par la cataracte et vit le visage d'Amerotkê flotter dans un demi-brouillard.

— Je vais mourir.

Il lui prit la main et l'étreignit.

— Je peux te ramener, proposa-t-il.

Elle voulut rire, mais sa tête retomba en avant. Il mit un peu d'eau sur son cou. Cela sembla lui faire du bien car elle se redressa.

— Tu veux bien rester ? murmura-t-elle. Tu veux bien rester et dire la prière ?

Amerotkê jeta un coup d'œil plus bas dans la vallée. Il fallait qu'il parte, mais que faire de cette malheureuse ? Sa peau était déjà froide et le râle de la mort emplissait sa poitrine. Il lui fit boire de nouveau un peu d'eau.

— Je resterai, dit-il.

— Tu me fermeras les yeux, tu diras la prière ?

Il la rassura d'un signe de tête et attendit. Les ombres s'allongeaient tandis que la pauvre femme s'affaiblissait. Amerotkê veillait sur elle et, régulièrement, lui humectait les lèvres. La fin ne tarda pas. Elle recracha brusquement une gorgée d'eau, son corps desséché eut un soubresaut et sa tête retomba sur le côté. Amerotkê lui ferma les yeux. Tourné vers le nord, il pria pour qu'Amon-Rê ait pitié de cette femme et accueille son kâ dans les champs d'éternité. Puis il lui couvrit le visage d'un chiffon en lambeaux et prit le temps de rouler quelques rochers sur le corps. À présent, la nuit était tombée et le souffle chaud du désert lui apporta les hurlements des animaux nécrophages : chacals, hyènes et lions.

Réalisant qu'il s'était attardé au moins une heure, Amerotkê se hâta dans la vallée. Le silence devenait de plus en plus lourd au fur et à mesure qu'il s'enfonçait au cœur de ces solitudes. Les buissons d'ajoncs escaladant l'escarpement rocheux semblaient des gardes embusqués prêts à l'attaque. La nuit fraîchissait et, dans le ciel d'un bleu sombre, des étoiles s'allumaient tels des milliers de feux. Les ombres s'allongeaient pour venir rejoindre Amerotkê, lui rappelant toutes les menaces de cette vallée que l'on disait hantée. Quelque part dans les parages était dissimulée la tombe secrète du pharaon Touthmôsis Ier. Ineni, l'architecte royal, avait veillé à ce qu'aucun œil ne l'aperçoive, aucune oreille n'entende parler d'elle, aucune langue ne révèle l'endroit où le grand roi avait été enseveli. Les morts ne parlent pas et les centaines de détenus et de prisonniers de guerre qui y avaient travaillé avaient tous été massacrés. Est-ce que le kâ de ces hommes, leurs fantômes, erraient toujours dans la vallée ?

Après une courbe du sentier, Amerotkê aperçut la grotte sanctuaire de la déesse Mertseger en haut d'un escarpement. Une petite flamme tremblotait dans l'obscurité et Amerotkê distingua une silhouette qui lui faisait signe.

Le juge se hâta à sa rencontre, ruisselant de sueur en escaladant la pente. Des marches rudimentaires avaient été taillées dans la falaise, mais elles étaient couvertes de cailloux roulant sous les pieds et de sable. Le culte de cette déesse était en déclin, supplanté par le rituel plus somptueux du temple de Thèbes. Amerotkê leva les yeux, mais l'entrée de la caverne était maintenant dissimulée par la pente.

Il atteignit enfin le sommet pour découvrir devant lui une profonde crevasse qui semblait taillée dans la roche par une main gigantesque. Il s'arrêta pour reprendre son souffle et regarda de l'autre côté. La flamme avait disparu ainsi que la silhouette. Au-dessus de l'entrée, gravée sur la façade, il distingua la statue de la déesse aux yeux bridés dont la chevelure rejetée en arrière était formée de serpents se contorsionnant.

— Me voilà ! lança Amerotkê.

Il jeta un coup d'œil derrière lui, croyant avoir entendu un bruit.

— Je suis là ! répéta-t-il. Je suis Amerotkê, juge principal de la salle des Deux Vérités !

Le hurlement des grandes hyènes chevelues lui parvint. Tirant son épée, Amerotkê franchit prudemment le pont de fortune au-dessus de la gorge. Il s'arrêta au seuil de l'ouverture béante et aperçut dans l'ombre un filet de sang sur le sol. La main crispée sur son épée, il pénétra dans la caverne. Deux lampes à huile rougeoyaient faiblement dans des coupes de métal. Un peu plus loin, on avait jeté de l'eau sur les flammes du foyer pour essayer de les éteindre. Une odeur pénétrante de mort et de pourriture le saisit à la gorge et il porta une main à sa bouche. Un bruit le fit se retourner. Il précipita vers l'entrée de la caverne pour constater avec horreur que le pont avait été tiré sur l'autre rive. Amerotkê poussa un cri de désespoir. Quelle aveugle confiance en lui avait pu lui faire négliger la possibilité d'un piège ! Il revint sur ses pas, saisit une des lampes à huile et s'enfonça plus avant dans l'obscurité.

L'horreur de la scène qui s'offrit alors à ses yeux le fit s'arrêter net. Le vieux prêtre gisait à terre, la gorge tranchée si profondément que la tête ne tenait plus à son cou que par les tendons. Son corps maigre baignait dans une flaque de sang noirâtre. Plus loin gisaient les corps de deux babouins. Le courant d'air qui soufflait dans la grotte avait dispersé au-dehors l'odeur écœurante mais, de près, Amerotkê mesura toute l'horreur de la situation. Les murs étaient barbouillés de signes symboliques tracés avec du sang. La statue de la déesse avait été renversée. L'endroit profané.

Amerotkê regagna l'entrée et poussa un soupir de soulagement. La caverne occupait un des côtés de la falaise. En grimpant, il retrouverait le bord qu'il pourrait longer pour regagner Thèbes par un chemin long et difficile contournant le désert. À tâtons, il chercha des creux où s'agripper et remarqua qu'un petit sentier conduisait sur l'autre versant. Il posa la lampe à huile pour rengainer son épée et entama l'escalade. Soudain, un grondement profond troua le silence et il recula brusquement en s'écorchant les genoux et les mains. Au bout du sentier se profila une ombre noire. Des yeux d'ambre trouèrent l'obscurité. L'air s'emplit d'une odeur âcre. Il s'efforça de calmer sa terreur. L'ombre était aplatie, menaçante, mais ne bougeait pas. Le grondement reprit, cette fois amplifié par l'écho. Il tira son épée et l'ombre redressa la tête, découpant en noir sur le ciel bleu sombre les longues oreilles, la vilaine tête et la collerette fournie d'une énorme hyène, l'un de ces animaux nécrophages qui hantent la lisière du désert. Amerotkê fit un pas en arrière. Normalement, les hyènes n'attaquent pas un homme armé, mais avec l'odeur du sang et de la chair en décomposition, celle-ci pouvait chercher à tester sa résistance. Amerotkê avait entendu parler de marchands et colporteurs sans méfiance agressés par l'un de ces animaux.

L'ombre avança en rampant. C'était l'éclaireur et les autres devaient guetter derrière. Amerotkê se mit à crier et à frapper le rocher de son épée de bronze. L'animal menaçant recula. Amerotkê rentra dans la caverne, s'empara de la lampe à huile dont la mèche donnait encore un peu de lueur et, en se brûlant les doigts, tenta de rallumer le feu, seule protection possible. Mais les branches humides refusèrent de prendre. Un grondement lui fit lever les yeux. L'énorme bête bloquait maintenant l'entrée de la caverne. Même dans la pénombre Amerotkê mesura avec horreur le danger. C'était une hyène de taille exceptionnelle, probablement une femelle en pleine maturité, le chef de la meute, avec un collier de poils hérissés autour de sa vilaine tête, une gueule ouverte, et des yeux semblables à deux taches de feu.

Toujours hurlant pour l'effrayer, Amerotkê lança la lampe à huile dans sa direction et la bête disparut. Mais il entendit au-dehors les grognements frénétiques de ses compagnes. Trempé de sueur, il saisit d'une main son épée et de l'autre sa dague. L'attaque était proche. Pas de feu pour le protéger. Sortir en courant et franchir la crevasse d'un bond ? Impossible, l'espace était trop large. D'ailleurs, les hyènes l'auraient déjà rattrapé puisqu'elles peuvent rivaliser à la course avec une gazelle.

Amerotkê ferma les yeux et implora Maât.

« Je n'ai pas fait le mal. N'ai-je pas offert des sacrifices en votre honneur ? Ne me suis-je pas efforcé d'emprunter la voie de la vérité ? »

Un grognement se fit entendre. L'énorme animal était de nouveau là, cette fois accompagné. Amerotkê aperçut alors un éclat lumineux dans l'obscurité et quelque chose vint frapper le rocher au-dessus de la grotte, provoquant des cris et des hurlements. D'autres flèches enflammées trouèrent la nuit. Alarmées, les hyènes reculèrent.

— Maître ! Maître !

— Shoufoy !

Amerotkê se précipita au-dehors mais, se souvenant de la crevasse, avança prudemment en longeant la paroi. Il aperçut au-dessous une ombre qui se déplaçait en levant une torche.

— Maître ! Viens par ici !

— Les planches ! cria Amerotkê.

L'ombre disparut. Il entendit le bruit sec d'un arc qu'on tend et vit passer une, puis deux flèches enflammées en direction de la meute. Shoufoy grommelait et jurait à mi-voix.

— Maître, pour l'amour de la vérité, il faut te décider !

Amerotkê s'avança sur la corniche. L'air froid de la nuit le fit frissonner. Il regarda vers la droite. Les hyènes avaient disparu.

— Elles sont parties ! s'écria Shoufoy. Mais elles peuvent revenir à tout moment. Vite, maître, les planches !

— Veille à ce qu'elles soient bien droites.

Amerotkê s'accroupit et tâtonna dans le noir. Mais il tremblait de tous ses membres et ne parvenait pas à se concentrer. Shoufoy lui lança la torche allumée. En tombant près de lui elle laissa échapper du goudron et flamba plus vivement encore qu'avant. Amerotkê réussit à se calmer et saisit la torche pour s'assurer que les planches étaient bien en place. Puis il franchit la crevasse et s'accroupit près de Shoufoy, laissant celui-ci l'envelopper d'un manteau tandis qu'il luttait contre la nausée qui lui laissa dans la gorge une sensation de brûlure.

— Comment savais-tu ? parvint-il à demander.

— Je ne savais pas, déclara Shoufoy non sans satisfaction. Mais pas ici, maître. Il faut partir.

Amerotkê se mit en route mais, sur l'insistance de Shoufoy, il revint sur ses pas pour l'aider à retirer les planches.

— L'hyène est un animal rusé, expliqua Shoufoy. Nous ne serions pas les premiers malheureux à être attaqués dans le noir. Comment te sens-tu, maître ? Crois-tu pouvoir courir ?

Amerotkê hocha faiblement la tête.

— À une condition, dit-il. Pas de proverbes, pas de maximes !

— Que peut un homme contre son destin ? proféra aussitôt le nain.

— Les hyènes ne me semblent plus si redoutables à présent, plaisanta Amerotkê.

Soutenu par son compagnon, il s'engagea sur la pente que tous deux descendirent prudemment.

En atteignant le fond de la vallée, Amerotkê fut pris d'une brusque faiblesse et se sentit mal. Des images terrifiantes lui revenaient sans cesse à l'esprit : les corps recouverts de sang, les babouins aux gueules béantes, les ombres menaçantes dans le noir, partout la présence de la mort et son odeur putride.

Ils contournèrent la nécropole et Shoufoy loua un petit bateau pour traverser le Nil. Arrivé sur le quai, Amerotkê défaillit et s'assit, les genoux relevés, les bras croisés, les yeux fermés, saisi d'un tremblement qu'il ne pouvait maîtriser.

— Ce qu'il te faut, mon maître, c'est un peu de nourriture chaude.

À cette évocation, Amerotkê sentit son estomac se révulser et se mit à vomir. Shoufoy l'aida à se relever et le conduisit sous un palmier devant une échoppe encore ouverte où l'on servait des boissons. Il l'installa sur un tabouret et, après avoir rassuré l'aubergiste inquiet, lui fit boire une coupe d'un vin fort.

— Tu te sentiras vite mieux après, même si cela te monte un peu à la tête.

Amerotkê avala quelques gorgées et prit alors conscience de ce qui l'entourait. Il vit des marins et leur habituelle compagnie de prostituées riant et plaisantant, de proxénètes et de colporteurs, de soldats en congé, de fonctionnaires de l'administration portuaire aux manières pompeuses, tous occupés à leurs affaires nocturnes. Il aurait voulu se dresser et leur crier toutes les horreurs qu'il venait de voir.

— Je ne peux pas rentrer dans cet état, dit-il. Norfret serait hors d'elle.

— Attendons ici un instant, maître. Avec un peu de vin et de nourriture.

Remarquant la pâleur et l'air épuisé de Shoufoy, il étendit la main pour effleurer la joue du nain.

— Tu n'es pas un serviteur, Shoufoy, murmura-t-il doucement, mais un homme libre et riche. Tu es mon ami et tu as le droit de t'asseoir à une place d'honneur vêtu du lin le plus fin.

— Non, merci beaucoup, répondit le nain. Rappelle-toi : Que peut un homme contre son destin ? Si les dieux vous attribuent un panier vide, au moins est-il léger à porter. Et je ne suis pas un juge siégeant dans la salle des Deux Vérités poursuivi par des hyènes au cœur de la nuit. En attendant, laisse-moi te dire, maître, que ce que tu as fait était stupide.

Amerotkê s'adossa au tronc de l'arbre et essuya la sueur de son front.

— Je sais. Mais je suis un juge, Shoufoy. Et il ne m'est pas venu un instant à l'idée qu'on pourrait s'attaquer à un représentant de la justice de Pharaon. Cette nuit, j'ai reçu une leçon d'humilité. Des limites me sont imposées comme aux autres mortels et ma vie est comparable à n'importe quelle autre, une simple flamme dans la brise. Qui peut s'éteindre comme ça !

— Je me demandais où tu étais allé, expliqua Shoufoy. Alors, comme d'habitude, j'ai fouillé dans tes papiers et découvert la lettre du prêtre serpent. Après quoi, je t'ai suivi.

Amerotkê leva les yeux vers lui.

— Où as-tu laissé ton arc et tes flèches ?

— Quelque part dans la Vallée des Rois, répondit Shoufoy d'un ton léger. J'étais passé chez Prenhoe et c'est là que je les ai pris. Il n'était pas là, sinon il m'aurait accompagné. Je lui ai donc emprunté son arc et son carquois, puis j'ai traversé le Nil et gagné la nécropole. Là, j'ai rencontré cet homme qui avait témoigné au procès, l'embaumeur. Il m'a raconté qu'il t'avait vu et j'ai donc poursuivi mon chemin. Plus loin, j'ai découvert l'endroit où tu t'es arrêté pour secourir cette vieille femme. Un morceau de ta robe s'était accroché à un rocher. Je me suis hâté, mais il faisait noir et je ne savais comment te trouver lorsque soudain j'ai entendu tes appels. Tu portais une lampe à huile dont j'ai entrevu la lueur. Je n'ai peut-être pas de nez mais deux bons yeux et deux bonnes oreilles. Juste avant j'avais acheté… Bref, j'avais volé une torche. Tu sais le reste. J'ai escaladé les rochers.

— Je ne connaissais pas ton habileté à tirer à l'arc, remarqua Amerotkê.

— J'ai été archer autrefois, déclara fièrement Shoufoy. Et il y a au moins une chose que j'ai apprise au cours de mes voyages, c'est qu'aucun animal n'ose affronter le feu. Une épée, une dague, oui, mais le feu ? Crois-moi, maître, dans le désert comme au cœur de la nuit, le feu est un bienfait des dieux. À présent, raconte-moi pourquoi tu es allé au pays de la Mort.

Il remplit de nouveau la coupe d'Amerotkê et écouta le récit de ce qui s'était passé depuis que Ménéloto avait comparu pour la première fois dans la salle des Deux Vérités, sans omettre les rivalités apparues au sein du Conseil, la rencontre avec Hatchepsout, la mort d'Ipouwer et celle d'Amenhotep.

Shoufoy se rappela alors la poupée de cire glissée entre ses mains la nuit précédente, mais il préféra ne pas mentionner l'incident. Son maître avait commis une imprudence, mais il était trop tard pour changer le cours des choses. Il aurait dû l'alerter bien avant, lui montrer la poupée annonciatrice de danger. Le nain se promit de ne plus jamais refaire une telle faute.

— L'assassin en avait après toi cette nuit. Cela ne fait pas de doute, déclara-t-il lorsque Amerotkê se tut.

— Mais pourquoi agir de la sorte ? Pourquoi pas simplement du poison ou un serpent ?

— Pour qu'on ne fasse pas le rapprochement avec les autres meurtres. Amenhotep a été attiré dans quelque coin désert des bords du Nil et assassiné. Ce soir, le meurtrier a remporté un demi-succès. Pour une raison quelconque, le vieux prêtre Labda devait mourir. Il fallait le faire taire, seuls les dieux savent pourquoi. Mais, dans ton cas, maître, c'est différent. Tu n'es pas allé à Sakkara avec le divin Pharaon et cela ne pouvait apparaître comme une punition. Tu devais disparaître et, si je n'avais pas découvert cette lettre, il aurait sans doute fallu des semaines, des mois avant qu'on ne retrouve tes restes blanchis dans cette caverne – en admettant, d'ailleurs, qu'on les retrouve. L'assassin voulait le mystère. Ces hyènes ont été délibérément attirées dans ce lieu et affamées. Une fois la flamme éteinte, elles seraient entrées. On aurait pu croire ainsi à un affreux accident.

Amerotkê vida sa coupe et la reposa. Il réalisa soudain que des bruits montaient de la ville, des voix d'hommes criant et gémissant.

Sautant sur ses pieds, il scruta le ciel.

— Il se passe quelque chose ! Est-ce un incendie ?

Shoufoy le saisit par le poignet.

— Au moment où je partais pour te suivre, maître, une unité de chars est arrivée à Thèbes, du moins ce qu'il en restait. Les chevaux étaient épuisés, les conducteurs de chars ensanglantés et couverts de poussière. J'ai entendu dire que quelque chose de terrible était arrivé dans le Nord !

Amerotkê se dirigea rapidement vers la ville, Shoufoy trottinant sur ses talons. Quittant les quais, ils empruntèrent des ruelles étroites et sinueuses qui les amenèrent dans l'enceinte extérieure d'un des temples où une foule était rassemblée autour de trois jeunes officiers. À leurs insignes, Amerotkê comprit qu'ils appartenaient au régiment Isis. Il se fraya un chemin jusqu'à eux et saisit l'un d'eux par le bras. L'homme voulut le repousser en voyant cet individu blessé et échevelé mais Amerotkê tendit son anneau.

— Je suis Amerotkê, grand juge de la salle des Deux Vérités. Qu'est-il arrivé ?

L'homme l'entraîna un peu à l'écart, près d'une échoppe où brûlait une torche fixée dans la crevasse d'un mur. Il scruta le visage d'Amerotkê et examina l'anneau de près.

— Je vous reconnais, seigneur Amerotkê, dit-il en s'inclinant.

— Là n'est pas la question ! Allons, parle. Que se passe-t-il ?

— On a besoin de vous au palais, répondit l'officier. Mes compagnons et moi rejoignons notre régiment. Les Mitanniens ont franchi le Sinaï avec une immense armée. Ils menacent l'Égypte !

CHAPITRE XII

Les quatre grands régiments de l'armée égyptienne, baptisés Osiris, Isis, Horus et Amon-Rê, marchaient en rangs serrés vers le nord en suivant la rive orientale du Nil. Chacun arborait ses insignes d'argent et ses étendards à peine visibles dans l'épais nuage de poussière grisâtre soulevé par ces milliers de pieds martelant le sol.

Cela faisait deux semaines qu'ils avançaient ainsi d'un pas rapide, les scribes enregistrant leur progression. Des provisions d'aliments et d'eau les suivaient, soigneusement calculées et distribuées. Malgré tout, les hommes étaient affamés et assoiffés. Ils jetaient des regards pleins d'envie sur les galères royales de guerre qui fendaient les eaux du Nil de leurs proues dorées et sculptées en forme d'animaux menaçants. À bord, les soldats étaient en armes et le soleil faisait étinceler leurs cuirasses de bronze. Les rameurs se penchaient sur leurs bancs suivant les ordres criés par les surveillants. Des officiers allaient et venaient sur les ponts. La brise était tombée et il fallait absolument que les galères restent en étroit contact avec les régiments car elles transportaient dans leurs cales l'eau, la nourriture, les armes et les munitions. En outre, la flotte de guerre couvrait leur flanc gauche.

Les Mitanniens étaient rusés et il était difficile d'obtenir des informations sur leur avance. Ils pouvaient avoir franchi le Nil pour attaquer de ce côté. Pis encore, le bruit courait qu'ils se seraient eux-mêmes emparés d'une flotte de guerre et qu'ils descendaient le fleuve en détruisant tout sur leur passage.

L'armée se sentait néanmoins d'attaque. De la rive lui parvenait le chant des rameurs lançant un défi à l'ennemi encore invisible :

Nous voguons vers la victoire !
Pour massacrer l'ennemi qui foule notre territoire !
Salut à toi, ô grand Montou, puissant dieu de la
[Guerre !
Et à toi Sekhmet, la dévoreuse, toi qui détruiras les
[ennemis de l'Égypte !
En revenant, nous brûlerons leurs camps, nous
[lacérerons leurs corps !
Salut à toi, ô grand Montou !

Le chant s'enflait puis retombait. Marchant à la droite de sa phalange, Amerotkê regardait lui aussi l'eau avec envie. Il leva sa gourde et but une gorgée, puis s'arrêta un instant pour prendre une petite boîte dans le sac qu'il portait en travers de son dos et s'enduire les yeux de khôl, une bonne protection contre le vent et la poussière. Il reprit sa marche avec lassitude. Sa coiffure, portant la bande rouge de son grade, l'abritait un peu du soleil mais sa gorge était parcheminée, ses pieds douloureux et ses jambes fatiguées. Il lui fallait cependant maintenir la fière allure d'un officier supérieur, car ses hommes observaient son comportement. Il savait que les nouvelles recrues, ces râleurs de Neferous, gardaient leurs yeux fixés sur lui, guettant le moindre signe de fléchissement pour mieux, ensuite, le lui reprocher…

— Quand nous reposerons-nous, seigneur ? cria une voix.

— Quand il fera nuit ! répliqua Amerotkê. Continuez d'avancer ! Cela renforce les cuisses. Les femmes se pâmeront d'admiration quand vous rentrerez à Thèbes.

— Elles admireront bien autre chose que mes cuisses ! s'exclama une voix. Si je ne trouve pas bientôt une femme étendue sous moi, c'est à trois pattes que je vais avancer, pas à deux !

La remarque grivoise souleva une vague de rires dans les rangs et Amerotkê accéléra l'allure. De grands vautours planaient au-dessus d'eux, leurs ailes largement déployées. Dans la troupe on les appelait les « poules de Pharaon ». Ils suivaient la longue colonne, guettant quelque occasion de se nourrir. Bien qu'il s'agisse d'animaux nécrophages, les soldats les considéraient comme des porte-bonheur.

La main en visière au-dessus des yeux, Amerotkê observa à sa droite les escadrons de chars roulant dans un bruit de tonnerre et soulevant des nuages de poussière. Il y en avait plusieurs milliers, chaque régiment disposant de cinq cents chars. Parmi eux se trouvait sa propre unité qui comprenait deux cent cinquante hommes, car Amerotkê portait le titre de *pedjet*, c'est-à-dire commandant de chars et chef du corps des « lévriers d'Horus ». Son char personnel était conduit par son *skedjen*, ou cocher. Il aurait été plus aisé pour lui de l'emprunter au lieu de marcher, mais il préféra résister à la tentation, car cela aurait ralenti l'avance et fatigué les chevaux. Les chars étaient des véhicules légers, décorés de ciselures dorées et équipés d'un arc, d'un carquois et de javelots. Les petits chevaux de Canaan, qui caracolaient avec leurs plumes de guerre dansant dans la brise, devaient rester aussi frais que possible en cas d'attaque soudaine. Plus loin, au nord et à l'est, marchait une ligne d'éclaireurs, des mercenaires recrutés parmi les nomades du désert et les habitants des sables. Omendap, le commandant en chef, ne leur faisait pas confiance. Mais les chars offraient une défense sûre dans ce cas, véritable mur de bronze et de chevaux pour protéger leur flanc droit et donner aux troupes le temps de se déployer en cas d'attaque.

Amerotkê leva les yeux vers le ciel. Il devait être à peine plus de midi à Thèbes. Ils marchaient depuis deux semaines, avaient dépassé Abydos et Memphis, et longeaient maintenant le Nil à la recherche des Mitanniens qui, d'après les éclaireurs, étaient massés quelque part au nord-est. Le bruit courait que, après avoir pillé et brûlé les sanctuaires sacrés d'Amon-Rê, leurs troupes étaient au repos dans l'attente de l'armée égyptienne. Une fois celle-ci détruite, la riche et verdoyante vallée du Nil s'ouvrirait devant eux sans protection et ils pourraient se livrer au pillage.

Amerotkê espérait seulement qu'Omendap ne se trompait pas et qu'ils pourraient tomber sur l'ennemi par surprise. Lors de leurs longs entretiens du soir, Omendap insistait constamment sur le fait que les Mitanniens ne pouvaient s'attendre à trouver devant eux une telle masse d'hommes, comme celle qu'avaient hâtivement organisée les scribes de la maison de la Bataille. Ceux-ci avaient travaillé sans relâche avec l'aide de leurs collègues de la maison de la Guerre pour rassembler les armes, les munitions, les cartes, les ânes et tout ce qui était nécessaire au combat. Soucieux malgré tout, Amerotkê se disait que s'ils parvenaient à surprendre les Mitanniens ce n'en serait que mieux. Des espions de la maison des Secrets avaient regagné Thèbes et annoncé qu'une immense armée ennemie avait traversé le désert du Sinaï en prenant soin d'éviter la voie royale, ou « route d'Horus », et la petite garnison placée là pour la défendre. Les rusés Mitanniens s'étaient avancés par des chemins détournés et contrôlaient maintenant la route et le désert avec ses mines d'or, d'argent et de turquoises.

Quelque part en avant de la colonne retentirent les trompettes de la fanfare militaire qui jouait des airs entraînants pour ranimer les soldats. Les différents bataillons leur répondirent par des acclamations et entonnèrent bientôt des chansons dans lesquelles ils se moquaient les uns des autres dans des termes le plus souvent grivois.

Chaque bataillon avait son surnom. On reconnaissait ainsi les hommes du « Taureau grondant de Nubie » ou encore ceux de la « Panthère furieuse de Pharaon », chacun protégeant jalousement sa réputation. Les longues marches étaient l'occasion d'un échange bon enfant de taquineries.

Des éclaireurs à cheval remontèrent la colonne dans un tonnerre de sabots pour rejoindre les officiers en tête. Amerotkê les observa, évoquant en pensée cette nuit où Shoufoy l'avait arraché aux terreurs de la Vallée des Rois. Avant d'avoir pu regagner la maison ce soir-là, ils avaient été arrêtés par des pages royaux insistant pour que le juge les accompagne immédiatement à la maison de Millions d'années. Après avoir chargé Shoufoy de prévenir Norfret, Amerotkê s'était hâté vers le palais où il avait trouvé le Conseil royal en ébullition. Les jalousies et les divisions qui l'agitaient venaient d'éclater au grand jour. Les scribes de la maison de la Bataille se querellaient avec ceux de la maison de la Guerre, mais les deux groupes s'unissaient contre ceux de la maison des Secrets qu'ils accusaient d'avoir omis de révéler à temps la terrible menace pesant sur le royaume. L'atmosphère n'était pas meilleure chez les conseillers. Hatchepsout, Sethos et Senenmout s'en prenaient ouvertement à Rahimere tandis que le vizir, appuyé par Bayletos et les prêtres, blâmait carrément Hatchepsout.

— Stupide ! avait hurlé Senenmout. Son Altesse royale est du même sang que Pharaon ! Si vous ne lui aviez pas fait perdre du temps avec vos prétextes oiseux, si vous n'aviez pas insisté pour savoir qui faisait ceci ou cela… !

Finalement Omendap avait élevé la voix pour rappeler à tous le danger immédiat auquel ils devaient faire face, décrivant en phrases claires et précises la menace réelle que représentaient les Mitanniens sous la conduite de leur roi Toushratta dont on connaissait l'humeur belliqueuse.

— Nous ne disposons que de quelques troupes dans le nord, avait-il expliqué. Les Mitanniens ont franchi le Sinaï, probablement brûlé villes et villages sur leur passage et bousculé nos garnisons militaires. Ils ne vont pas parcourir le Delta ni marcher vers le sud, mais attendre et voir venir.

— Pour quelle raison ? s'enquit Hatchepsout.

— Parce qu'ils connaissent les divisions qui nous opposent ici, avait alors répondu amèrement Omendap. Ils sont peut-être même au courant de ces meurtres terribles. Ils doivent se dire que nous ne pourrons envoyer contre eux qu'une armée de raccroc dont ils viendront facilement à bout avant de foncer vers le sud. Nous ne disposons que d'un seul avantage, mais il est d'importance. À cause de… comment dire… de l'atmosphère instable qui règne à Thèbes à la suite de la mort de notre divin Pharaon, quatre de nos régiments sont campés aux portes de la ville, prêts à marcher. Un cinquième, l'Anubis, peut se joindre à eux. Il nous faut donc avancer le plus rapidement possible. L'armée se mettra en route dès l'aube levée.

Cette déclaration avait suscité une vive controverse, mais Omendap avait répété froidement et calmement ses raisons.

— C'est vous le commandant, avait déclaré Rahimere en jetant un regard en coin à Hatchepsout. Mais Sa Majesté devrait accompagner l'armée, me semble-t-il. Comme le fait remarquer le seigneur Senenmout, elle est du sang de Pharaon. Les troupes y seront sensibles.

Hatchepsout allait se rebeller quand Senenmout lui glissa quelques mots à l'oreille et Sethos lui donna également son avis à voix basse. La manœuvre de Rahimere était cependant astucieuse. La campagne pouvait tourner court si les Mitanniens, gorgés de richesses et d'esclaves, se contentaient de repasser la frontière. Elle pouvait aussi se solder par un échec. Dans les deux cas, quand la reine regagnerait Thèbes ce serait pour trouver l'emprise de Rahimere sur les temples et les palais renforcée et le divin héritier, si jeune encore, enfermé et sous surveillance.

Hatchepsout s'en était rendu compte. Pointant alors le doigt vers la couronne de guerre, le casque bleu que Pharaon arborait toujours dans la bataille, elle avait déclaré :

— Je la porterai. Ainsi les troupes sauront que l'esprit de Pharaon marche avec elles !

— Emmenez aussi vos conseillers, lança Rahimere, sarcastique. Seigneur Amerotkê, n'êtes-vous pas commandant de chars ? Général Omendap, vous aurez besoin de la compétence de tous vos officiers expérimentés.

— J'irai certainement, rétorqua Amerotkê, le visage rouge de fureur.

Ces paroles lui avaient échappé sans qu'il prenne le temps de réfléchir.

— Pendant mon absence, la salle des Deux Vérités restera fermée.

Rahimere eut un léger sursaut et détourna les yeux. Amerotkê avait réalisé à cet instant qu'il avait finalement pris parti. Quoi qu'il tente ou dise, il se trouvait maintenant dans le camp d'Hatchepsout. Entre-temps, celle-ci s'était levée de son trône. Le Conseil royal était terminé.

De retour chez lui, Amerotkê avait fait à Norfret le récit de ce qui s'était passé. Elle s'était mordu les lèvres, tout en s'efforçant de garder bonne figure. Mais Amerotkê avait vu ses joues pâlir et l'inquiétude embuer ses yeux. Il passa un bras autour de sa taille.

— J'en réchapperai, avait-il déclaré d'un ton rassurant. Je reviendrai à Thèbes couvert de gloire.

Ce furent les seuls moments qu'ils purent passer seuls tous les deux. Les garçons surgirent avec un flot de questions. Amerotkê les rassura. Puis il envoya chercher Prenhoe et Asoural afin de leur donner de strictes instructions concernant la garde du temple et leur demander également d'assister Shoufoy pour assurer la protection de Norfret et de ses deux fils.

— Puis-je venir avec toi ? supplia le nain. Tu as besoin de quelqu'un qui veille sur toi.

Amerotkê s'était accroupi près du petit homme et avait pris ses mains dans les siennes.

— Non, Shoufoy, crois-moi ! Tu as pour mission de veiller sur Norfret et sur mes deux fils. Si le pire devait arriver, et tu le saurais avant même que cela se produise, alors protège ma famille. Si tu me donnes ta parole, je partirai plus tranquille.

Shoufoy accepta. Peu après, Amerotkê rejoignit son régiment qui avait déjà quitté le camp et se mettait en formation de marche.

Des acclamations le tirèrent de sa rêverie. En levant les yeux, Amerotkê aperçut Hatchepsout sur son char roulant à grand fracas et soulevant un nuage de poussière. Les hommes firent tinter leurs armes et le char ralentit pour permettre à la reine d'accepter l'hommage de ses troupes. Les hautes roues du char à l'arrière permettaient une manœuvre facile et rapide. Sur le devant était fixé un grand étendard à l'image de la déesse vautour, emblème personnel d'Hatchepsout. Un carquois bleu et or, un grand arc et des javelots pendaient à l'un des côtés.

Les deux chevaux noirs étaient les meilleurs des écuries de Pharaon. Caparaçonnés de lin blanc, ils tiraient sur leurs harnais en faisant danser à chaque mouvement la grande plume d'autruche blanche dressée entre leurs oreilles. Amerotkê les reconnut : Gloire d'Hathor et Puissance d'Anubis, le plus rapide attelage des quatre régiments. Leur cocher n'était autre que Senenmout, vêtu d'un pagne blanc couvert de bandes de cuir. Son torse nu était emprisonné dans une large ceinture de guerre cloutée de bronze. À ses côtés, Hatchepsout avait ramassé ses cheveux dans un filet et revêtu une cuirasse formée de petites plaques de bronze rivetées sur une tunique de lin tombant plus bas que les genoux. Dans sa ceinture était fixée une dague à lame étroite.

Autour d'elle se pressaient d'autres chars assurant sa garde personnelle.

Entre les chars marchaient les Nakhtouas, appelés aussi les sbires, de rudes vétérans issus de divers régiments et portant une coiffure rigide rouge et blanche. Ils étaient armés de boucliers ronds en bronze, d'épées, de dagues et leur corps était couvert d'une épaisse protection ouatée formant armure, munie d'un prolongement ovale à la hauteur de l'aine.

Le char royal s'approcha et s'arrêta. Amerotkê regarda Hatchepsout qui se penchait à l'extérieur et la trouva beaucoup plus belle ainsi que dans ses somptueuses tenues de cour. On la sentait vibrante, le visage et les yeux animés par la passion, comme si la vue de la glorieuse et puissante armée de l'Égypte l'emplissait de joie.

— Tu as les pieds calleux, Amerotkê ?

— Ils sont un peu plus durs qu'à Thèbes, Majesté.

Hatchepsout eut un petit rire de gorge et posa la main sur le bras luisant de sueur de Senenmout qu'elle serra avant de descendre du char. Les hommes, toujours en marche, lui jetèrent un regard appréciateur tandis qu'elle s'avançait d'une démarche légèrement balancée vers leur commandant. Elle était si mince et si bien proportionnée, sans la moindre trace de transpiration sur le visage ou sur le front. Elle offrit une outre de vin à Amerotkê.

— Bois juste une gorgée, recommanda-t-elle. Pour humecter ta langue et réjouir ton cœur.

Amerotkê obéit.

— Reste impassible, murmura-t-elle en reprenant l'outre, mais les Mitanniens sont plus proches que nous ne le pensions. Nous allons établir notre camp pour la nuit près de l'oasis de Selina où nous trouverons de l'herbe pour les bêtes, de l'eau et de l'ombre pour nous. Demain, nous devrons affronter le pire.

Elle regagna son char et y grimpa. Senenmout se pencha, reprit les rênes et le char poursuivit sa route le long de la colonne, accompagné de sa suite.

Amerotkê les regarda s'éloigner. Le commandement en chef était assuré techniquement par Omendap, non par Hatchepsout. C'était lui qui portait le bâton de maréchal. Au début, les hommes avaient considéré la présence d'Hatchepsout comme symbolique. Elle était pour eux « la mascotte des soldats » et d'aimables moqueries avaient accompagné son départ de Thèbes. Mais son influence et son pouvoir ne cessaient de croître. Elle n'avait montré aucune faiblesse et ne réclamait aucune faveur, apportant publiquement la preuve qu'elle était bien la fille d'un soldat rompue aux rigueurs de la vie de camp. Sans cesse en mouvement, elle s'arrêtait parfois pour parler aux hommes, s'informant de leur nom, dont elle se souvenait ensuite. Un des sbires, de forte carrure, s'était une fois permis ouvertement de plaisanter à propos de ses seins si confortablement nichés sous le rembourrage de sa cuirasse. Hatchepsout avait entendu la remarque mais, au lieu de frapper l'individu ou de le faire consigner dans ses quartiers, elle avait pointé le doigt vers son torse nu aux muscles puissants en s'écriant :

— Une des raisons pour lesquelles j'aime parler avec vous, les gars, c'est que je suis secrètement jalouse. Si j'avais des seins aussi gros que les vôtres, je ne serais pas obligée de porter une cuirasse !

Après un instant de surprise, la remarque avait été accueillie avec enchantement et avait provoqué de gros rires. Hatchepsout était dorénavant considérée comme un soldat qui ne s'embarrassait pas de cérémonies et partageait la rude vie de troupe. Chaque soir, quand l'armée campait pour la nuit, elle rendait visite aux différents bataillons en compagnie de Senenmout et y tenait toujours le même langage. Ils allaient jeter dehors les ennemis de l'Égypte, leur briser le cou, leur couper la tête, leur donner une bonne leçon qu'ils ne seraient pas près d'oublier. Quand ils rentreraient chez eux, les Mitanniens se traîneraient sur la route comme des estropiés et il ne serait question dans leurs récits que de la terrible colère de Pharaon et de sa vengeance.

Hatchepsout consolidait aussi son emprise sur le Conseil de guerre. Omendap appréciait son jugement sagace et tenait toujours compte de son point de vue. Elle insistait pour que l'armée reste groupée, ne s'éloigne pas du Nil et fasse en sorte de rencontrer l'ennemi en un lieu préalablement choisi. Amerotkê espérait simplement que la réalité lui donnerait raison.

— Le soleil t'aurait-il frappé à la tête ?

Amerotkê sursauta et leva les yeux en s'abritant d'une main contre la vive lumière. Il découvrit Sethos monté sur un cheval. Celui qu'on appelait aussi « les yeux et les oreilles du roi » avait l'air en pleine forme, nullement incommodé par la chaleur et la poussière. Amerotkê sourit.

— Pas de char pour toi, seigneur Sethos ?

On savait le procureur royal bon cavalier, un des rares nobles d'Égypte préférant monter plutôt qu'atteler sa monture à un char. Sethos observait la colonne.

— Hatchepsout a hissé de nouveau le pavillon, murmura-t-il.

Amerotkê saisit les rênes du cheval et regarda dans la même direction que son compagnon.

— Elle a parlé d'une surprise.

— Je pense que nous allons tous être surpris, dit Sethos. Les Mitanniens sont très proches. Dans quelques jours, tout sera joué. Mais l'autre affaire, la mort du divin Pharaon, le meurtre d'Amenhotep ?

— Elle devra attendre. Comme tu le fais observer, seigneur Sethos, d'ici à une semaine nous n'en aurons peut-être plus rien à faire.

— Quand nous sommes passés à Sakkara, as-tu pu jeter un coup d'œil aux pyramides ? demanda Sethos en caressant le cou de son cheval.

D'un signe de tête, Amerotkê indiqua que oui.

— Cela m'a rappelé toute l'histoire, poursuivit Sethos. La visite du divin Pharaon et tout ce qui s'est passé à son retour, sa mort devant la statue d'Amon-Rê. Enfin, bon ! Ce soir, nous partagerons une coupe de vin, veux-tu ?

Avant que le juge n'ait eu le temps de répondre, Sethos éperonna sa monture et partit au galop rejoindre le cortège royal.

Ils atteignirent l'oasis en fin d'après-midi. Les sergents et sous-officiers du génie firent aussitôt creuser une tranchée défensive par les soldats et élever une solide palissade qu'ils renforcèrent à l'aide des boucliers des fantassins. Au début semblait régner un véritable chaos. Il fallait dételer les chevaux et les regrouper, remplir d'eau les outres, aménager des latrines. À chaque corps fut attribué un des coins de l'immense camp. L'enclos royal fut établi à l'extrémité la plus éloignée et protégé par une autre palissade ainsi que par des hommes pris dans les régiments. À l'intérieur se dressaient la tente d'Hatchepsout et celles d'Omendap et des autres officiers généraux, toutes groupées autour de l'autel d'Amon-Rê installé par les prêtres. Leurs offrandes d'encens répandaient déjà des effluves dans le camp.

Amerotkê était toujours surpris de la rapidité avec laquelle la confusion se dissipait pour faire place à l'ordre. Un escadron de chars fut envoyé en avant pour s'assurer que l'ennemi ne préparait pas une attaque surprise. De grands récipients furent remplis d'eau dans les sources et les canaux d'irrigation quadrillant les abords du Nil. Des feux s'allumèrent, la nourriture circula. Les unités chargées de l'approvisionnement envoyèrent des hommes réquisitionner dans les villages voisins tout ce qu'ils pourraient trouver comme provisions et animaux.

La petite tente d'Amerotkê était à l'intérieur de l'enclos royal, juste à la lisière. Elle se composait très simplement de quelques mâts fichés en terre et supportant des toiles pour l'abriter de l'air de la nuit. Il prit sa ration à la marmite commune et mangea avec les autres, assis par terre les jambes croisées. Puis il se retira pour se laver et se changer avant de s'agenouiller devant le petit autel dédié à Maât qu'il transportait toujours avec lui. Au-dehors, les bruits du camp s'apaisèrent avec la nuit et on n'entendit bientôt plus que le grincement des cuirasses, le hennissement des chevaux, les cris des officiers lançant des ordres et un vague murmure autour du camp. Amerotkê éteignit sa lampe à huile et sortit de l'enclos pour aller inspecter son unité de chars. L'officier l'assura que les chevaux, abreuvés et nourris, seraient prêts pour la bataille le moment venu.

Il s'étendit alors sous un palmier. Près de là, un médecin soignait coupures et blessures, distribuant de petits pots d'onguent aux soldats souffrant des pieds ou de brûlures après cette longue marche sous un soleil de plomb. Le son d'une flûte s'éleva quelque part dans le camp. Tout autour de celui-ci s'agglutinait en désordre l'habituelle compagnie d'une troupe en déplacement : prostituées, vagabonds, colporteurs. Certains les suivaient depuis Thèbes, d'autres s'étaient joints à eux en route. Des trompettes claironnaient les heures marquant l'écoulement de la nuit. Chaque corps se préparait pour le sacrifice de l'aube. Des ombres se glissaient dans et hors du camp : amoureux des deux sexes à la recherche d'un endroit tranquille pour une rapide et violente étreinte, leur faisant oublier les rigueurs de la journée et les menaces du lendemain. Des hérauts allaient et venaient, porteurs d'ordres de marche, d'instructions de dernière heure. Des éclaireurs arrivaient ou repartaient, des chars se déplaçaient.

Amerotkê se demanda ce qui se passait à Thèbes en ce moment. Norfret et les garçons allaient-ils bien ? Shoufoy avait-il suivi ses instructions ? Un officier d'état-major s'approcha, porteur d'un message. Le général Omendap envoyait ses salutations et priait tous les membres du Conseil royal de se retrouver dans l'enclos royal. Amerotkê soupira, sauta sur ses pieds puis se mit en marche à travers le camp. Le Conseil royal était réuni dans la tente du général Omendap où l'on avait disposé des tabourets et de petites tables. Assise entre le général et Senenmout, Hatchepsout avait l'air aussi fraîche que d'habitude. L'assistance se composait encore de Sethos, des premiers scribes de la maison de la Guerre et des commandants des régiments royaux ou mercenaires. Des employés distribuèrent des rouleaux de papyrus couverts de calculs concernant l'approvisionnement en nourriture, en eau, et l'avance de la colonne. La conversation générale était décousue. Lorsque les employés furent sortis, Hatchepsout saisit la petite hache d'argent d'Omendap et frappa sur la table.

— Les Mitanniens sont beaucoup plus proches que nous ne le pensions, déclara-t-elle.

— Notre marche vers la mer se trouve donc compromise, observa Sethos.

— Ce n'était pas ce à quoi nous nous attendions ! s'écria Omendap. Toushratta se révèle aussi retors et glissant qu'une mangouste. Nous pensions devoir affronter quelques offensives, peut-être des attaques de chars au cours de notre avancée. Il ne s'est rien produit. Les éclaireurs que nous avons envoyés ne sont pas revenus, à l'exception d'un seul. Il n'a pas vu l'ombre d'un Mitannien, mais a rencontré quelques habitants des sables qui lui ont parlé d'une énorme armée rassemblée quelque part au nord-est. Des milliers de chars, de fantassins, d'archers.

Amerotkê sentit un frisson lui parcourir la nuque. Il prenait conscience de ce que Omendap était en train de dire. Il ne s'agissait pas d'un simple raid. Les Mitanniens étaient venus en force avec l'intention d'affronter l'armée égyptienne et de lui régler son compte.

— Alors, que pouvons-nous faire ? demanda l'un des commandants de régiment.

— Voilà la bonne nouvelle, annonça Senenmout sur le ton de la plaisanterie. Nous disposons de quatre régiments, soit vingt mille hommes auxquels s'ajoutent deux à trois mille mercenaires, bien qu'on ne puisse trop compter sur ces derniers. Ces vingt mille hommes disposent de cinq mille chars.

Il déroula un papyrus sur la table devant lui et se frotta le visage de ses mains. Amerotkê comprit qu'il était embarrassé.

— Les Mitanniens sont peut-être deux fois plus nombreux, dit-il.

— Deux fois ? intervint Sethos. Si nos renseignements sont exacts ne faudrait-il pas plutôt dire trois, peut-être quatre fois ?

Senenmout le fixa des yeux.

— Tu as peut-être raison, répondit Hatchepsout. Toushratta et les Mitanniens ont sans doute recruté des mercenaires parmi ceux qui rejettent l'autorité de Pharaon. Si nous continuons d'avancer vers le nord nous atteindrons peut-être la grande mer mais nous n'aurons alors pas d'autre choix que de lui tourner le dos. Si nous nous écartons du Nil pour nous diriger au nord-est, nous pénétrons dans les Terres rouges où l'eau et les approvisionnements sont rares. Nous pouvons errer ainsi pendant des mois et Toushratta peut nous tomber dessus à tout moment ou, pis encore, nous encercler.

— Et pendant que nous le cherchons au nord, intervint Amerotkê, Toushratta marchera sur Thèbes.

— Nous savons qu'ils sont très proches, dit Hatchepsout. Nos éclaireurs ont certainement été tués.

— À moins qu'ils ne soient passés à l'ennemi !

— Demain matin, nous enverrons en avant trois escadrons de chars, déclara Hatchepsout. Chacun poussera aussi loin que possible et reviendra en décrivant un arc de cercle. Plus important encore, le régiment Anubis ne nous a pas encore rejoints. Quatre mille hommes et cinq cents chars. Toi, seigneur Amerotkê, tu vas retourner en arrière et dire à son commandant de se hâter.

— Plus facile à dire qu'à faire, intervint Sethos en inclinant la tête.

Personne ne le reprit, mais tous saisirent la menace inexprimée. Nebanoum, le chef du régiment Anubis, était un des acolytes de Rahimere et, par conséquent, suspect. Il avait quitté Thèbes après l'armée royale et s'obstinait à rester à deux ou trois jours de marche à l'arrière. Hatchepsout se leva.

— L'armée restera ici jusqu'à ce que nous en sachions davantage, dit-elle en rendant sa hache à Omendap. Seigneurs, je vous souhaite une bonne nuit.

Dans une autre partie du camp, très éloignée de l'enclos royal, le chef des Amemets adressait une prière à son terrible dieu. Les membres de sa bande reposaient autour de lui, leurs armes à portée de main. Le chef amemet ne se préoccupait nullement des Mitanniens ou de la bataille menaçante. Ce n'était pas la première fois qu'il avançait sur les pas d'une armée. Les armées offrent d'excellentes occasions de pillages et de vols. Si le danger devenait trop grand, il disparaîtrait dans la nuit avec sa bande de tueurs. Cette fois, il avait accepté un coffret rempli d'or et d'argent, un sac de perles et la tâche qui allait de pair. Il devait suivre l'armée royale et, à un certain moment, on lui donnerait des instructions sur ce qu'il aurait à faire.

Le chef des Amemets soupira. Jusqu'à présent, le voyage avait été inconfortable et il ne s'était rien produit. Ses hommes s'étaient contentés de larcins dans les villages, d'escroquer les soldats et de saisir toutes les occasions qui se présentaient. Mais si les Mitanniens étaient dans les parages comme on le racontait ? Il regarda les étoiles et ferma les yeux. Dans ce cas, il n'attendrait pas plus longtemps et disparaîtrait dans la nature. Après tout, songea-t-il en s'allongeant par terre, tout comme l'artisan il ne pouvait travailler sans matière première.

CHAPITRE XIII

Il fut réveillé par une voix.

— Amerotkê ! Amerotkê ! Réveille-toi !

Senenmout le secouait par l'épaule.

— Allons, debout ! Suis-moi !

Amerotkê saisit son manteau, glissa les pieds dans ses sandales et sortit de sa tente derrière le confident d'Hatchepsout. La nuit était froide. Dans le camp endormi, le silence n'était troublé que par les appels des sentinelles et les hennissements des chevaux. Les feux s'étaient éteints, faisant place à l'obscurité. Amerotkê suivit Senenmout jusqu'à la tente d'Omendap où Hatchepsout et Sethos se tenaient debout à côté d'une couche de feuilles de palmier. Omendap y gisait sur le flanc, ses couvertures repoussées pêle-mêle. Une coupe était renversée sur la petite table voisine. Un médecin tentait de faire avaler quelque chose au général qui émit un râle et se renversa sur le dos, révélant un visage blafard couvert de sueur.

— Qu'es-tu en train de faire ? demanda Hatchepsout d'un ton brusque.

— Majesté, je m'efforce de lui administrer de la mandragore et de l'essence d'érigéron mêlée d'une pointe d'opium. Il faut que son estomac se vide.

Le médecin insista et Omendap finit par vomir violemment dans le bol que celui-ci tenait devant ses lèvres. Le général fut forcé de boire à plusieurs reprises et vomit chaque fois. Le médecin intercalait parfois une gorgée d'eau entre les prises de remède. Senenmout ramassa un petit flacon de vin et le tendit à Amerotkê qui examina l'inscription courant autour du col.

— C'est du Charou, provenant de ses propres celliers et, selon le cachet, mis en bouteille et scellé il y a cinq ans.

Il renifla et sentit un relent âcre lui chatouiller le nez.

— On l'a empoisonné ! murmura Hatchepsout. Cette bouteille provient en effet de son cellier. Nous sommes en train d'examiner les autres. Certaines sont bonnes, d'autres non.

Elle ne cessait d'aller et venir en jouant avec les bagues de ses doigts, vêtue d'une simple tunique de nuit, ses sandales délacées. Amerotkê lui trouva l'air d'une jeune fille effrayée.

— Est-ce que cela a été fait ici ? demanda-t-il.

— Ici ou à Thèbes, répondit Senenmout. Le général ne boit que son propre vin et il était facile de glisser des flacons empoisonnés dans sa réserve. L'inscription est sans doute fausse et le cachet a été fabriqué pour l'occasion. Fatigué, Omendap n'a certainement pas pris la peine de vérifier. La chose aurait pu se produire demain ou la semaine passée aussi bien que ce soir. Tout dépendait de la bouteille qu'Omendap choisissait.

— Est-ce qu'il vivra ? demanda Hatchepsout.

— Je ne peux pas encore l'affirmer, Altesse, répondit le médecin tout en poursuivant ses soins. Le général est puissant et en bonne forme physique.

— Comment avez-vous découvert ce qui s'était passé ? interrogea Amerotkê.

— Nos espions nous ont amené le survivant d'une patrouille de Mitanniens qu'ils gardent pour l'instant à l'extérieur de l'enceinte. Il était inutile de réveiller le camp. Je suis venu pour prévenir Omendap et l'ai trouvé agonisant, à demi inconscient. J'ai alors alerté Hatchepsout, le seigneur Sethos et un médecin.

— Nous avons fait tout ce qui était possible, déclara fermement Hatchepsout en saisissant le médecin par l'épaule. Cela doit rester secret, tu as compris ? Sinon, je t'assure que tu ne garderas pas ta tête sur tes épaules.

Le médecin, un vieil homme au visage étroit, la fixa gravement.

— Je comprends, Majesté. Si la maladie d'Omendap se savait dans le camp…

Hatchepsout fit claquer ses doigts.

— Senenmout ! Ordonne à quelques-uns de tes sbires de venir garder cette tente. Personne, absolument personne ne doit en sortir. Médecin, si Omendap meurt, tu mourras aussi. S'il vit, tu vivras et je remplirai d'or fin cette coupe dont tu te sers.

Ils sortirent et la suivirent dans sa tente. Amerotkê fut surpris par l'austérité de celle-ci : un simple lit de camp, quelques coffres précieux, une petite table portant des coupes de vin et une cruche d'eau. Des vêtements étaient éparpillés sur le sol. On avait déposé sur des tréteaux sa cuirasse et la couronne de guerre de l'Égypte, par terre, à côté, un bouclier rond et une ceinture de guerre avec son épée courbée et une dague. Hatchepsout s'assit sur un tabouret et enfouit son visage dans ses mains. Sans un mot, les autres prirent place par terre autour d'elle, jambes croisées.

— Cela devait arriver ! dit-elle enfin en levant la tête. Il fallait qu'Omendap meure. Quand je rentrerai à Thèbes, j'obligerai Rahimere à avaler ses couilles puis je lui trancherai la tête !

Elle essuya le coin de sa bouche, pâle, les traits tirés, les yeux élargis.

— Je les arrêterai tous les uns après les autres et les ferai crucifier contre les murs de Thèbes ! C'est Rahimere qui a fait ça, avec l'aide de sa bande. Leur but est de faire disparaître Hatchepsout dans les sables avec son armée !

— Majesté, nous ignorons encore si Rahimere est vraiment responsable de cet attentat contre Omendap, observa Amerotkê.

— Nous ignorons, répéta-t-elle en le singeant d'un air moqueur. Nous *ignorons*. Et que comptes-tu faire maintenant, Amerotkê ? Réunir le tribunal ? Chercher des preuves ?

Amerotkê allait se lever pour répondre, mais Senenmout l'en empêcha en lui maintenant le poignet.

— Ma reine, dit-il à sa place, Amerotkê donne simplement un conseil. Le tueur peut être quelqu'un d'autre. Pour l'instant, ce n'est pas le moment de le montrer du doigt. Le dieu Amon-Rê connaît la vérité. Justice sera faite.

— Nous n'avons pas de dieux, soupira Hatchepsout. Seulement le sable, le vent et une chaleur suffocante.

Elle avait parlé avec passion et violence. Amerotkê tressaillit devant la haine qui crispait sa voix. Croyait-elle encore en quelque chose ? Avait-elle changé au point que ses seuls dieux étaient à présent l'ambition et le pouvoir ?

Elle se redressa et respira profondément.

— Senenmout, fais venir le Mitannien !

Son conseiller disparut. Quelques instants plus tard, les gardes introduisirent un homme sanglant et couvert d'ecchymoses, vêtu d'une cuirasse de cuir noir lacérée, la barbe et la moustache collées par le sang. Un de ses yeux était fermé et on lui avait arraché ses pendants d'oreilles. Le prisonnier fut jeté aux pieds d'Hatchepsout. C'était la première fois qu'Amerotkê voyait un guerrier mitannien. Il était petit, râblé, le crâne rasé sur le front mais couvert, à l'arrière, de longs cheveux noirs et huilés qui lui retombaient sur les épaules. Sa bouche était parcheminée et Senenmout s'accroupit près de lui pour glisser une coupe entre ses lèvres. L'homme but avidement.

— Tu vas mourir, lui dit Senenmout. Mais tu peux décider si tu veux mourir vite ou te dessécher au soleil et être la proie des hyènes et des chacals.

L'homme sursauta et s'assit sur ses talons.

— Croyez-vous qu'il comprenne notre langue ? demanda Sethos.

Senenmout parla de nouveau, cette fois dans une langue gutturale. Le Mitannien se tourna vers lui avec un rictus, léchant ses lèvres tuméfiées de sa langue épaisse. Senenmout prononça encore quelques mots et regarda Hatchepsout.

— Je lui ai proposé la vie sauve.

— Tu peux bien lui offrir le trône de Thèbes. Pour ce que j'en ai à faire ! lança-t-elle.

L'interrogatoire se poursuivit et, un moment plus tard, Senenmout blêmit. Le Mitannien s'en aperçut et se mit à ricaner jusqu'à ce que Senenmout le frappe durement au visage et appelle les gardes.

— Emmenez-le à l'extérieur du camp et coupez-lui la tête !

Le Mitannien fut hissé sur ses pieds et traîné au-dehors sans ménagement. Senenmout rabattit le pan de la tente et reprit sa place dans le demi-cercle assis aux pieds d'Hatchepsout.

— Les Mitanniens se sont emparés d'une oasis et de l'une de nos forteresses au nord-est. Leurs unités de chars sont proches. Ils ont pillé les mines et employé les richesses volées à soudoyer les nomades du désert et les habitants des sables. C'est la raison pour laquelle nos éclaireurs ne sont pas revenus. Les informations qui nous ont été communiquées sont fausses. Toushratta n'est qu'à un jour de marche d'ici. Son armée est au moins deux fois plus nombreuse que la nôtre, bien approvisionnée et armée, équipée de plus de six mille chars lourds. S'ils se lancent à l'assaut, ils peuvent dévaster notre camp.

— Mais attaqueront-ils ? demanda Hatchepsout.

Elle avait posé les mains sur ses genoux et son attitude évoquait pour Amerotkê la déesse Maât. Toute émotion avait disparu de son visage, maintenant calme et translucide. Son regard se perdit au-dessus de leurs têtes.

— Ils peuvent continuer à se dissimuler, déclara Senenmout. Ils ont des provisions et de l'eau courante. Mais s'ils décident d'attaquer, ce sera pour bientôt et pour nous détruire totalement.

Hatchepsout inclina la tête et garda le silence. Amerotkê perçut au-dehors la rumeur du camp, le hennissement des chevaux.

— Tu avais promis au Mitannien la vie sauve, fit-il observer.

Senenmout haussa les épaules.

— Seigneur Amerotkê, je le lui avais promis pour un court instant, et sa mort aura été rapide. Si je l'avais laissé en vie, il aurait pu raconter à ses maîtres combien nous sommes vulnérables ou, pis encore, répandre ici le bruit que les Mitanniens nous sont très supérieurs. Toute une foule entoure notre camp, la racaille habituelle qui suit une armée. Ils se débrouillent pour être toujours au courant de ce qui se passe en son sein. Ils auraient alors pris la fuite et les Neferous les auraient suivis. En peu de temps, nos forces auraient été décimées.

— Ils attaqueront bientôt, interrompit Hatchepsout d'un ton sec. Amerotkê ! Prends avec toi quelques chars pour t'escorter. Tu vas retourner en arrière et ordonner à Nebanoum de nous rejoindre à marche forcée avec le régiment Anubis. Seigneur Senenmout, je remplacerai moi-même le général Omendap. Son indisposition doit rester secrète. Je veux que l'on renforce le camp. Les unités de chars s'en éloigneront en direction du nord et tu n'en laisseras ici qu'un petit nombre.

Elle se leva, frappa dans ses main et reprit :

— L'aube va se lever d'ici une heure. Amerotkê !

Elle se dirigea vers une petite table, prit l'un de ses sceaux personnels et le lui glissa dans la main.

— Si Nebanoum refuse d'obéir, tue-le.

Elle frappa de nouveau des mains.

— Venez, tous ! Il n'y a plus de temps à perdre !

Peu après, Amerotkê quittait le camp avec son cocher en compagnie d'un petit groupe d'autres chars. Ils reprirent en sens inverse la route poussiéreuse et sinueuse qu'ils avaient empruntée la veille, envahis par un étrange sentiment en regardant le ciel s'éclaircir et le soleil se lever. Avec ses rives luxuriantes, le Nil scintillait dans la chaleur du matin, des nuées d'oiseaux s'envolaient sous la menace de quelque animal tapi dans l'ombre, un crocodile ou un hippopotame. Le désert, à leur gauche, prenait des tons rouge et or comme pour saluer les premières lueurs du jour. La fraîcheur de la nuit disparaissait. La rosée eut tôt fait de s'évaporer et le soleil se leva dans toute sa splendeur telle une boule de feu. Obéissant aux ordres d'Amerotkê, les chars restaient groupés, roulant à trois de front, un en avant et un autre couvrant leur flanc gauche, pour éviter toute surprise. Quand le soleil monta dans le ciel, ils se mirent au galop, les plates-formes se balançant et cahotant sur la route.

Ils firent halte à midi et gagnèrent l'ombre de quelques palmiers sur les rives pour se reposer de la chaleur. Les chevaux furent abreuvés et nourris. Les hommes aussi mangèrent et burent. Comme Amerotkê, ils avaient revêtu leur tenue de combat : corselet de bronze, pagne de lin recouvert de bandes de cuir et sandales étroitement lacées. Les cochers avaient le cou protégé par une plaque métallique et portaient un large collier de bronze ainsi qu'une sorte de pagne. Les chars légers étaient équipés d'un carquois, d'un arc et de javelots.

Les hommes n'avaient pas commenté les ordres d'Amerotkê. Ils appartenaient à son propre escadron et se contentaient d'obéir. Mais leur malaise était perceptible. D'un côté coulait le Nil au cours paresseux, de l'autre se déployait le désert silencieux quoique bruissant de mille vies invisibles. Amerotkê se demanda si la rumeur s'était répandue. Les hommes sentaient-ils la présence toute proche d'une énorme armée de Mitanniens prêts à fondre sur eux ? Ils connaissaient le but de leur voyage : contraindre le régiment Anubis à presser le pas. Ils devaient donc soupçonner que quelque chose n'allait pas. Amerotkê se leva et escalada la rive surélevée, puis resta là, les mains sur les hanches à contempler le désert écrasé de chaleur. L'air tremblait, déformant la silhouette lointaine des rochers et les creux parsemant le sol. Une armée pouvait y dissimuler son avance, se dit-il en rejoignant le groupe.

— Il faut partir !

Les hommes se hâtèrent d'atteler de nouveau les chevaux. Amerotkê éprouvait la déplaisante sensation d'être épié. Rafraîchis, les chevaux s'ébrouèrent et se mirent au petit galop. Le silence fut brisé par le grondement des roues et les cris des cochers.

Ils atteignirent le camp de l'Anubis peu après la tombée de la nuit. Amerotkê ordonna à son escorte de rester au-dehors, de ne boire et manger que ce qu'ils avaient eux-mêmes apporté. Puis, accompagné d'un officier, il pénétra dans le camp. Celui-ci était fort bien organisé, avec une palissade et un fossé défensif réglementaires ainsi qu'un autel au dieu en son centre. Mais nulle part ne régnaient l'activité et la tension auxquelles Amerotkê s'attendait. Les yeux lourds de sommeil, Nebanoum sortit de sa tente vêtu d'une simple robe de lin. Les traits anguleux, les paupières tombantes, il gratta son crâne chauve et bâilla pendant qu'Amerotkê se présentait puis, se tournant vers le prêtre qui se tenait derrière lui, réclama une coupe de bière. Il en prit une gorgée, la tourna dans sa bouche et la recracha par terre, manquant de peu les pieds d'Amerotkê.

— Ainsi Omendap t'envoie !

Il jeta un coup d'œil au-delà d'Amerotkê à la bannière plantée devant l'autel.

— Je suppose que tu m'apportes l'ordre de me hâter. Mais il n'est pas question que je marche autrement qu'en fonction du confort de ma personne et de mon cheval.

Et, sur ces mots, il bâilla de nouveau.

En souriant, Amerotkê s'approcha et tendit le cartouche qu'Hatchepsout lui avait confié.

— Seigneur, ce n'est pas le général Omendap qui m'envoie, mais la reine elle-même.

Nebanoum se força à sourire à son tour et, respectant le protocole, s'inclina pour effleurer le cartouche de ses lèvres.

— Mes ordres sont extrêmement simples, poursuivit Amerotkê. Je représente ici Pharaon et son divin pouvoir.

— Vie, santé et prospérité, murmura cyniquement Nebanoum.

— Tu as ordre de te mettre en marche dans l'heure qui suit, commanda Amerotkê.

Il dégaina son épée et l'officier qui l'accompagnait fit de même.

— Sinon je t'exécute sur-le-champ et je prends le commandement à ta place. Telle est la volonté divine de Pharaon !

L'attitude de Nebanoum changea de manière surprenante. Amerotkê songea qu'Hatchepsout et Senenmout avaient commis une erreur en traitant avec trop de bonté ce commandant douteux, ce qui l'avait rendu insolent et poussé à la désobéissance. Mais, comme tout officier, il devait se soumettre à l'autorité de Pharaon.

Une heure plus tard, le camp était levé, les bagages chargés, les chevaux attelés aux chars et, avant que le soleil ne se lève, le régiment Anubis avançait rapidement sur la route. Des colonnes d'hommes en armes marchaient vers le nord entraînées par le son éclatant des trompettes et le roulement des tambours.

Amerotkê décida de rester à l'arrière avec son escorte. Quand les premières lueurs du jour apparurent, on put distinguer l'épais nuage soulevé par le piétinement des hommes et par les chars.

Au début, la troupe avait grogné devant ce brusque départ inconfortable et la maigreur des rations allouées, puis elle s'anima peu à peu, reprenant en chœur les hymnes de guerre entonnés par les prêtres. Mais, avec l'apparition de la chaleur, les membres se firent douloureux, la respiration devint difficile dans la poussière et, bientôt, le silence s'établit, troublé seulement par les grincements des chars et les pas de ces milliers de pieds.

De courtes pauses étaient accordées de temps à autre pour distribuer de l'eau, puis la marche reprenait.

Vers la fin de l'après-midi, Amerotkê réalisa qu'ils n'étaient plus très éloignés du camp d'Hatchepsout. L'étendue sablonneuse se couvrait peu à peu de broussailles, d'arbres, et faisait place à une végétation plus abondante. La lourde chaleur du jour ne s'était pas encore dissipée. Soudain Amerotkê perçut des cris et des appels. Les chars des éclaireurs rebroussaient chemin l'un après l'autre et remontaient la colonne. Amerotkê demanda à son cocher d'accélérer et, bientôt, le bruit de la bataille, semblable à un tonnerre, lui parvint de sa droite. Il atteignit la tête de la colonne conduite par Nebanoum, entouré de ses officiers. Eux aussi avaient entendu le grondement et aperçu à l'est le nuage de poussière. Un des éclaireurs, revenant à toute bride, retint son cheval en les apercevant. Il était blessé, une flèche plantée dans son épaule. Quand son compagnon sauta à terre, ils constatèrent que son casque était enfoncé et son arc brisé. Il le jeta sur le sol et s'agenouilla devant Nebanoum.

— Les Mitanniens, monseigneur ! Une nuée de chars !

Mais Nebanoum ne l'écoutait pas. Le regard fixé au-delà de la bande désertique, il restait figé sur place.

— Par tous les dieux ! s'écria Amerotkê, donne à tes hommes l'ordre de se déployer !

Mais dans les rangs régnait déjà la confusion. Des vétérans décrochaient leurs boucliers et s'efforçaient d'imposer un peu d'ordre alors que les nouvelles recrues, saisies de panique devant le vacarme de la bataille toute proche et le retour des chars envoyés à l'avant, se bousculaient et brisaient les rangs, sourdes aux cris de leurs officiers. Soudain, Amerotkê aperçut avec horreur un mur de chars émerger de la poussière. Les Mitanniens chargeaient en rangs serrés, leurs chevaux galopant comme le vent, étendards déployés. Le régiment Anubis fut aussitôt en proie au chaos le plus complet. Les chars égyptiens fonçaient à la rencontre de l'ennemi, certains fantassins tentaient de se regrouper en phalange derrière leurs boucliers. Les officiers les plus expérimentés rejoignirent rapidement leur poste mais Nebanoum, sautant dans son char, hurla à son cocher, qui lançait les chevaux au galop, de s'écarter de la vague de bronze fonçant vers eux.

Amerotkê jura. Le camp d'Hatchepsout n'était sans doute qu'à quelques lieues de là. Si l'Anubis se dispersait et fuyait, les Mitanniens les poursuivraient jusque dans le camp. Il rassembla son escorte en criant et quelques chars le rejoignirent, mais les autres ne donnèrent pas signe de vie. Les Mitanniens étaient maintenant tout proches. On distinguait la tête de leurs chevaux tendue vers l'avant avec leurs plumes de guerre, et le reflet du soleil sur le bronze des chars. Amerotkê reconnut leurs cuirasses de plaques noires, leurs casques de guerre aux formes grotesques. Des flèches sifflèrent dans l'air. Des hommes s'écroulèrent çà et là. Comme une vague courant sur le rivage, les Mitanniens rompirent les rangs du régiment Anubis en pleine désintégration. Le front de la colonne fut épargné, mais Amerotkê vit les hommes alignés tomber les uns après les autres, repoussés par la charge des chevaux, écrasés sous les roues munies d'éperons. Quelques-uns, plus courageux, tentèrent de sauter sur les chars, mais ce fut pour basculer aussitôt en arrière sous les coups des lances, des épées ou des arcs de corne portés par les archers. Les chars des Mitanniens étaient plus lourds que ceux des Égyptiens, avec leurs roues placées au milieu et des essieux renforcés afin de pouvoir porter un cocher, un lancier et un archer. Les Égyptiens tombaient comme des quilles et le flanc droit de l'Anubis s'effondra tandis que les flèches volaient de tous côtés dans une orgie de massacre. Les chevaux, couverts d'écume sous les coups de fouet, s'enfonçaient dans les rangs comme une épée. Toute discipline avait disparu. Dans leur panique, les soldats jetaient par terre boucliers, arcs et épées. Derrière les chars ennemis s'avançaient des hordes de fantassins. Parfois, un char mitannien faisait demi-tour pour lancer ses trois passagers dans la bataille. Les Égyptiens se battaient corps à corps, frappant de leur massue ou de leur lance. Les soldats venant de l'arrière arrivaient maintenant en renfort, se pressant de plus en plus vers la tête de la colonne. La première vague de chars mitanniens revenait au combat, balayant tout sur son passage. Une épaisse poussière obscurcissait le ciel où tournoyaient les vautours, attirés par le bruit et l'odeur âcre du sang.

Un des officiers d'Amerotkê se dressa devant son char et s'agrippa à son bord.

— Seigneur ! Il faut prévenir l'armée !

Amerotkê approuva d'un signe de tête. Fermant les yeux, il évoqua le camp égyptien, long et rectangulaire. L'enclos royal était situé à l'extrémité la plus éloignée.

Il éviterait donc l'entrée principale et galoperait le long du flanc est pour aller avertir Hatchepsout et Senenmout de ce qui était arrivé. Il fit signe au cocher. L'homme poussa un soupir de soulagement et fit claquer les rênes. Le char s'élança. Effrayés par le fracas et les clameurs qui s'élevaient tout autour, les chevaux ne demandaient qu'à s'éloigner du lieu du massacre et se mirent bientôt au galop. Amerotkê cria ses instructions au cocher pour couvrir le grondement des roues et le bruit des sabots.

D'un coup d'œil en arrière il constata que le régiment Anubis disparaissait sous un épais nuage de poussière. Quelques hommes avaient réussi à échapper à la mêlée, mais ils étaient poursuivis par des chars. Les Mitanniens les avaient repérés et avaient envoyé un détachement sur leurs traces. Le cocher lança un avertissement et Amerotkê vit que des chars mitanniens se dirigeaient vers eux pour couper leur route ou simplement les massacrer. Il saisit son arc et y inséra une de ses longues flèches. Penché sur le côté et bien calé sur ses pieds, il fit une rapide prière pour que les roues ne cèdent pas et que les chevaux ne trébuchent pas. S'il tombait, il serait blessé ou assommé et il savait que les Mitanniens ne faisaient pas de prisonniers. Le cocher encourageait les chevaux de ses cris. Certes les chars égyptiens étaient plus légers et leurs chevaux plus rapides, mais ceux-ci avaient derrière eux deux jours de marche forcée. Celui de droite fit un faux pas et le char se balança dangereusement. Ils avaient distancé le groupe de Mitanniens mais l'un des chars, plus astucieux, décrivait un arc de cercle pour leur bloquer le passage. Le monde se limita brusquement au galop des chevaux, au vacarme des chars, au sol rocailleux sur lequel ils roulaient, à la poussière et à ce char de guerre aux couleurs noir et or qui s'élançait vers eux.

Amerotkê vit qu'un des chars s'était détaché de son escorte pour se porter à son aide. Le cocher avait vu ce qui se passait et Amerotkê remercia les dieux pour sa bravoure. Au moment où le Mitannien s'approchait, l'officier banda son arc et le cocher lui cria de viser les chevaux, ce qu'il fit. Le char ralentit et Amerotkê à son tour banda son arc. Inutile en effet de viser les hommes protégés par des boucliers. Il lâcha sa flèche et pensa un instant avoir manqué son but, mais l'un des chevaux de l'ennemi s'écroula. Le char poursuivit un instant sa route penché sur un côté et alla s'écraser sur les rochers. Amerotkê était libre. Ses chevaux semblèrent retrouver des forces et, peu après, il aperçut au loin les palissades du camp d'Hatchepsout.

Au camp, Hatchepsout était montée au sommet du parapet, entourée de ses officiers. Tous avaient été alertés par l'éloquent nuage de poussière qui s'élevait au loin et à travers lequel on distinguait parfois l'éclat du bronze.

— Des chars lancés à toute allure, murmura Senenmout à son oreille. On dirait une nuée de sauterelles !

Hatchepsout sentit sa gorge se serrer. Était-ce bientôt la fin ? Ici, dans le désert du nord ? Son corps, oint de parfums et d'huiles précieuses, serait-il abandonné aux chacals et aux hyènes ? Les rites de l'embaumement, qui seuls permettraient à son kâ d'accéder à l'éternité, lui seraient-ils refusés ? Fallait-il voir là une punition d'Amon-Rê ? Elle sentit une faiblesse amollir ses jambes et un voile de sueur lui recouvrir le corps. Autour d'elle, les officiers poussaient des cris. Des chars avaient percé le nuage de poussière et on pouvait distinguer qu'ils étaient égyptiens et lancés à toute allure.

— Descends, lança Senenmout d'une voix rauque. Tu n'es pas encore un dieu, ma reine.

Hatchepsout sentit que la panique s'était emparée des officiers et des hommes qui l'entouraient. Elle saisit le poignet de Senenmout.

— Que se passe-t-il ? Que se passe-t-il ? Je t'ordonne de me le dire !

Senenmout la tira en bas et elle ne put que le suivre à travers le camp.

— Va immédiatement à ta tente ! lança-t-il en la poussant en avant. Et mets ta cuirasse !

Avant qu'elle ait pu soulever une objection, il s'était déjà éloigné et criait des ordres. Tout autour d'elle, dans une folle agitation, les hommes saisissaient les armes qu'ils avaient sous la main ou rejoignaient leur unité de chars où les cochers attelaient déjà les chevaux. Des trompettes sonnaient. Des officiers agitaient les baguettes blanches signes de leur charge. Senenmout réalisa qu'il ne pouvait faire grand-chose ici et se dirigea vers l'enclos royal dont les sbires protégeaient la palissade. Des mercenaires, coiffés de leurs casques à corne, étaient massés devant la porte d'accès. Senenmout se fraya un chemin. Dans sa tente, Hatchepsout était en train de s'équiper. Elle avait jeté sa robe par terre et passé sa cuirasse, une longue gaine de protection qui la couvrait du cou au mollet. Elle était pâle et Senenmout l'aida à lacer ses sandales. Elle suspendit à son épaule la ceinture portant ses armes et, avant que Senenmout ait eu le temps de réagir, saisit le casque bleu que les pharaons coiffaient en période de guerre pour le fixer sur sa tête. Un vacarme parvint jusqu'à eux de l'autre extrémité du camp où les chars mitanni tentaient de pénétrer de force. Un officier accourut pour rendre compte de ce qui se passait.

— Le régiment Anubis a été pris dans une embuscade ! parvint-il à dire, tout essoufflé. L'armée mitannienne l'a écrasé et poursuit les survivants à l'intérieur du camp !

Hatchepsout ferma les yeux. Senenmout murmura quelque chose mais elle ne l'entendit pas. Elle s'était reportée en pensée dans le jardin royal de son enfance quand elle n'était qu'une petite fille à côté de son père.

De son bâton, celui-ci dessinait sur le sol en les commentant les mouvements de troupes qui avaient assuré ses victoires.

— Ma reine !

Hatchepsout ouvrit les yeux. Amerotkê se tenait à l'entrée de la tente, son visage et sa cuirasse couverts de poussière, égratigné aux joues et à l'épaule, les hommes de son escorte massés derrière lui. Hatchepsout lui fit signe d'avancer. Elle saisit un gobelet, l'emplit de vin et le lui tendit.

— Je sais ce qui est arrivé, lui dit-elle en désignant une table couverte de papyrus. À présent, indique-moi clairement les positions, Amerotkê, afin que je voie quels espoirs il nous reste.

Amerotkê avala une gorgée de vin, saisit un stylet et le trempa dans un gobelet d'encre rouge. Mais il ne pouvait contenir le tremblement de sa main. Ses yeux s'emplirent de larmes et son estomac se contracta comme s'il avait trop bu. Senenmout s'aperçut de son trouble.

— Cela passera, lui dit-il d'un ton rassurant. Allons, Amerotkê, ne te trouble pas. Cela passera.

Le juge se frotta les yeux. Il avait réussi à pénétrer dans le camp par une porte latérale en criant aux gardes de le laisser passer et à atteindre l'enclos royal. Comme il aurait voulu que Shoufoy soit là en train de le rassurer !

— Montre-moi ! insista Hatchepsout sèchement.

Amerotkê dessina un rectangle.

— Voilà le camp, expliqua-t-il en tirant un trait en bas de celui-ci, et voici l'enclos royal.

Il pointa le stylet vers le haut du rectangle.

— Ici se trouve l'entrée principale. Le régiment Anubis a été écrasé. Il était mal dirigé et mal préparé. Les hommes ont été pris de panique et les survivants cherchent maintenant à pénétrer dans le camp.

Cette fois, il traça une flèche sur la gauche en direction de la porte principale.

— Les Mitanniens s'engouffrent par là. Pas une patrouille ou quelques escadrons, mais une armée de chars soutenue par des phalanges d'infanterie en nombre incalculable. Ils essaient de forcer les barricades.

— S'ils y parviennent, intervint Hatchepsout, c'est la route la plus facile. Pas le parapet, mais la porte principale. Ils se déverseront à l'intérieur, renverseront les tentes et les chariots.

Elle désigna le bas du rectangle.

— C'est là que sont massées la plupart de nos unités de chars.

Son doigt se déplaça un peu vers la droite et s'immobilisa sur la ligne d'une oasis.

— Et là se trouveront les autres. Senenmout, pars immédiatement prendre le commandement de ces escadrons.

— Mais toi, ma reine ?

Hatchepsout s'empara du stylet d'Amerotkê et traça une flèche partant de l'enclos royal en direction de l'entrée principale.

— Les chars des Mitanniens sont lourds, leurs chevaux fatigués. Les hommes s'intéresseront surtout au pillage.

Elle fit signe à un officier.

— Tu es bien Harmosie, le commandant du régiment Isis ?

— Oui, ma reine.

Hatchepsout entendait au-dehors les cris et le fracas des armes, mais sa voix ne faiblit pas.

— Je te nomme à présent commandant de ce camp.

— Et le seigneur Omendap ?

— Il a des fièvres. Maintenant, écoute-moi bien. Je ne te donne qu'un seul ordre : former tes hommes en phalange un peu au-delà de l'enclos royal, comme un mur, et contenir les Mitanniens. Tu ne cherches pas à avancer, je répète, tu ne cherches pas à avancer avant que nos chars interviennent !

Le Conseil se dispersa et Senenmout partit à la hâte. Bien déterminée maintenant, Hatchepsout donna encore quelques ordres puis vint frapper Amerotkê à l'épaule d'un air malicieux.

— Viens. Allons maintenant faire justice de nos ennemis !

Amerotkê leva vers elle un regard las.

— Le moment de tuer est venu ?

— Oui, Amerotkê, répondit-elle tranquillement. Pour prendre le pouvoir, il faut tuer ! Pour le garder, il faut tuer ! Pour le renforcer, il faut tuer ! Si tu es né d'essence divine, c'est ton lot. Tu n'as pas le choix !

CHAPITRE XIV

Accompagné d'Hatchepsout et de ses officiers, Amerotkê rejoignit les unités de chars. Obéissant aux ordres de leurs chefs, les troupes se regroupaient à l'extrémité la plus éloignée du camp. Une longue file de chars s'étirait sur les sables, les chevaux hennissant et caracolant en faisant danser leurs plumets de guerre, tandis que les cochers vérifiaient rênes et harnais et s'assuraient que carquois et javelots étaient en ordre. Le soleil de cette fin d'après-midi jetait des éclats chatoyants sur les équipements de bronze et d'or et sur le fer des lances. Dans le mouvement, on entendait grincer les roues des chars alors que les officiers parcouraient la colonne en répétant leurs ordres, apparemment indifférents au chaos qui régnait dans le camp. L'armée allait marcher derrière la divine Hatchepsout ! Quant aux troupes placées à l'extrême droite, elles devaient décrire un arc de cercle pour venir tailler en pièces le flanc et l'arrière des Mitanniens. Le seigneur Senenmout se porterait sur l'autre flanc avec une unité de soutien pour refermer le piège. Les fantassins et les sbires du camp étaient chargés, eux, de contenir l'ennemi. Pris dans les mâchoires de cet étau, les Mitanniens ne pouvaient qu'être vaincus. La tactique était simple et les instructions répétées maintes et maintes fois.

Amerotkê grimpa sur son char. Le cocher avait changé les chevaux et il eut un sourire.

— Cette fois, maître, nous allons avoir une surprise !

Amerotkê allait répondre quand une acclamation monta des rangs. Debout sur son char, protégée par son principal garde du corps, Hatchepsout passait en revue les unités de chars. Elle portait la couronne de guerre bleue et une cuirasse de bronze étincelant au soleil. D'une main, elle tenait une lance, l'autre posée sur le bord du char. Sans un mot, elle fixait les visages de ces hommes alignés devant elle comme pour mieux leur faire saisir, par sa seule présence, les enjeux qui les attendaient. Malgré l'urgence de la situation, elle prit le temps d'aller jusqu'à l'extrémité de la file puis se retourna. Amerotkê sourit. Hatchepsout était une actrice-née. Debout sur son char, immobile, sa lance dressée, elle était l'incarnation féminine du dieu de la Guerre Montou. Le char s'arrêta et fit demi-tour. Hatchepsout abaissa sa lance et le char avança lentement, suivi par Amerotkê et par les autres chefs. Derrière eux s'élevèrent, tel un hymne à la mort, les grincements et craquements des troupes rassemblées qui se mettaient en mouvement. Tous les yeux étaient fixés sur la petite silhouette dressée derrière l'étendard d'Amon-Rê flottant à l'avant du char. Son cocher était l'un des lieutenants de Senenmout. Il se tourna, le poing levé :

— Longue vie, santé et prospérité à la divine Hatchepsout !

Une clameur salua ces mots. Le char d'Hatchepsout accéléra son avance. Quelque part parmi les unités, un prêtre entama un hymne de guerre :

Hatchepsout, celle qui détruit comme Sekhmet !
Hatchepsout ! répéta la clameur.
Hatchepsout ! Épée d'Anubis !

Cette fois, les cris devinrent assourdissants.

Hatchepsout !
Hatchepsout ! Épée d'Osiris !
Hatchepsout !

La litanie fut reprise par des milliers de voix.

Hatchepsout ! La conquérante !
Hatchepsout ! Fille de Montou !
Hatchepsout ! L'incarnation dorée de Dieu !

Les chars roulaient de plus en plus vite. Amerotkê se demanda si cette litanie s'était élevée spontanément ou si elle avait été arrangée au préalable. Puis il n'eut plus le temps de penser. Le char d'Hatchepsout filait, aussi rapide qu'un oiseau volant au ras du sol, suivi par le grondement de centaines d'autres chars. La terre entière résonnait comme un tambour sous les sabots des chevaux, le craquement des harnais, le fracas du métal. Derrière Hatchepsout, les officiers supérieurs indiquaient la marche à suivre. La ligne de front ralentit quand, à l'extrême droite, l'aile accéléra pour décrire l'arc de cercle prévu. Le bruit de la bataille qui se livrait à l'entrée du camp parvenait jusque-là, porté par la fraîche brise du soir, mais tout ce qu'on pouvait en voir était un grand nuage de poussière blanche. Amerotkê décrocha son arc et se cala solidement sur ses pieds. Les chars étaient maintenant lancés à pleine vitesse. Les chevaux filaient comme des flèches vers les Mitanniens encore inconscients de ce danger, sous l'aiguillon de leurs cochers enivrés par le fracas de la bataille et envahis par le pur désir de tuer. Ils approchaient du nuage blanc et furent bientôt dedans.

Le chaos était indescriptible. Des hommes et des chevaux gisaient sur le sol. Çà et là, des fantassins égyptiens s'étaient regroupés en phalange, mais quelques Mitanniens avaient réussi à les dépasser et à se glisser dans le camp. L'arrivée des chars égyptiens les prit totalement au dépourvu. Les Mitanniens s'intéressaient surtout au pillage et leurs chevaux étaient épuisés. Dans la confusion générale, la lourdeur de leurs chars rendait la manœuvre difficile.

Amerotkê apercevait des visages hurlant dressés vers lui. Il tirait flèche sur flèche, puis saisit son épée et sa massue. Des visages, des mains, des poitrines défilaient devant ses yeux pour disparaître aussitôt dans un jaillissement de sang couvrant son cocher et le fond du char. Autour de lui, chacun était emporté dans un combat singulier. Il devenait difficile de distinguer ses amis de l'ennemi car les cuirasses, les étendards, les casques et les visages étaient recouverts d'une épaisse couche de poussière. Amerotkê leva les yeux. Hatchepsout se battait au cœur même de l'ennemi, dressant et abaissant sans relâche sa lance. Un groupe de sbires parvint à l'entourer, achevant et pourchassant autour d'elle les soldats mitanniens et protégeant leur reine qui s'enfonçait de plus en plus profondément dans les rangs adverses.

Ce fut un combat féroce et sanglant. Des hommes hurlaient et gémissaient, l'ennemi tentait de manœuvrer ses chars pour intervenir dans la bataille. Mais Amerotkê sentit bientôt un changement dans l'air. Dans le camp, les fantassins égyptiens qui avaient entendu leur approche repoussaient maintenant les Mitanniens. Au loin, une trompette se fit entendre, d'autres cris s'élevèrent. Les chars de Senenmout venaient de pénétrer dans l'autre flanc de l'armée ennemie. La bataille tournait au massacre. Les ennemis furent pris dans un étau. Certains tentèrent de fuir et y réussirent, mais les officiers d'Hatchepsout se lancèrent à leur poursuite. Amerotkê sentait ses bras devenir de plus en plus lourds, ses yeux le brûlaient, sa bouche était si remplie de poussière qu'il suffoquait. Autour de lui, ni pitié ni pardon. Les sbires tranchaient la gorge de tous leurs adversaires qui, affolés, jetaient leurs armes. Amerotkê saisit le bras de son cocher.

— C'est terminé, cria-t-il. Fini ! Ce n'est plus une bataille, mais une boucherie.

L'homme se retourna, les yeux écarquillés.

— Partons ! hurla Amerotkê. La bataille est gagnée !

Le cocher fit tourner ses chevaux à contrecœur à travers cette masse confuse, cherchant des interstices dans les rangs égyptiens qui écrasaient l'ennemi vaincu.

Ils s'éloignèrent bientôt de la tuerie. Sous les derniers rayons du soleil couchant, le désert rocailleux semblait recouvert de sang. Les corps s'entassaient sur deux ou trois épaisseurs. Des hommes râlaient, gémissaient, des chevaux tentaient de se libérer des débris de leur char. La foule qui avait suivi l'armée se rassemblait déjà sur le champ de bataille pour piller les corps, achevant les blessés.

Amerotkê prit la direction de la petite oasis verdoyante qui s'étendait juste à côté du camp. Les blessés égyptiens y étaient regroupés pour recevoir des soins. À l'ombre fraîche du bassin, Amerotkê descendit de son char tel un somnambule. Autour de lui les blessés agonisaient, réclamant à boire, un remède, n'importe quoi pour les soulager de leur soif, de la poussière, de la douleur. Amerotkê n'avait plus la force de s'en soucier. Il se débarrassa de sa cuirasse, s'étendit à même le sol et plongea la tête dans l'eau jusqu'au cou pour laper le liquide tel un chien. Il se sentait incapable de bouger, n'aspirant plus qu'à dormir, fermer les yeux et les oreilles. Il prit conscience qu'un homme se tenait près de lui : un mercenaire aux cheveux longs portant une simple cuirasse en cuir ordinaire.

— Une grande victoire, seigneur Amerotkê ?

Le juge leva la tête. Le visage était sombre, dissimulé par une grosse moustache et une barbe. Mais Amerotkê reconnut malgré tout ces yeux en saisissant la main que lui tendait Ménéloto.

Le lendemain matin, les palissades qui entouraient le camp furent abattues et la puissance de l'armée égyptienne put s'y déployer en rangs serrés. Un dais imposant avait été dressé durant la nuit à l'aide de bois et d'autres matériaux provenant des chars ennemis. En son centre s'élevait un large tabernacle drapé de tissus pris dans le camp mitannien à titre de butin. À côté se tenait Senenmout. Il était considéré comme l'un des grands héros de la bataille et, tel un véritable acteur, ne s'était ni lavé ni changé, debout dans son pagne de guerre et sa cuirasse de bronze, son casque dans une main et l'autre posée sur l'épée courbe glissée dans son fourreau. On l'avait chargé de distinguer pour leur bravoure au combat certains commandants et soldats en leur octroyant des aigles d'or. Il aperçut Amerotkê au premier rang et un éclair de malice traversa son regard. Le fait que le juge ait abandonné la bataille quand elle touchait à sa fin n'avait suscité aucun commentaire. Hatchepsout avait fait porter du vin à sa tente à titre de présent. De chaque côté d'Amerotkê se tenaient les commandants d'unités et les principaux prêtres portant les insignes et étendards des différents dieux et régiments d'Égypte.

Aucun d'entre eux n'avait dormi la nuit précédente. Après le pillage du camp mitannien, l'obscurité avait enveloppé la terre et tous avaient commencé à fêter l'écrasante victoire d'Hatchepsout. Toushratta avait réussi à s'enfuir, mais de nombreux nobles de sa suite figuraient parmi les captifs entassés derrière des clôtures hâtivement dressées à l'extérieur du camp. Tous les yeux des fantassins, des cochers, des gardes, des sbires et des mercenaires étaient maintenant fixés sur le grand tabernacle d'or qui se dressait majestueusement au centre du dais. Amerotkê se douta de ce qui allait se passer.

Senenmout leva la main. Les trompettes retentirent et des musiciens placés autour du camp firent éclater des sons aigus. Les prêtres en robes blanches massés autour du dais élevèrent leurs encensoirs et des fumées odorantes montèrent vers l'éclatant ciel bleu comme autant de prières. Le fracas des cymbales remplit l'air et Senenmout se tourna en faisant un signe de la main. Deux prêtres s'élancèrent et repoussèrent lentement les lourds rideaux dorés. Hatchepsout se tenait assise sur le trône d'Horus, parée de vêtements précieux, les pieds reposant sur un tabouret bas et coiffée de la couronne de guerre bleue au bord de laquelle se dressait le cobra d'argent menaçant. Sur une de ses épaules était jeté le superbe manteau de Pharaon, et une robe de lin plissé dissimulait la partie inférieure de son corps. Elle avait les bras croisés, tenant d'une main la crosse et de l'autre le fléau, symboles de la royauté égyptienne. Sur ses genoux reposait l'épée d'or sacrée des pharaons en forme de faucille. Tout autour d'elle, des serviteurs agitaient des éventails formés de grandes plumes d'autruche qui diffusaient dans l'air de précieux parfums. Amerotkê contempla le beau visage d'Hatchepsout qu'il avait vu la veille encore déformé par un rictus terrible durant la bataille. Son regard s'attarda avec curiosité sur la fausse barbe attachée sous son menton comme il se devait pour un pharaon. L'armée entière restait figée devant une telle majesté et la solennité du moment. Immobile comme une statue, Hatchepsout avait le regard fixé au-dessus de la tête de ses soldats.

— Contemplez la perfection de ce dieu ! s'écria Senenmout de sa voix puissante qui s'entendait dans tout le camp. Contemplez l'incarnation en or de votre dieu ! Le trône d'or du dieu vivant ! Contemplez votre pharaon, Hatchepsout, Makaat-Rê, l'âme du saint des saints en personne ! Fille bien-aimée d'Amon, conçue par la grâce divine et la volonté d'Amon-Rê dans le sein de la reine Ahmose !

Senenmout marqua une pause pour laisser ces mots pénétrer les esprits. Il était en train de proclamer Hatchepsout non seulement pharaon mais encore d'essence divine.

— Contemplez votre pharaon, roi de la Haute et de la Basse-Égypte ! poursuivit-il. Horus d'or ! Seigneur du diadème portant le vautour et le serpent ! Roi d'une splendeur durable, bien-aimée d'Amon-Rê !

Il se tut. Un silence tendu plana. Dans l'histoire de l'Égypte, jamais encore une femme n'avait tenu entre ses mains la crosse et le fléau, et jamais on n'avait proclamé une femme « enfant de dieu, roi, maître des neuf arcs ».

— Hatchepsout !

Un cri s'éleva derrière Amerotkê, aussitôt repris par l'armée tout entière.

— Hatchepsout ! Hatchepsout ! Hatchepsout !

Les soldats se mirent à frapper leur bouclier de leur lance et le bruit enfla. Les acclamations montaient vers le ciel comme si elles devaient atteindre, bien au-delà de l'extrémité de la terre et de l'horizon, la demeure même des dieux. Les rangs fléchirent et, avec toute l'armée, Amerotkê s'agenouilla, le front pressé contre le sol en signe de totale soumission.

Amerotkê sourit. Hatchepsout venait de remporter une double victoire, sur la guerre et sur la paix. Les trompettes retentirent et les hommes se relevèrent. Senenmout fit amener devant le trône cinq des plus nobles prisonniers, les mains liées dans le dos, et leur ordonna de s'agenouiller.

Hatchepsout se leva, s'empara de la massue de cérémonie que lui tendait un des prêtres et, saisissant par les cheveux chacun des prisonniers solidement maintenus par deux soldats, l'abattit fortement. Amerotkê ferma les yeux. Il entendit les râles et les gémissements des prisonniers, le son terrible des crânes qui éclataient. Quand il les rouvrit, les cinq captifs, vêtus seulement d'un pagne, gisaient sur le sol dans une mare de sang.

De nouvelles acclamations saluèrent Hatchepsout. Senenmout remercia en son nom ses « chers soldats » et distribua de nouvelles récompenses. Il annonça que le butin résultant du pillage serait partagé, qu'un défilé de victoire serait organisé dans la ville de Thèbes et le royaume consolidé. Nebanoum fut amené devant la reine et Senenmout agit rapidement. Il donna l'ordre qu'on l'entraîne au-dehors du camp pour être lapidé à mort par les soldats de chaque unité. Hatchepsout regagna son trône et les draps d'or se refermèrent autour d'elle comme les portes d'un tabernacle, dissimulant l'incarnation du dieu aux regards impurs des hommes.

Amerotkê leva les yeux vers la grande pyramide, admirant ses harmonieux degrés de calcaire qui se découpaient sur le ciel. Sa pointe brunie captait les rayons du soleil levant comme la mèche d'une lampe à huile. Sombre, impressionnante, la pyramide éveillait en lui le souvenir de son père qui l'avait amené ici autrefois pour admirer les splendeurs de l'Égypte ancienne.

Personne ne savait pour quelle raison précise les Anciens avaient édifié ces monuments. Amerotkê se souvint des histoires que lui racontait son père : ces constructions étaient liées d'une certaine manière aux dieux des premiers temps, de la période connue sous le nom de Zep Tepi, celle où les dieux descendus du ciel allaient et venaient parmi les hommes. Quand le monde était en paix. Quand le Nil était encore une luxuriante vallée couvrant la face de la terre et non cet étroit ruban vert. Quand le lion était l'ami de l'homme et la panthère un animal familier de sa maison. Son père, qui était un prêtre, connaissait une foule d'histoires de ce genre et affirmait qu'en élevant les pyramides les hommes avaient cherché à retrouver le chemin menant aux dieux.

Amerotkê jeta derrière lui un coup d'œil en direction des quais où était amarrée la flotte impériale. Hatchepsout avait hâte de regagner Thèbes avec ses conseillers avant que n'y parvienne l'armée victorieuse. D'après ce qu'en disait Sethos, elle comptait faire passer en jugement, dès son arrivée, les rebelles et ses adversaires. Aux yeux des troupes elle était maintenant dieu, roi et pharaon et ses décisions avaient force de loi. Senenmout lui-même faisait preuve à son égard d'une extrême prudence et Omendap, remis de l'agression dont il avait été victime et sur laquelle il n'avait pu faire aucune révélation, prenait son avis en toutes circonstances.

Hatchepsout n'avait pas changé physiquement. Ses yeux pétillaient toujours d'amusement et elle aimait flirter avec les hommes, mais ils n'étaient que des armes entre ses mains, de simples instruments. Elle irradiait la puissance, même lorsqu'elle n'était vêtue que d'une simple tunique de lin. Son humeur était capricieuse, comme si elle avait étudié les ressorts de l'âme humaine et savait comment procéder avec elle. Elle pouvait se montrer un moment sous l'aspect d'une séductrice réservée et, l'instant d'après, apparaître comme une jeune femme pétulante. Quand elle baissait la tête en serrant étroitement les lèvres et en regardant par-dessous ses sourcils, un froid glacial s'emparait de son interlocuteur. Hatchepsout ne tolérait aucune opposition. Elle tenait entre ses mains la crosse et le fléau. L'Égypte entière et tous les peuples soumis aux neuf arcs devaient plier devant elle.

Depuis la victoire, elle n'avait adressé qu'une seule fois la parole à Amerotkê. Après que les autres eurent quitté la tente, elle lui saisit les poignets.

— Je ne t'ai pas offert de récompense pour ce que tu as fait, Amerotkê.

Il la regarda sans répondre.

— Mais en désires-tu vraiment une ? poursuivit-elle sur le ton de la taquinerie en posant la main sur son épaule. La voilà ta récompense, Amerotkê. Tu es mon ami. Tu es aimé de Pharaon.

Amerotkê s'inclina devant cet honneur suprême, le plus élevé que puisse accorder un souverain d'Égypte. Être l'ami du roi assurait une protection à vie et le pardon de toutes les fautes passées, comme de celles que l'on pourrait commettre à l'avenir. Sa réponse maladroite jaillit avant qu'il ait pu la réprimer.

— Majesté, déclara-t-il, je vous ai donné mon âme et mon cœur, mais tous deux respecteront toujours la voie de la vérité.

Hatchepsout sourit, saisit sa main et posa un baiser dessus.

— C'est pour cela que tu es mon ami, Amerotkê.

Hatchepsout avait également exercé sa vengeance face à ses troupes. Nebanoum était mort sous une pluie de pierres. D'autres prisonniers furent massacrés. Une fois le camp mitannien mis à sac, des unités de chars avaient été envoyées dans le Sinaï pour reprendre possession des mines, réorganiser la garnison et lancer quelques raids de répression dans le pays de Canaan en y semant la terreur par le fer et par le feu.

— Donnez à ces rebelles une bonne leçon ! avait-elle ordonné. Que mon nom soit proclamé jusqu'à l'extrémité de la terre ! Qu'il soit connu comme l'expression de la puissance de l'Égypte !

Elle avait fait ramasser les cadavres ennemis qui s'entassaient par milliers sous le soleil, dégageant une odeur fétide, et ordonné que l'on coupe le pénis de chacun des soldats pour les rassembler dans des paniers.

— Envoyez-les à Rahimere ! Afin que lui et le peuple de Thèbes connaissent l'étendue de nos victoires !

Personne ne souleva d'objection. La coutume était de couper les mains droites, mais le macabre envoi d'Hatchepsout devait rappeler à tous qu'elle avait frappé dans le monde des hommes et placé toutes choses sous son contrôle. L'émasculation des cadavres ennemis avait aussi pour but d'alerter Rahimere et ses complices en soulignant que d'autres horreurs étaient encore à venir. Les sbires n'avaient manifesté aucun scrupule à accomplir leur sanglante tâche. Si Hatchepsout leur avait ordonné d'escalader le ciel pour lui en rapporter le soleil, ils lui auraient obéi. Elle était non seulement leur pharaon, mais aussi leur déesse, belle, terrible, assoiffée de sang.

Amerotkê soupira. La flotte avait fait escale à Sakkara, où Hatchepsout tenait pour l'instant sa cour, recevant les autorités et les chefs nomarques de la province. Elle acceptait leurs hommages et leurs présents, proclamant sa puissance, confirmant son autorité.

Cette visite aux pyramides était une idée de Méneloto. Quatre jours s'étaient écoulés depuis qu'ils avaient quitté le champ de bataille et les fumées noires des bûchers funéraires obscurcissaient encore les cieux. Méneloto venait toujours le voir de nuit. Il s'accroupissait dans l'ombre et lui racontait comment il avait fui les Amemets et parcouru les Terres rouges où il avait rencontré un groupe de mercenaires qui avait rejoint l'armée royale lors de sa marche vers le nord.

— Je te fais confiance, Amerotkê, avait dit Méneloto. Ton jugement dans la salle des Deux Vérités était honnête et équitable. Mais, pendant que je me trouvais dans le désert, j'ai réfléchi. Tout cela a commencé lors de la visite de Pharaon à la pyramide de Sakkara. Lorsqu'il a franchi les portes secrètes.

— Des portes secrètes ! s'était exclamé Amerotkê.

— Sur le moment, je n'y ai pas prêté attention, avoua Méneloto. Les pyramides, nous le savons, sont trouées de galeries et de passages secrets. J'ai pensé que le divin Pharaon était allé se recueillir auprès de quelque autel ou même qu'il était tombé sur quelque trésor secret. Je suis un soldat, Amerotkê, et je me contente d'obéir aux ordres.

— Combien de fois y est-il allé ? demanda Amerotkê.

— Trois ou quatre fois. Nous avons d'abord visité la pyramide de Khéops sous la conduite d'Ipouwer et d'une petite cohorte. Tous ont attendu au-dehors. Nous, nous avons gravi les marches jusqu'à une petite porte située sur la face nord et, là, nous avons pénétré à l'intérieur par une entrée secrète. J'ai monté la garde pendant que Pharaon et Amenhotep s'enfonçaient plus avant.

— Que faire à présent ?

— Retourner là-bas ! Découvrir ce qui se trouve à l'origine de tout cela.

— Et moi ?

— Tu disposes du cartouche royal et jouis de la faveur divine, dit Ménéloto. On ne posera pas de questions. C'est toi qui as jugé mon cas. Et il y a encore autre chose.

— Quoi donc ? demanda Amenotkê.

— Des Amemets se dissimulent parmi ceux qui suivent le camp. J'en suis certain. Comme les autres chacals que traîne derrière elle l'armée, ils ont pu perdre une partie de leurs biens dans la bataille mais ils ont recueilli un butin considérable.

— C'est probablement ce qui les attire ici.

— Non. Il y a autre chose.

Amerotkê s'éloigna de l'enceinte de toile entourant la pyramide pour examiner au-dehors le terrain rocailleux. Comme il aurait désiré que Shoufoy soit près de lui ! Depuis qu'il avait quitté le camp royal, une sourde crainte ne le quittait plus. Était-ce son imagination qui lui jouait un tour ou était-il réellement suivi ? À moins que ce ne soit l'atmosphère menaçante de ce lieu sacré ? Les formes mystérieuses, les pyramides, les temples mortuaires, les mastabas, les chaussées surélevées et, au loin, le sphinx lumineux, songeur, enfoui dans le sable, contemplant le désert de son regard aveugle.

— Santé et prospérité !

Amerotkê se retourna brusquement. Ménéloto était là, telle une ombre dans la maigre lumière. Il s'était glissé comme un chat le long de l'enceinte. Amerotkê saisit la main qu'il lui tendait. Ménéloto jeta un coup d'œil derrière lui.

— Que se passe-t-il ?

— Je suis inquiet, avoua Ménéloto. Les prêtres gardiens cuvent leur mauvaise bière et se sont endormis. J'ai l'impression qu'on nous épie. Des ombres…

Il se rapprocha et Amerotkê sentit son souffle chargé de relents de vin et d'oignons.

— Crois-tu aux fantômes, Amerotkê ? Crois-tu que les ombres des morts continuent à vivre leur existence propre ?

Amerotkê se frappa la tempe.

— J'ai suffisamment de fantômes ici.

Il voulut s'écarter, mais Ménéloto le retint par le bras.

— Et ton épouse, dame Norfret ?

— Elle va bien, dit Amerotkê avec un nouveau mouvement de recul, aussitôt empêché par Ménéloto.

— Je peux lire dans ton cœur, Amerotkê, comme certainement la moitié de Thèbes. À l'époque où tu t'es engagé officiellement envers Norfret je n'étais encore qu'un officier sans expérience mais je lui faisais la cour.

— Et alors ? interrogea froidement Amerotkê.

— Elle m'aimait beaucoup, répondit Ménéloto en faisant quelques pas en arrière, mais son cœur et son corps étaient tout à toi, Amerotkê. Tu vénères la vérité, lança-t-il par-dessus son épaule, alors accepte les faits tels qu'ils sont !

Ils pénétrèrent dans l'enceinte de la pyramide et s'engagèrent dans le lacis complexe des étroits chemins boueux. Un prêtre gardien se réveilla. Les protestations et les objections moururent sur les lèvres du vieil homme dès qu'il aperçut le cartouche royal à la lueur tremblotante de sa torche. Une voix de femme lança un appel auquel il répondit d'un mot bref en se retournant et, tout en marmonnant à mi-voix, il entreprit de les conduire jusqu'à la base de la pyramide.

— Pourquoi à cette heure ? gémit-il. Il va bientôt faire jour !

— Pourquoi pas ? rétorqua sèchement Amerotkê.

Il arracha la torche de la main du prêtre et commença à escalader les hautes marches abruptes menant à l'entrée de la face nord. Le prêtre suivit. La porte avait été creusée dans le flanc. L'intérieur était sombre et sentait le moisi. Ils allumèrent d'autres torches enduites de poix. Le prêtre s'accroupit à l'entrée.

— J'attendrai ici, dit-il d'un ton grincheux.

Portant chacun une torche, Amerotkê et Ménéloto pénétrèrent dans la pyramide. L'air était chaud et oppressant. Du silence profond émanaient de sourdes terreurs comme si les morts se rapprochaient pour les épier de leurs yeux invisibles. Ils parcoururent la galerie principale jusqu'à son extrémité, tournèrent à gauche et descendirent quelques marches.

— Ce lieu a été violé il y a des siècles, dit Ménéloto, dont la voix se répercutait en écho sur les parois de granit. Les voleurs s'en sont donné à cœur joie en le pillant.

— Comment retrouverons-nous notre chemin pour ressortir ? demanda Amerotkê.

Ménéloto se dirigea vers la paroi et éleva sa torche.

— Pharaon s'en est soucié, lui aussi, répondit-il. Regarde ces pointes de flèches.

Il fallut un certain temps à Amerotkê pour distinguer les marques en forme de feuille dont la pointe était tournée vers la direction d'où ils venaient. Ménéloto s'avança plus loin.

— En voilà une autre ici. Toute la pyramide est ainsi fléchée. Son constructeur, Khéops, n'était pas seulement pharaon mais aussi magicien. L'intérieur de la pyramide est un véritable labyrinthe de galeries et de passages dont certains ne conduisent nulle part. D'autres font tourner l'intrus en rond jusqu'à épuisement total. Aussi faut-il toujours suivre le sens de la flèche. En le respectant, tu retrouves la sortie.

Ils s'enfoncèrent plus avant dans le cœur du monument. Au bord de la panique, Amerotkê contrôlait difficilement sa peur. Les parois étaient parfois si rapprochées qu'ils devaient se mettre à ramper. Dans l'esprit d'Amerotkê ce n'était plus un ancien mausolée maintes fois pillé mais un être vivant qui les épiait en guettant le moment de briser et engloutir leurs corps. Heureusement, Ménéloto connaissait le chemin. Il s'arrêtait fréquemment pour vérifier le sens des flèches sur le mur. Il leur arrivait d'y trouver des signes tracés par d'autres visiteurs. Ils croisèrent un squelette dans un coin, un couteau au manche brisé entre les os de ses doigts crispés. D'autres débris macabres parsemaient çà et là leur chemin.

— Les voleurs n'ont cessé de courir leur chance ici, observa Ménéloto. Quitte à en payer le prix.

Amerotkê se préparait à répondre quand il perçut derrière lui un bruit qui se répercuta en écho.

— Qu'est-ce que ça peut être ?

Il se retourna. Ménéloto sortit sa dague.

— J'en suis certain, insista Amerotkê. Quelqu'un a poussé un cri. (Il regarda Ménéloto.) Serions-nous suivis ?

Ménéloto pointa du doigt le sol sablonneux et la trace de cendres laissée par leurs torches.

— C'est peut-être le prêtre qui nous suit. Mais viens, nous ne pouvons pas nous attarder.

Ils se hâtèrent. À l'extrémité d'une galerie, Ménéloto s'arrêta et poussa un soupir de soulagement. Il s'approcha du mur et pressa du doigt certaines pierres. En abaissant sa torche, Amerotkê distingua des marques au pied de la paroi. Un son lui fit lever la tête. Les pierres se déplaçaient, révélant une porte dissimulée tournant sur des gonds huilés. Une bouffée d'air froid fit danser la lumière des torches.

— C'est du bois, expliqua Ménéloto. Du bois avec un revêtement peint imitant la pierre. (Il éteignit une des torches et la cala soigneusement sous un des gonds.) On ouvre de l'extérieur, expliqua-t-il, mais de l'intérieur, je ne sais pas. C'est là que je suis resté pour monter la garde tandis que le divin Pharaon et Amenhotep poursuivaient leur chemin.

Amerotkê le suivit à l'intérieur. Le corridor s'enfonçait abruptement, les obligeant presque à courir pour garder leur équilibre. En bas, ils ne découvrirent qu'une chambre carrée au sol et aux murs formés de blocs de granit.

— Rien ! s'exclama Amerotkê.

Mais Ménéloto était déjà occupé à examiner minutieusement les murs sur lesquels il appuyait çà et là avec ses doigts. Amerotkê remarqua que, dans un coin, le sable couvrant le sol était légèrement plus élevé et semblait tassé. Il se dirigea vers l'endroit et se mit à creuser. Ménéloto le rejoignit. Ils découvrirent un anneau de fer sur l'une des dalles. Suant et jurant, ils réussirent à soulever la dalle et à l'écarter. Ménéloto abaissa la torche qui révéla plusieurs marches irrégulières s'enfonçant dans le noir. Ils s'y engagèrent, mais, bientôt, la torche, qui déjà n'éclairait que faiblement, fut impuissante à vaincre l'obscurité.

— On se croirait dans une chambre de Duat, remarqua Ménéloto. Un de ces sinistres lieux du monde souterrain.

Il fit un pas en avant et se mit à jurer. Amerotkê se hâta de le rejoindre et, à la lueur vacillante de la torche, ils découvrirent une longue salle voûtée. De grands piliers de bois s'élevaient sur chacun des deux côtés. Ménéloto était entré en collision avec l'un d'eux. En soulevant sa torche, Amerotkê constata que des crevasses s'étaient formées dans le plafond.

— Il menaçait déjà de s'effondrer, dit-il, et on a placé ces piliers pour le soutenir.

— Seigneur, de la lumière ! s'exclama Ménéloto.

Il avait fait quelques pas en avant et Amerotkê se porta à ses côtés. Au premier regard il crut distinguer d'innombrables chiffons tombant du plafond, puis il s'aperçut qu'il s'agissait de lanières de cuir se terminant toutes par un nœud coulant d'où pendaient des squelettes, parfois seulement des crânes, certains suivis d'une cage thoracique ou d'une épine dorsale. D'autres étaient vides et les ossements formaient un petit tas de poussière sur le sol. Ils s'avancèrent au milieu de ces sinistres restes offerts en hommage au pharaon mort. La salle ne semblait jamais devoir prendre fin, pas plus que son macabre contenu. De la poussière, quelques poignées de gravillons s'échappèrent des crevasses du plafond pendant qu'ils marchaient.

— C'est sans doute Khéops qui a construit cela, dit rêveusement Amerotkê. Il a voulu un labyrinthe secret sous sa pyramide, mais il a fait creuser trop profondément et ses ingénieurs ont dû poser ces piliers. Ensuite, pour être certain que personne ne serait au courant, il a fait pendre les esclaves qui y avaient travaillé, désormais gardiens muets de ses secrets.

Ses paroles résonnaient dans l'obscurité. Avec tous ces morts autour de lui, Amerotkê sentait la peur monter en lui. Une armée de pendus. Étaient-ils devenus les gardiens démoniaques de ce lieu secret ? Mais que cherchait à dissimuler Khéops à un tel prix ? Qu'est-ce qui méritait d'être enfoui si profondément dans les entrailles de la terre et scellé par le meurtre ? Autour de lui, Amerotkê ne voyait que les restes de ceux qui avaient peiné ici : lambeaux de vêtements, tessons de poteries, outils.

Ils avançaient toujours entre les grands piliers de bois et les sinistres lanières avec leurs affreux débris, écrasant sous leurs sandales des morceaux d'ossements, de la poussière d'hommes, et finirent par atteindre un mur. Amerotkê leva les yeux vers la grande inscription qui y était gravée en l'éclairant de sa torche. Les hiéroglyphes dataient des temps anciens, mais il avait eu l'occasion de les étudier dans la maison de la Vie. Il déchiffra quelques phrases : « Khéops, bien-aimé du seigneur de la Lumière, pharaon, roi, magicien, a placé derrière ce mur les secrets du temps : les souvenirs de l'époque où les dieux et les hommes vivaient dans la paix et l'harmonie. »

Puis il prononça les mots à haute voix à l'intention de Ménéloto :

— C'était le temps des premiers temps, celui de Zep Tepi, quand l'Être de lumière, le créateur émanant de la pensée du dieu envoya ses émissaires depuis le ciel.

Amerotkê marqua une pause. Un bruit avait retenti dans la salle, comme si on avait fait tomber une arme. Dans le silence mortel ambiant il avait éclaté comme un son de trompette.

— Reste ici, chuchota Ménéloto en allumant une torche fichée dans le mur. Vois tout ce que tu peux trouver.

Amerotkê reprit hâtivement sa lecture, négligeant les hiéroglyphes qu'il ne connaissait pas ou qui étaient trop longs à déchiffrer. Il réalisait à présent ce qui avait provoqué le changement profond de Touthmôsis. Derrière ce mur se trouvaient des archives, des manuscrits, qui parlaient non seulement des dieux, mais d'un dieu, d'un être de lumière, tout-puissant et créateur. Dieu avait autrefois vécu parmi les hommes. Il avait envoyé ses messagers depuis les étoiles, venant de bien plus loin que l'horizon. C'était alors un temps d'accomplissement où toutes les créatures vivaient en harmonie. Jusqu'à ce que l'homme paraisse et assassine les messagers des étoiles auxquels ils donnaient à présent les noms d'Osiris et d'Horus. Amerotkê se mit à la recherche d'une porte dérobée. Il heurta du pied un objet qu'il ramassa. C'était un morceau de métal, ébréché, noirci, mais d'une dureté qu'Amerotkê n'avait encore jamais rencontrée. Ce n'était pas du bronze mais pourtant du métal fait de main d'homme. Il s'en servit pour frapper le rocher qui se creusa sous le coup en le laissant intact. Son geste fit tomber un nuage de poussière du plafond. Il entendit du bruit. Ménéloto revenait en courant.

— Nous avons été suivis, murmura-t-il.

— Par qui ? demanda vivement Amerotkê.

Ménéloto le saisit par le bras.

— Seuls le savent les dieux de lumière. Hâtons-nous !

Amerotkê songea aux Amemets. Après un dernier coup d'œil à l'inscription, il reprit sa torche d'une main, le morceau de métal de l'autre et suivit Ménéloto pour retraverser la chambre de la Mort. Une fois au bas des marches, le capitaine des gardes le poussa dans un coin sombre et éteignit la torche juste au moment où les Amemets, tels des fantômes, se glissaient dans la salle.

Amerotkê ferma les yeux en remerciant Maât que Ménéloto ait laissé sa torche fichée dans une niche à l'autre extrémité, où sa lueur trompa les Amemets. Ils étaient au nombre de huit ou neuf, vêtus de noir de la tête aux pieds, comme des nomades du désert. Chacun portait une torche et une épée nue. Ils s'arrêtèrent eux aussi devant l'horreur du spectacle qui s'offrait à leurs yeux. Il y eut un échange de murmures. Certains hésitaient à poursuivre, mais leur chef insista, désignant de la pointe de son épée la lueur tout au bout.

— Partons maintenant, chuchota Ménéloto. Laissons-les aller.

— Mais il faudrait voir ce qu'il y a derrière ce mur, insista Amerotkê.

Ménéloto secoua la tête.

Les Amemets se glissaient maintenant dans la pénombre de la salle et Amerotkê réalisa qu'ils n'avaient pas le choix. Il fallait fuir et, dans la semi-obscurité, il suivit l'ancien capitaine de la garde en gravissant les marches. Ils étaient à mi-chemin quand une silhouette se dressa tout en haut, vêtue de noir, une torche dans une main et une épée dans l'autre. L'homme poussa un cri et fonça sur eux l'épée en avant. Ménéloto tenta de l'éviter, mais la pointe de l'épée s'enfonça profondément dans sa poitrine. Il tomba en arrière, entraînant avec lui son assassin et bousculant Amerotkê. Tous trois culbutèrent en bas des marches. L'Amemet fut le premier sur ses pieds, mais il avait perdu sa torche. Amerotkê lança violemment sur lui la pièce de métal qu'il tenait à la main. L'homme bascula en arrière contre un des piliers de bois auquel il s'agrippa fortement. Il y eut un craquement, un bruit sec et le pilier glissa, entraînant les autres dans sa chute avec un grondement sinistre et une cascade d'écroulements. À l'autre extrémité, les Amemets voulurent faire retraite, mais la fissure du plafond s'élargissait, laissant échapper une pluie de pierres et de sable.

Amerotkê ramassa la torche et se hâta vers Ménéloto qui gisait au bas des marches. Il tourna son compagnon sur le dos. L'épée l'avait frappé en plein cœur et, dans la chute, il s'était fracassé le crâne sur l'arête d'une marche. Son sang s'échappait de la blessure. Amerotkê chercha son pouls mais ne trouva plus aucun signe de vie. La poussière qui l'enveloppait le fit tousser. Du fond de la pièce lui parvenaient les cris et les appels des Amemets. Il posa sa main sur le visage de Ménéloto, murmura une rapide prière et escalada de nouveau les marches à vive allure. La chambre au-dessus était vide, à peine éclairée par une torche. Amerotkê saisit la dalle par son anneau et, tirant ou poussant sans cesser de tousser dans le nuage de poussière qui montait maintenant du bas, il parvint à la remettre en place, étouffant les sons terribles qui montaient du puits au-dessous. Il saisit alors la torche et parcourut la galerie en sens inverse, veillant à suivre les flèches qui le ramenaient à la vie, vers la porte de la face nord.

CHAPITRE XV

Amerotkê repoussa l'appuie-tête et s'étendit à plat sur le lit. Il libéra doucement son autre bras. Norfret s'agita. Les paupières de ses beaux yeux frémirent tandis qu'elle tournait et retournait son corps parfumé, murmurant dans son sommeil quelques mots qui la firent sourire. Amerotkê l'écouta respirer doucement en contemplant la frise si habilement peinte sur le mur de la chambre. On y voyait deux léopards jouer à un jeu de balle arbitré par un lièvre.

Amerotkê ferma les yeux. Deux semaines s'étaient écoulées depuis qu'il s'était échappé des terribles profondeurs de la pyramide de Sakkara. Après avoir rejoint la flotte impériale, il s'était d'abord baigné pour se débarrasser de la poussière et panser ses égratignures avant de se changer rapidement. Toujours à l'affût, Sethos avait compris que quelque chose n'allait pas. Durant le repas du matin, pris à l'arrière de la galère royale, il avait regardé Amerotkê d'un air interrogateur, mais ce dernier s'était contenté d'un signe de tête. Il avait décidé de ne confier à personne ce qui venait de se passer.

À son arrivée à Thèbes, la flotte royale fut accueillie par de folles réjouissances. Les quais croulaient sous la foule et, sur l'avenue des Sphinx, se pressaient courtisans et visiteurs accourus de partout.

— Vie, santé et prospérité ! hurla la foule quand Hatchepsout, vêtue en pharaon, parcourut la ville dans un palanquin.

Les prêtres se mirent à chanter :

Elle a étendu les mains !
Elle a culbuté l'ennemi !
Les peuples de la terre entière,
Ceux de l'Occident comme ceux de l'Orient lui sont [soumis !
Elle a triomphé de tous les pays, son cœur est [satisfait !
Son visage reflète la beauté d'Amon !
Sa chair dorée la gloire d'Horus !
Cœur de feu ! Lumière de lumière !
Gloire d'Amon-Rê !

Tandis que les auxiliaires à la peau aussi sombre que le charbon aidaient le corps des gardes royaux à contenir la foule, elle gardait son regard implacable fixé droit devant elle. D'immenses plumes d'autruche répandaient en se balançant des parfums luxueux autour de sa divine personne. Hatchepsout restait immobile, ses pieds, chaussés de sandales d'or, posés sur le casque couronné du roi de Mitanni.

Le cortège avait parcouru les rues décorées de Thèbes. Amerotkê marchait devant Hatchepsout. Derrière elle s'avançait l'unité de chars à laquelle il appartenait, longue file étincelante avec ses harnais dorés, ses chevaux parés des plumes de la victoire tirant des chars croulant de butin. Des colonnes de prisonniers de guerre, sales, couverts de poussière, se traînaient péniblement à leur suite.

Le grand portail de bronze du temple s'ouvrit et des prêtresses en sortirent pour saluer leur nouveau pharaon en agitant leurs sistres. De l'encens s'éleva dans l'air et des guirlandes de fleurs épanouies furent éparpillées autour du palanquin. Hatchepsout gravit les marches, fit une offrande d'encens à Amon-Rê et ordonna de sacrifier des prisonniers.

Amerotkê fut heureux de pouvoir s'éloigner. Norfret, ses fils, Asoural, Prenhoe et Shoufoy l'attendaient, réunis dans sa petite chapelle près de la salle des Deux Vérités. Quel merveilleux retour chez lui ! Des jours et des nuits de cérémonies, de fêtes, de banquets avaient suivi. L'estomac d'Amerotkê en souffrait après les maigres rations de la vie de camp. Norfret lui avait réservé un accueil exceptionnel, lui offrant son beau corps nuit après nuit jusqu'à épuisement. Amerotkê avait l'impression de vivre un rêve. Son corps encore endolori lui rappelait les rigueurs de la campagne. Ses songes étaient hantés par des images de la bataille et du carnage des Mitanniens, par la salle des pendus sous la pyramide, par la vision du prêtre gardien qu'il avait retrouvé la tête tranchée près de l'entrée.

Amerotkê se retourna. Il éprouvait un sentiment de culpabilité depuis la mort de Ménéloto et sa fuite de la pyramide. Mais qu'aurait-il pu faire ?

Shoufoy lui avait narré tout ce qui s'était passé durant son absence et il l'avait écouté d'une oreille distraite, sans s'y intéresser vraiment. Enfin, il était de retour chez lui. Les horreurs appartenaient au passé. On ne parlait dans tout Thèbes que de l'accession d'Hatchepsout au trône. Le jeune pharaon, qui n'avait jamais été réellement couronné, fut mis gentiment à l'écart, relégué au rang de prince et libre de jouer dans la salle réservée aux enfants du palais. Amerotkê ne s'était pas mêlé à l'intrigue. Son esprit revenait sans cesse à l'inscription découverte dans la sinistre salle sous la pyramide. Il savait à présent ce qu'avait découvert Touthmôsis et pourquoi Amenhotep avait perdu la foi. Si c'était vrai, il n'y avait donc pas de dieux. Les prêtres d'Égypte avaient dissimulé à leur peuple la vérité, l'entraînant sur des voies détournées. Aux yeux d'Amerotkê, le message n'avait rien de choquant. Ne s'était-il pas toujours senti étranger au rituel compliqué du temple de Thèbes ? N'avait-il pas constamment émis des doutes quand on élevait un crocodile ou un chat au rang de dieu ? Sa vénération pour Maât avait un caractère différent. Indépendamment des effigies et des rites, il existait une vérité qui devait être respectée et servie.

Amerotkê continuait à se demander s'il aurait dû retourner là-bas. Mais le plafond, en s'écroulant, l'en avait empêché. Il ferma un instant les yeux. Cette salle de tortures était un lieu adéquat pour le repos éternel des Amemets. Que leurs esprits y montent la garde. Il offrirait un sacrifice pour Ménéloto. Mais à qui ? Aux dieux de pierre de l'Égypte ?

Il entendit du bruit dans le couloir et repoussa les draps. Après avoir enfilé une robe et des sandales, il se lava les mains et le visage dans l'eau parfumée puis quitta la chambre. Les domestiques n'étaient pas encore levés. Le soleil pointait à peine et il entendit au loin, venant de la ville, le son des trompes par lesquelles les hérauts annonçaient le lever de l'astre divin. Dans le jardin, la brise était encore fraîche. Il aperçut Shoufoy assis non loin de là sous un platane. Amerotkê s'approcha doucement après avoir ôté ses sandales. Au bruit de ses pas, le nain tourna la tête vers lui et avança vivement les mains pour dissimuler des objets précieux étalés sur un tissu à ses pieds. Amerotkê s'accroupit à son côté.

— D'où vient cela, Shoufoy ?

— Je les ai achetés, répondit-il aussitôt. Un homme doit commercer de l'aube au crépuscule pour gagner une croûte de pain.

— Sans aucun doute, rétorqua sèchement Amerotkê.

Shoufoy se rapprocha, ses yeux vifs et brillants examinant son maître.

— Tu n'es plus le même depuis ton retour, seigneur.

— J'ai vu des choses terribles !

— Elles s'effaceront de ton âme, maître, prophétisa le nain en hochant la tête. Tout doit mourir en fin de compte.

Amerotkê examina les objets précieux.

— On dirait que tu es devenu un homme riche.

— Quand l'armée a quitté Thèbes, la panique s'est emparée de la ville. Les gens vendaient tout ce qu'ils pouvaient aussi vite que possible.

Amerotkê aperçut une petite coupe d'or et s'en empara. Une scène était gravée sur un bord et représentait Osiris en train de peser une âme. Maât était agenouillée à côté de lui. Au-dessous figurait une date remontant au règne de Touthmôsis Ier, père d'Hatchepsout. À côté du sceau divin on pouvait lire le nom de celui qui, mort depuis longtemps, avait possédé l'objet, un scribe de la maison de l'Argent.

— Où as-tu trouvé ça ? demanda Amerotkê, brusquement intéressé.

Shoufoy répondit à contrecœur :

— J'allais la porter en ville pour la vendre, maître.

— C'est une coupe funéraire, insista Amerotkê, spécialement destinée à ce scribe, juste assez grande pour contenir une offrande de vin placée sur une tombe.

Il saisit Shoufoy par l'épaule.

— Maître, je jure sur la tête de tes enfants que je l'ai achetée à un marchand de Thèbes. Un homme qui vend surtout de la vaisselle précieuse. Le prix était trop tentant.

— C'est un objet volé ! affirma catégoriquement Amerotkê. Et tu le sais parfaitement, Shoufoy. On l'a prélevé dans une tombe.

Il replia le morceau de tissu et en noua les quatre coins sans se préoccuper des protestations et des gémissements du nain.

— À présent, cours en ville, commanda-t-il, et rends-toi à la salle des Deux Vérités. Trouve Asoural et demande-lui de t'accompagner avec quelques-uns de ses policiers. Faites le tour de tous ceux qui possèdent un éventaire. Peu importe le temps qu'il faudra. Je veux connaître le nom de celui qui t'a vendu cela. Shoufoy, cette coupe aurait pu provenir du tombeau de mon père. Ce qui est à toi est à toi, mais que diraiton si on apprenait en ville que Shoufoy, l'homme-scorpion, se retrouve mêlé à une affaire de pillage de tombes ?

Quelques instants plus tard, le nain quittait la maison armé d'une épée, son sac sur l'épaule, grommelant et marmonnant tous les proverbes qu'il connaissait. Ranimé par cette découverte, Amerotkê se sentit l'esprit plus alerte. Il acheva sa toilette, se changea, avala quelques fruits et regagna le jardin pour attendre son visiteur qui se présenta juste avant midi.

Le seigneur Sethos traversa le gazon à grands pas. La campagne sur le Nil semblait n'avoir laissé sur lui aucune trace. Il avait pris part au combat et, même s'il supportait de plus en plus mal Senenmout, il avait été confirmé à son rang honorifique par Hatchepsout.

Le procureur royal prit place sur un siège.

— Vie, santé et prospérité ! lança-t-il à Amerotkê.

Ce dernier emplit de bière une coupe et la lui offrit. Sethos but une gorgée, le regard fixé sur le bassin ornemental et sur les ibis délicatement perchés sur son bord.

— Des jours bien agités, n'est-ce pas, seigneur Amerotkê ?

Il détacha de sa large ceinture une fleur de lotus et se mit à jouer avec ses pétales.

— Sa Majesté me l'a offerte ce matin. Une marque de faveur.

Il huma le parfum de la fleur et la reposa sur le banc à côté de lui. Puis il fit mine d'observer les jardiniers en train de nettoyer les treillages qui supportaient la vigne vierge.

— Au fait, demanda-t-il brusquement, tu n'étais pas présent, ce matin, au Conseil royal ?

— Je suis encore très fatigué, répondit Amerotkê.

— Rahimere, Bayletos et les autres ont été arrêtés, annonça Sethos. Des représentants de ma police se sont emparés d'eux la nuit dernière au moment où ils quittaient le palais.

— Pour quel motif ?

— Haute trahison.

— Il n'existe pas de preuves de cela.

Sethos eut un sourire affecté et son visage rasé de près se plissa comme s'il évoquait quelque plaisanterie secrète.

— Ils te seront présentés dans la salle des Deux Vérités.

— Je ne pourrai maintenir l'accusation en raison du manque de preuves.

— Tu es un entêté, Amerotkê !

— Est-ce parce que je ne suis pas corrompu ? La reine Hatchepsout sait parfaitement que nous n'avons pas de preuves de la trahison de Rahimere. Combien d'hommes ont été arrêtés ?

— Une dizaine au total. Le divin Pharaon – Sethos souligna l'expression – le divin Pharaon pense que, même si on ne peut les accuser de trahison, ils sont certainement responsables de la mort de Touthmôsis II, d'Ipouwer et du prêtre Amenhotep. Elle compte sur toi, seigneur Amerotkê, pour examiner le cas avec la plus grande attention.

— De quels éléments disposons-nous ? répliqua Amerotkê. Il est vrai que son époux est mort d'une morsure de serpent, mais comment et quand ? En ce qui me concerne, je l'ignore, conclut-il avec un haussement d'épaules. Oui, quelqu'un a introduit un serpent dans l'écritoire d'Ipouwer, mais n'importe quel membre des proches de la reine pouvait le faire. Quant à Amenhotep, il a certainement rencontré un des membres de ce cercle avant de mourir. Comment va le général Omendap ?

— Il se remet rapidement. Selon lui, le flacon de vin empoisonné a pu être placé à Thèbes ou par quelqu'un dans le camp. Il pense qu'il s'agissait de Rahimere. S'il était mort, l'armée royale aurait été désorganisée et contrainte à la retraite.

— Mais il n'est pas mort, n'est-ce pas ?

Amerotkê se leva pour remplir une coupe de bière à son intention. Il offrit un plateau de pain et de fromage à Sethos qui refusa d'un signe de tête et se rapprocha.

— Qu'arrivera-t-il, seigneur juge, si Hatchepsout ou son vizir Senenmout, ensemble ou séparément, ont eux-mêmes combiné ces morts ? Tu as vu qu'elle peut se montrer impitoyable. Les troupes la vénèrent. À leurs yeux, elle est une combinaison de Sekhmet et de Montou.

— Seigneur Sethos, tu es prêtre d'Amon-Rê, chapelain de la maison divine et procureur royal. Tu es également impitoyable, mais est-ce que cela fait de toi un meurtrier ? Non, il y a quelque chose d'autre. Quelque chose qui nous a échappé. Ou que notre divine reine ne nous a pas dit. Je crois comprendre dans quel état d'esprit se trouvait Touthmôsis à son retour à Thèbes.

— Que veux-tu dire ? coupa Sethos d'un ton brusque.

— J'entrevois les grandes lignes mais il y a encore beaucoup d'ombres. Si nous devons arrêter l'assassin, il faut que la divine souveraine se montre plus franche et plus directe. M'envoyer simplement en éclaireur fouiller dans les détritus ne fera pas jaillir la vérité. Ah !

Amerotkê aperçut Shoufoy trébuchant dans le jardin. Derrière lui venaient Asoural, Prenhoe et quelques policiers du temple. Shoufoy s'inclina devant Sethos.

— Tu as le nom ? demanda Amerotkê.

Le nain glissa un morceau de papyrus dans la main de son maître. Amerotkê le déroula et sourit.

— Seigneur Sethos, dit-il en se levant, je pense que tu devrais venir avec moi. Je suis convaincu que tu trouveras l'affaire intéressante. Peay… murmura-t-il soudain.

Il se souvenait du petit médecin plein de suffisance parcourant les ruelles de la nécropole avec son singe familier sur l'épaule. Une idée lui vint à l'esprit.

— Monseigneur !

— Qu'y a-t-il ?

Prenhoe s'avança, un rouleau à la main.

— J'ai fait un rêve la nuit dernière et je pense que tu devrais…

— Pas maintenant ! coupa Amerotkê. Asoural, tes hommes sont-ils prêts ?

Le chef de la police du temple inclina la tête.

— Bien ! Allons rendre visite à notre médecin.

Peay se reposait dans le petit jardin de sa somptueuse maison en bordure d'un des canaux d'irrigation communiquant avec le Nil.

Sans se préoccuper de cérémonial inutile, Asoural ouvrit le portail d'un coup de pied, écarta le gardien et s'avança vers le portique d'entrée, suivi d'Amerotkê, Sethos et des autres. Le médecin, tout tremblant, les introduisit dans un hall luxueux au sol recouvert de bois de cèdre odorant jusqu'au seuil des appartements privés. Il leur fit signe de prendre place sur des sofas et s'assit dans un fauteuil au dossier élevé en arrangeant les plis de sa robe.

— Je suis très honoré, lança-t-il avec bravade.

Comme s'il était convié, le singe sauta par une fenêtre, tenant contre lui la coupe incrustée d'argent dont son maître avait dû se servir au-dehors.

— Ah ! dit Amerotkê. Voilà ton complice.

— Qu'est-ce que cela signifie ? bredouilla Peay en pâlissant.

L'animal sauta sur ses genoux et glissa la coupe entre les doigts grassouillets et tremblants du médecin.

— Tu es un pilleur de tombes, n'est-ce pas ? assura Amerotkê. En tant que médecin, tu es informé de tous les décès dans les familles fortunées ou puissantes de Thèbes. Il t'arrive même d'être convié aux funérailles et de te retrouver aux portes de la tombe avec le cortège de deuil. Tu y retournes quelques semaines plus tard en compagnie de ton petit ami et tu le places devant les conduits d'aération. Tu l'as dressé à s'y glisser pour subtiliser des objets précieux de petit format, coupes, anneaux, porcelaines, vases, colliers qu'il te rapporte.

Stupéfait, Peay ouvrit la bouche et ses yeux se remplirent d'horreur.

— Je t'ai aperçu dans la nécropole, poursuivit impitoyablement Amerotkê, où l'on te connaît bien. Ces vols t'offrent un agréable complément de revenu. Mais, lors de la dernière crise, tu as réalisé qu'il te faudrait peut-être fuir Thèbes, alors tu es allé vendre les objets de ce pillage sur la place du marché où mon serviteur en a acheté quelques-uns.

Peay voulut se lever mais Amerotkê le repoussa dans son fauteuil.

— Que faire d'un pilleur de tombes, seigneur Sethos ? Le crucifier ? Le pendre ? L'enterrer vivant dans les Terres rouges ? Ou simplement l'autoriser à prendre du poison dans la maison de la Mort ?

Peay tomba à genoux, les mains nouées, ses joues grasses ruisselantes de larmes.

— Grâce ! mendia-t-il. Grâce, Messeigneurs !

Amerotkê jeta un coup d'œil à Sethos qui lui rendit son regard, les sourcils levés en signe d'interrogation.

— Oui, tu peux mendier ta grâce, répliqua Amerotkê, car tu la sais possible. Ton cerveau rusé est déjà en train de se demander pourquoi le juge Amerotkê est venu en personne t'arrêter. Pourquoi ne s'est-il pas contenté d'envoyer Asoural opérer au cœur de la nuit ? Oui, il te reste une chance. Tu pourras quitter Thèbes avec un cheval, une carriole et tout ce que celle-ci pourra porter. Cette maison sera confisquée ainsi que tout ce qu'elle contient. Ses revenus seront affectés à la maison de la Vie dans le temple d'Amon-Rê.

— Oh, grâce te soit rendue pour ta grande bonté ! jeta Peay d'un ton désabusé.

— Mais à une condition ! coupa Amerotkê. Tu étais au service du divin Touthmôsis. A-t-il été réellement mordu par un serpent ?

— Oui, monseigneur.

Amerotkê se sentit défaillir. Il se pencha et saisit l'homme par l'épaule.

— Est-ce vraiment la vérité ?

— Oui et non. Monseigneur, il en avait la trace au-dessus du talon. Mais…

— Mais quoi ?

— La jambe était boursouflée. Je soupçonne que…

Les mots s'étouffèrent dans la gorge de Peay.

— J'ai peur ! murmura-t-il.

— Il est certainement plus redoutable encore d'être enterré vivant dans les sables brûlants des Terres rouges, lui rappela Amerotkê.

— La morsure de serpent était bien présente, déclara Peay en frottant ses joues flasques. Mais le poison ne s'était pas répandu. Tous les symptômes indiquent que le divin Pharaon est mort d'une crise d'épilepsie.

— Qu'est-ce que tu racontes ?

Peay releva la tête.

— C'est la vérité, monseigneur. Il semble que le divin Pharaon a bien été mordu par un serpent mais après sa mort.

Sethos et Amerotkê gravirent les marches conduisant à la maison de Millions d'années où Hatchepsout avait élu domicile, près du grand poste d'amarrage sur le Nil. Des artistes étaient en train de décorer les pylônes et les hauts murs entourant le portail de scènes expressives évoquant la fameuse victoire d'Hatchepsout dans le nord. Sous la direction de maîtres maçons, des esclaves déplaçaient d'énormes blocs de granit posés sur des rouleaux.

— Pharaon veille à ce que son triomphe et sa gloire ne soient pas oubliés ! observa Sethos. Deux obélisques seront dressés de chaque côté de l'entrée. Chaque pouce de pierre proclamera sa naissance divine et ses grandes victoires. Leurs pointes seront coiffées d'or afin que le peuple sache que notre reine jouit de la bienveillance d'Amon-Rê.

Amerotkê se couvrit la bouche pour se protéger du nuage de poussière et s'essuya les lèvres. Il avait ordonné à Asoural et à Prenhoe de veiller à ce que Peay ait quitté Thèbes avant la tombée de la nuit. Mais sa colère ne s'était pas apaisée. Si Touthmôsis était déjà mort quand le serpent l'avait piqué, sa divine épouse devait le savoir. Mais comment aborder le sujet maintenant qu'elle occupait le trône ? Qu'elle était une reine victorieuse préoccupée uniquement de sa gloire ?

Il saisit Sethos par le bras.

— Je veux la voir seul.

Sethos n'émit aucune objection.

— J'irai seul, répéta Amerotkê.

Le capitaine de la garde royale s'inclina respectueusement et le conduisit par les couloirs de marbre jusqu'au petit jardin qu'Hatchepsout s'était réservé pour ses loisirs. C'était un véritable paradis de verdure, d'herbe grasse, de fleurs odorantes, d'arbres ombreux, de charmilles croulant sous les fleurs avec, en son centre, un bassin ornemental de marbre poli empli d'une eau si claire qu'Amerotkê pouvait distinguer chaque détail des poissons aux brillantes couleurs qui y nageaient. Des oiseaux au plumage éclatant picoraient sur les pelouses. Des cages d'or ou d'argent pendaient aux branches des arbres et les trilles mélodieux d'oiseaux chanteurs s'en échappaient complétant l'harmonie de ce lieu enchanteur.

Senenmout et Hatchepsout étaient penchés côte à côte sur le bassin, jouant comme deux enfants à attraper les poissons en riant. Hatchepsout leva les yeux et sourit. Elle était vêtue d'une simple tunique de lin transparente, coiffée d'une perruque courte luisante d'huile, les yeux à peine rehaussés de noir et les pieds nus. Senenmout ne portait qu'un court pagne blanc et son torse nu était éclaboussé de gouttes d'eau dont Hatchepsout l'aspergeait.

— Amerotkê !

La reine fit un bond et vint saisir la main du juge.

— Est-ce que tu boudais ? Pourquoi n'es-tu pas venu ce matin au Conseil royal ?

Elle se haussa sur la pointe des pieds pour le regarder malicieusement dans les yeux.

— Tu ne m'aimes donc plus ?

— Je viens de voir Peay, répondit Amerotkê. Divin Pharaon, votre époux et demi-frère était-il déjà mort quand le serpent l'a mordu ?

Hatchepsout lâcha sa main et fit quelques pas en arrière.

— Aimes-tu ces poissons chatoyants, Amerotkê ? Viens, retire tes sandales.

— Mes pieds sont sales.

Amerotkê se sentait troublé par la réponse d'Hatchepsout. Il vit derrière elle Senenmout qui ne le quittait pas des yeux.

— Oh, ne t'inquiète pas pour lui, murmura Hatchepsout en joignant les deux mains. Nous ne formons qu'un seul corps, une seule âme, un seul cœur, un seul esprit.

Amerotkê lut dans ses yeux le feu de la passion.

— Vous m'avez demandé de découvrir la vérité, répondit-il. Mais je ne le peux, Majesté, si vous ne me faites pas confiance.

Hatchepsout s'accroupit et dénoua la bride de ses sandales.

— Viens baigner tes pieds.

Amerotkê se sentit un peu ridicule, assis sur le bord du bassin, les pieds dans l'eau fraîche entre Hatchepsout d'un côté et Senenmout de l'autre. Elle battait l'eau de ses pieds en la faisant jaillir. Amerotkê avait l'impression que la situation était irréelle. C'était là la lionne, la femme qui avait eu raison de ses ennemis tant à l'intérieur du pays qu'à l'extérieur, et elle jouait à ses côtés comme une petite fille attendant qu'on lui raconte une histoire.

— J'ai aimé Touthmôsis, dit-elle. Il était doux, faible et souffreteux mais son cœur était bon. Il était atteint d'épilepsie et disait avoir des visions. Parfois, il lui semblait difficile de croire en tous ces dieux étranges de l'Égypte, d'adorer un crocodile, et il se demandait pourquoi le seigneur Amon-Rê avait pris l'apparence d'un stupide bélier. Il interrogeait les sages. Ce n'était pas un athée mais il était à la recherche de quelque chose d'autre. Il s'est avancé vers le nord pour combattre les Peuples de la mer et, à ce moment, il a reçu une lettre de Neroupe, celui qui veille sur la pyramide de Sakkara. Apparemment, Touthmôsis y a fait halte à son retour. Entre-temps Neroupe était mort, mais il avait laissé des instructions secrètes pour que Touthmôsis puisse parvenir par certains passages oubliés jusqu'à la bibliothèque de Khéops, ce grand pharaon qui a illuminé l'Égypte voici des centaines d'années. On avait oublié aujourd'hui comment y accéder.

Hatchepsout marqua une pause et essuya les gouttes de sueur qui perlaient à son cou.

— Après s'être rendu à la pyramide, il m'a écrit. Je n'ai pas conservé la lettre mais elle ne contenait que quelques lignes. Il me disait qu'à son retour à Thèbes, il condamnerait au nom du Dieu unique les fausses idoles de nos temples.

Elle haussa les épaules et inspira une grande bouffée d'air tout en agitant l'eau de ses orteils.

— Je n'y ai pas vraiment prêté attention, sachant Touthmôsis porté sur la mystique. Je me contentais d'attendre son retour. Ses émissaires sont arrivés à Thèbes pour préparer son entrée officielle dans la ville.

Elle se tut de nouveau.

— Dis-lui tout, conseilla Senenmout d'un ton insistant. Parle-lui des lettres de chantage.

— Pendant cette période d'attente, poursuivit aussitôt Hatchepsout, j'ai commencé à recevoir des messages, des petits rouleaux de papyrus rédigés d'une écriture soignée. C'était une tentative de chantage.

— Du chantage ! s'exclama Amerotkê.

Hatchepsout se tourna vivement vers lui, un doigt pressé fortement sur ses lèvres.

— Ce que je vais te dire maintenant, tu ne dois jamais le répéter à personne, Amerotkê. Quand j'étais petite, ma mère Ahmose me prit un jour à part et me révéla que j'avais été conçue par le dieu Amon-Rê qui était venu lui rendre visite dans sa chambre.

Elle pressa un endroit au bord de sa perruque et une bouffée de parfum s'en dégagea.

— Je n'étais alors qu'une enfant et je savais ma mère toujours préoccupée des dieux et de leurs actions. J'ai pris cela pour une fable. Mais les lettres en question ont fait resurgir l'affaire, prétendant que ma mère avait trompé mon père et ouvert sa couche à un prêtre du temple d'Amon-Rê. Je n'étais donc pas de la lignée de Pharaon mais seulement un bâtard, un enfant illégitime, l'incarnation de la honte. On me disait que, si je n'obéissais pas aux ordres qui me seraient donnés, la chose serait rendue publique. J'aurais alors à en subir les conséquences. Je n'avais pas le choix. Mon correspondant affirmait détenir une preuve incontestable.

Amerotkê laissa son regard errer à l'autre extrémité du bassin. Une huppe aux pattes noires picorait avidement des graines après avoir fait fuir un oiseau chanteur dans un battement d'ailes dorées. Il se souvint des proclamations lancées par Senenmout devant les soldats après la victoire remportée sur les Mitanniens.

— Tu étais au courant de tout cela ? lui demanda-t-il.

— Oui, répondit Senenmout. Et j'ai décidé d'en tirer avantage. Si la reine Hatchepsout était d'origine divine, pourquoi le dissimuler ? Pourquoi ne pas le proclamer à la face du monde entier ?

Il eut un petit sourire.

— Il semble que ce fut là une bonne idée. Depuis notre retour à Thèbes, la reine n'a plus reçu de lettres.

— Mais je demande vengeance ! intervint Hatchepsout.

Son expression avait changé. Elle avait les yeux élargis, la peau tendue sur les hautes pommettes.

— Je veux voir ce maître chanteur pendu par les mains ! Son corps donné à dévorer aux chiens pour que son kâ ne puisse jamais accéder à l'au-delà !

Et, sur ces mots, elle enfonça ses ongles dans la jambe d'Amerotkê.

— Mais que s'est-il passé pour le divin Touthmôsis ? demanda le juge.

— Il est mort d'une crise, une terrible crise qui l'a saisi devant la statue d'Amon-Rê. Toute cette excitation avait été trop forte pour lui. Quand il s'est écroulé par terre, il n'a pu que murmurer : « Hatchepsout, tout cela n'est qu'un leurre ! » Il a rendu son dernier souffle quelques instants plus tard. J'ai fait transporter son corps dans la salle royale de deuil et je suis restée auprès de lui. Mais d'autres personnes sont venues, des membres de sa suite, je ne sais pas qui. Au bout d'un moment j'ai eu faim et je suis sortie pour réclamer un plateau. À mon retour, j'ai découvert dans la salle un petit sac noir accompagné d'une note. La menace était claire et je devais obéir aux ordres.

Elle poussa un soupir.

— Le sac contenait une fourchette dont les dents d'ivoire étaient imbibées de poison.

— Pour faire croire qu'il s'agissait d'une morsure de serpent ? interrogea Amerotkê.

Hatchepsout approuva d'un hochement de tête.

— Je devais enfoncer les dents dans la jambe de mon époux juste au-dessus du talon. Pour tout le monde, la cause de la mort était ainsi évidente. La peau était décolorée et le venin a pénétré profondément dans les chairs. Ensuite j'ai brûlé l'arme et la note. Mais je savais que quelque chose n'allait pas. Le sang avait déjà cessé de circuler dans le corps de mon époux et le poison ne pouvait donc pas se propager. Mais que pouvais-je faire d'autre ? Avant le retour de mon époux à Thèbes, je craignais que le maître chanteur ne lui révèle le secret et ne me fasse destituer. C'était d'autant plus facile que je n'avais pu lui donner un fils. Une fois Touthmôsis mort, je me retrouvais encore plus vulnérable. Il me fallait faire face à l'opposition de Rahimere et des autres. Si le maître chanteur semait de telles rumeurs dans Thèbes, combien de temps aurais-je pu résister ?

— Et Ménéloto ? demanda Amerotkê.

— Deux jours après la mort de mon époux, j'ai reçu un nouveau message. Entre-temps, j'avais appris que sa tombe avait été profanée et que de sinistres présages s'étaient manifestés lors de son retour à Thèbes. Là encore, je n'ai pas eu le choix. Une vipère avait été découverte à bord de la barque royale. Je devais faire accuser Ménéloto et ne pas mentionner la halte à Sakkara.

— Et les autres morts ?

— Nous ignorons tout à ce sujet, intervint Senenmout.

— Que pouvais-je donc faire d'autre ? répéta Hatchepsout. Ma filiation était attaquée et je devais lutter contre Rahimere. On m'a envoyée dans le nord où tout laissait à penser que je perdrais la bataille, mais les dieux m'ont accordé la victoire.

Elle releva la tête et soupira.

— Ma mère avait raison. J'ai bien été conçue par un dieu. Je suis l'Aimée d'Amon-Rê !

— Mais qui a pu fomenter cela ? demanda Amerotkê.

— Rahimere, sans aucun doute. Sethos en possède quelques preuves, mais elles demeurent insuffisantes. Il est sans doute responsable de la mort d'Amenhotep, peut-être aussi de celle d'Ipouwer.

Elle s'ébroua soudain, et un sourire vint éclairer son visage.

— Mais nous n'avons que faire de tout cela à présent. Nous avons saisi les rouleaux des Mitanniens. Rahimere correspondait en secret avec le roi Toushratta. Tu peux aller le lui dire, Amerotkê ! Qu'il avoue. De toute façon, il mourra. Seul lui reste le choix du chemin qu'il désire emprunter pour rejoindre les champs bénis !

CHAPITRE XVI

Amerotkê pénétra dans les sombres allées de la maison de la Mort située sous le temple de Maât. À la lueur vacillante de torches de goudron, des hommes au visage masqué montaient la garde. Un geôlier releva les barres de bois et ouvrit la porte d'un coup de pied. La cellule de Rahimere était petite, éclairée et aérée seulement par un trou pratiqué au sommet d'un mur blanchi à la chaux. L'ancien vizir était presque méconnaissable. Des meurtrissures marquaient ses hautes pommettes, son visage grisâtre était gonflé et non rasé mais le regard restait éveillé. Il ne prit pas la peine de quitter la paillasse sur laquelle il était accroupi, se contentant de remonter son pagne crasseux autour de sa taille.

— Tu es venu pour te railler de moi ?

— Non, pour te poser des questions.

— À quel propos ?

— Au sujet de la mort d'Ipouwer et d'Amenhotep, de l'agression contre le général Omendap et du chantage contre la reine.

Amerotkê regretta d'avoir parlé trop vite. Il aurait voulu se mordre la langue.

Rahimere croisa les jambes.

— Un chantage ! Contre notre divin Pharaon ?

— Et je veux te parler aussi des meurtres, enchaîna aussitôt Amerotkê, encore ébranlé par son entretien avec Hatchepsout et Senenmout.

Rahimere agita les mains.

— Je ne suis coupable d'aucun meurtre. La mort d'Ipouwer ? Pourquoi aurais-je voulu le tuer ? Ipouwer aimait les filles, de préférence jeunes. Je lui avais promis d'en emplir sa chambre. Mais un chantage ?

Amerotkê réalisa qu'il perdait son temps. Voyant qu'il s'apprêtait à faire demi-tour, Rahimere cria :

— Tu ne trouveras aucune preuve pour me mettre en accusation ! Si cette chienne veut me tuer, qu'elle envoie donc sa meute !

Amerotkê s'arrêta près de la porte.

— Ce ne sera pas nécessaire. On a découvert ta correspondance avec le roi des Mitanniens. Tu connais la sentence pour le crime de haute trahison !

Amerotkê claqua la porte derrière lui et se hâta dans le corridor en passant devant les gardes masqués. L'endroit sentait la mort ! Il ne désirait plus qu'une chose : sortir, réfléchir, préparer ce qu'il comptait dire à la divine Hatchepsout en insistant pour que ces meurtres et ce chantage demeurent secrets. Il pénétra dans la salle des Deux Vérités. L'endroit était désert. Aucune séance du tribunal n'était prévue avant au moins cinq jours et Amerotkê savait que le nombre des affaires appelées serait gonflé à la suite des troubles récents. Adossé à l'un des piliers, il balaya du regard le siège du juge, la petite table de bois poli, les coussins réservés aux scribes, les rouleaux de jugements. De la cour extérieure lui parvenaient le murmure de conversations échangées par les scribes, des cris d'enfants.

Il traversa lentement la salle pour examiner de plus près les fresques du mur. La déesse Maât, une plume d'autruche dans les cheveux, était assise sur ses talons devant Osiris tenant en main la balance. Quel jugement prononcer ? Comment résoudre le problème ? Il s'écarta et gagna sa chapelle privée. À l'intérieur du tabernacle se trouvait une statue de Maât. Le sol avait été nettoyé depuis peu et, dans les bénitiers, étincelait l'eau sacrée. Quelqu'un, sans doute Prenhoe, avait rechargé les encensoirs. Des petits pots de casse et d'encens étaient placés à côté. La chapelle était parfaitement propre et odorante. On avait disposé de nouveaux coussins devant l'autel.

Amerotkê s'agenouilla et se mit à prier afin que la lumière de la déesse lui apporte le discernement. Il réalisa soudain qu'il avait omis de purifier sa bouche et ses mains. Allait-il devenir comme Amenhotep ? Des images défilaient dans son esprit, aussi vivantes qu'une fresque. Le carnage sanglant à l'extérieur du camp, des hommes hurlant et se tordant dans les plus atroces douleurs, le sang giclant autour des roues du char, les chevaux piétinant, écrasant les corps tombés à terre. Les cris des blessés demandant grâce. Les sbires sodomisant de jeunes nobles mitanniens avant d'écraser leur visage sur le sol, Hatchepsout dans toute sa gloire, Ménéloto en haut de ces marches, entouré par les Amemets semblables à des ombres. Et cette sinistre stèle édifiée par Khéops ? Amerotkê contempla la porte ouverte du tabernacle. N'y avait-il rien de vrai dans tout cela ? Personne pour écouter sa prière ?

Une ombre se glissa derrière lui et s'agenouilla. Amerotkê tourna la tête.

— J'ai fait un rêve la nuit dernière, seigneur. J'ai rêvé que j'étais assis sur un palmier qui s'est transformé en sycomore. Tu te trouvais sous ses branches en train d'arracher tes vêtements.

Le visage de Prenhoe exprimait une intense concentration tandis qu'il tenait un rouleau de papyrus étroitement serré dans sa main. Amerotkê su retenir un mouvement de contrariété.

— Qu'est-ce que cela signifie, mon cousin ?

— Cela signifie que je me conduis bien et que tu seras déchargé de tout le mal qui pèse sur toi. Maître, je suis un bon employé.

— Tu auras de l'avancement bientôt.

— Maître, je suis un bon employé, répéta Prenhoe. Et je note scrupuleusement tout ce qui se dit au tribunal. Pendant ton absence, poursuivit-il hâtivement en voyant une trace d'impatience dans les yeux du juge, je me suis entretenu avec mes collègues.

Amerotkê soupira. De la main, il esquissa un geste d'impuissance.

— Prenhoe, je suis préoccupé…

— Shoufoy m'a tout raconté, insista le jeune scribe. Il m'a décrit ta visite au vieux prêtre serpent, celui qui a fourni la preuve. Et il m'a dit aussi comment il t'a sauvé.

— N'en parle pas à dame Norfret ! coupa Amerotkê.

Prenhoe tendit vivement le papyrus en le déroulant.

— Non, monseigneur. Mais je pense que tu devrais prendre connaissance de ceci. C'est ce que le vieux prêtre a dit. N'est-ce pas curieux ?

Amerotkê se pencha sur le document car la lumière était faible.

— Non, non, regarde plutôt ici, conseilla Prenhoe en désignant du doigt un passage.

Amerotkê lut la déclaration, sursauta et, oubliant tout protocole, s'accroupit pour y regarder de plus près.

— Mais… mais… balbutia-t-il en relevant les yeux. Qu'est-ce que cela signifie, mon cousin ?

Prenhoe déglutit, soudain très excité.

— Je me suis rendu à la nécropole pour examiner les tombes. J'ai fait le tour de toutes les maisons d'Éternité jusqu'à ce que je trouve celle de ses parents. Sa mère était une prêtresse au service de la déesse Mertseger.

— La déesse serpent ! s'exclama Amerotkê.

« Est-ce donc ainsi que la vérité trace son chemin ? se demanda-t-il. Se trouve-t-il quelque part un invisible brandon chargé d'allumer une étincelle dans l'esprit et dans l'âme des hommes plongés dans les ténèbres ? »

Il se retourna et, saisissant la tête de Prenhoe, l'embrassa chaleureusement sur le front. Le jeune scribe rougit de confusion.

— Tu es mon parent, Prenhoe, mais aussi mon ami. Ce que tu as découvert m'avait échappé et je l'ignorais. La prochaine fois que je siégerai au tribunal, tu seras mes yeux et mes oreilles. En ce qui me concerne, tu peux rêver autant que tu veux. À présent, voilà ce que tu vas faire.

Amerotkê passa la plus grande partie de la journée à proximité de la salle des Deux Vérités. Il se rendit au lac pour se purifier, baigna son corps et son visage dans les eaux où l'ibis avait bu. Il revêtit une robe propre tirée de la réserve qu'il gardait dans une petite pièce derrière sa chapelle. Il se purifia la bouche avec du sel et fit brûler de l'encens devant la déesse. Puis il s'agenouilla devant elle, son front touchant le sol.

— J'ai péché, avoua-t-il. J'ai douté ! Mais mon cœur est pur et je désire vous regarder en face. Guidez-moi sur le chemin de la vérité ! Faites que je ne m'en écarte pas !

Il se sentait tellement excité qu'il en oublia de manger. Cependant, quand le soleil descendit à l'horizon, il sortit pour se rendre dans les dépendances du temple où il acheta quelques morceaux d'oie qu'un jeune prêtre faisait griller sur du charbon de bois. Il s'accroupit sur le sol pour les manger et but un peu de vin. À l'autre extrémité de la cour intérieure, Asoural avait rassemblé quelques hommes de la police du temple. Prenhoe était là également et Shoufoy ne tarda pas à les rejoindre. Il leur recommanda de rester où ils se trouvaient et de ne pas le déranger. Puis il emprunta à Asoural un couteau qu'il dissimula sous sa robe et regagna sa chapelle. Il s'assit le dos au mur. Les portes du naos étaient fermées. Les lampes à huile brûlaient. Tout était prêt quand Sethos entra et Amerotkê lui fit signe de s'asseoir sur le coussin qui lui faisait face.

— Seigneur Sethos, je suis heureux que tu aies pu venir.

Le procureur royal s'installa, son visage étroit concentré, le regard en alerte. Il déposa à côté de lui un petit sac contenant son écritoire.

— Que t'a dit notre divine souveraine ?

— Que Rahimere passerait en jugement pour haute trahison.

— Mais non pour les meurtres ?

— Non, seigneur Sethos. Pour cela, c'est toi qui seras l'accusé.

Sethos se redressa et esquissa un sourire.

— Amerotkê, Amerotkê, le soleil t'aurait-il fait perdre l'esprit ? À moins que ce ne soit l'excitation de la bataille qui t'a brûlé le cerveau.

Du doigt, Amerotkê désigna le tabernacle.

— Elle est là qui t'observe, Sethos. Elle, qui incarne la vérité, qui connaît la noirceur de ton cœur. Sethos, le procureur royal, les yeux et les oreilles du roi, l'ami intime du divin Pharaon Touthmôsis. Celui qui lui révéla tout ce qu'il avait appris dans les profondeurs caverneuses et sombres de la pyramide de Sakkara.

Sethos demeura impassible.

— Sethos, poursuivit Amerotkê, le grand prêtre de l'ordre d'Amon-Rê, le chapelain royal, l'ancien confesseur de la reine Ahmose, mère de la divine Hatchepsout. Que s'est-il passé ? As-tu été effrayé par ce que Touthmôsis t'avait confié ? Quand il t'a dit que les dieux de l'Égypte n'étaient que des idoles de pierre ? Qu'à ton retour à Thèbes il te faudrait les condamner, détruire les autels, créer un nouvel ordre consacré au Dieu Unique, celui qui vécut parmi les hommes dans les premiers temps avant que n'éclate la guerre ? Avant que le miroir de la vérité ne soit obscurci, brisé et qu'il n'en subsiste que des morceaux ? Pas d'objections ?

— Une bonne histoire reste toujours une bonne histoire, se contenta d'observer Sethos.

— Touthmôsis t'a tout dit. C'est toi, Sethos, qu'il a renvoyé à Thèbes pour préparer l'arrivée de Pharaon. Mais ton âme était pleine de confusion. Les changements que comptait opérer Pharaon auraient entraîné la disparition du culte dans les temples, le renvoi des prêtres, la saisie des trésors. Comme tu as dû te torturer désespérément l'esprit pour imaginer un moyen d'agir ! Sans doute as-tu fait semblant d'écouter, d'agréer, tout en préparant au fond de toi une riposte. De toutes tes forces, tu cherchais une solution. En tant que procureur royal, tu connais tous les bas-fonds de Thèbes. Tu t'es entendu avec les Amemets, cette bande d'assassins. Ton objectif était de créer la confusion, le chaos. Tu les as payés pour qu'ils se rendent à la nécropole et profanent la tombe de Pharaon, qui perdait ainsi son caractère sacré. C'était là davantage une réaction de colère que de ruse. Ton esprit tournait frénétiquement en rond. Contrôler Touthmôsis était impossible, tu le savais. Son entêtement était légendaire. Déjà, enfant, il manifestait un certain cynisme à l'égard des prêtres et des fidèles du temple de Thèbes. Avec Hatchepsout, c'était différent. Elle était jeune et vulnérable, n'ayant pu donner le jour à un héritier mâle.

Sethos respirait à présent profondément et ses narines palpitaient.

— Si tu ne pouvais espérer contrôler Touthmôsis, dans le cas d'Hatchepsout c'était possible. Anxieuse, se sentant vulnérable, elle a mordu à l'hameçon.

— Que vas-tu encore inventer ? intervint Sethos. Que j'ai assassiné le divin Touthmôsis dans le temple d'Amon-Rê ?

— Oh, non ! Tu n'étais pas dans le temple, répliqua Amerotkê. Tu te trouvais sur les quais.

— En train de glisser une vipère dans la barque royale peut-être ?

— Mais non. Cela s'est passé plus tard. Tu es prêtre d'Amon-Rê et tu as donc pu t'emparer de quelques-unes des colombes blanches nichant dans le temple pour les emporter en quelque lieu isolé. Tu les as alors blessées, puis relâchées. Naturellement, les colombes ont cherché à regagner leurs nids. Combien étaient-elles ? Six ? Sept ? Certaines sont mortes en vol, d'autres sont tombées du ciel ou ont éclaboussé la foule de sang. Un bien mauvais présage pour le retour de Pharaon ! Quel était ton plan ? Faire apparaître d'autres signes ? Effrayer Touthmôsis ou susciter une opposition contre lui ? Tu voulais assurer ton emprise sur Pharaon, l'amener à abandonner les projets qu'il avait conçus depuis sa visite à Sakkara. Le terroriser par ces présages et par des manifestations sinistres puis amener la divine Hatchepsout à prendre le dessus.

— Touthmôsis est mort ! observa sèchement Sethos.

— Tu as dû y voir le signe que les dieux te soutenaient, remarqua Amerotkê. Une réponse à tes prières. Fatigué, l'esprit en ébullition avec toutes ces idées nouvelles qui l'agitaient, Touthmôsis s'est écroulé, mort, aux pieds de la statue d'Amon-Rê. Tu n'avais donc plus besoin d'actions aussi spectaculaires que l'apparition de colombes en sang ou la profanation de la tombe royale. Touthmôsis disparu, il te fallait à présent renforcer ton pouvoir sur la reine Hatchepsout. Tu as cherché à faire passer la mort de Pharaon pour un jugement divin en organisant cette histoire de morsure de serpent. Le serpent est le symbole de Duat, l'obscurité, le monde souterrain.

— Et comment aurais-je procédé ? interrogea Sethos en haussant un sourcil.

— Tu es grand prêtre d'Amon-Rê. Les yeux et les oreilles du roi. Tu peux aller et venir sans que personne te pose de questions. Tu as laissé la fourchette empoisonnée dans la salle de deuil et forcé Hatchepsout à piquer la jambe de son époux. Entre-temps, tu avais glissé la vipère dans la barque royale. Quels étaient tes autres plans ? Car tu en avais, n'est-ce pas ? Créer de la confusion, le chaos, des dissensions pour que les projets de Touthmôsis soient oubliés ? Il te fallait aussi t'occuper de ceux qui avaient accompagné Pharaon à la pyramide de Sakkara : Ménéloto, Ipouwer, Amenhotep. Si Pharaon s'était ouvert à toi de ses projets, pourquoi ne l'aurait-il pas fait également à d'autres ? Tu devais donc t'assurer qu'ils ne parleraient pas. Par l'intermédiaire de tes mystérieuses lettres, tu as contraint Hatchepsout à accuser Ménéloto. Tu as tué Ipouwer dans la salle même du Conseil et le pauvre Amenhotep, obéissant sans doute à une de tes convocations. Il devait se rendre à un endroit désert sur les rives du Nil. L'as-tu assassiné toi-même ? Ou avais-tu posté là les Amemets avec des ordres bien précis : lui couper la tête et la faire porter au palais afin de susciter de nouvelles dissensions quand la cour s'est retrouvée à ce tragique banquet ?

— Quelle passionnante histoire ! lâcha Sethos. Et pour quelle raison aurais-je fait tout cela ?

— Pour défendre le culte du temple. Pour empêcher la diffusion des rêves de Touthmôsis et faire taire ceux qui pouvaient en avoir connaissance. Tu as dû te croire élu par les dieux pour remplir cette mission. Sans compter que la rivalité entre Hatchepsout et Rahimere t'offrait un terrain fertile, ce qui ne gâchait rien.

— Mais que viennent faire les serpents ?

— Ah ! te rappelles-tu le procès de ce pauvre Ménéloto ? Il avait cité pour sa défense le vieux Labda qui nous parla des serpents, des vipères, et fit aussi une référence stupéfiante à ton propos. En décrivant leur nature venimeuse, il a dit : « Le seigneur Sethos, lui-même, sait bien cela ! » Sur le moment, personne n'y a prêté attention mais toi, si. Labda faisait référence au fait que, si ton père était au service d'Amon-Rê, ta mère, elle, était une prêtresse de Mertseger, la déesse serpent. Elle connaissait fort bien les vipères que l'on trouve dans le désert ou sur les rives verdoyantes du Nil, comme l'atteste sa tombe dans la nécropole. Mon parent, Prenhoe, y est allé faire des recherches. C'est lui qui a attiré mon attention sur les paroles du vieux prêtre. Prenhoe est peut-être un rêveur, mais il est aussi un fin observateur. Il a trouvé la tombe de tes parents. À l'extérieur on peut voir une image de ta mère.

Sethos battit des paupières et détourna les yeux.

— Tu t'en souviens, naturellement ? Vêtue de la robe des prêtresses, elle tient un serpent à la main et montre à un jeune garçon comment s'y prendre. L'enfant a une boucle de cheveux sur le côté du visage et c'est toi que l'on voit ainsi représenté, toi en train d'apprendre à manier les serpents.

Tout en parlant, Amerotkê s'installa plus confortablement.

— C'est toi, encore, qui as placé la vipère dans la barque royale, enchaîna-t-il. Quant à la fourchette remise à la divine Hatchepsout, elle est d'un usage courant chez les prêtres adorant les serpents.

La respiration de Sethos s'était accélérée. La tête penchée en arrière, il gardait les yeux mi-clos.

— Quand on sait comment s'y prendre, poursuivit Amerotkê, ils ne sont pas dangereux. Tu en as apporté un dans la salle du Conseil, dissimulé dans un sac de scribe. Préalablement nourrie et calme, la vipère s'y est tenue tranquille dans l'obscurité. Au moment où le Conseil se séparait, tu as échangé les sacs et, quand le pauvre Ipouwer a mis la main dans celui qui, en fait, t'appartenait, la vipère l'a aussitôt mordu. Quant à Omendap, avais-tu mêlé du venin de serpent à son vin ? Avais-tu placé les flacons empoisonnés parmi ses effets personnels avant de quitter Thèbes ou durant la marche vers le nord ?

— Des preuves ! grinça Sethos. Tu n'as avancé aucune preuve jusqu'ici.

— Tu pensais que tout cela disparaîtrait dans la confusion générale, poursuivit Amerotkê. Mais tu te doutais que je m'approchais de la vérité. Tu as également réalisé que le vieux Labda représentait un danger pour toi. Il se souvenait de ta famille, de la formation dont tu avais bénéficié. Il fallait s'assurer de son silence. Tu t'es donc rendu à son sanctuaire, tu l'as tué et tu m'as attiré là-bas. C'est toi qui as écarté ces planches. Il aurait pu s'écouler des mois avant qu'on ne découvre ce que les hyènes auraient laissé de moi. Un autre mystère pour semer le trouble dans les esprits et alimenter les rumeurs circulant dans Thèbes.

Amerotkê garda quelques instants le silence.

— J'aurais disparu, de même que Ménéloto comme tu l'avais prévu. Les Amemets devaient le conduire dans les Terres rouges, le tuer et dissimuler son corps. À Thèbes, on l'aurait considéré comme un criminel en fuite. Confusion, toujours et encore, il fallait semer la confusion ! Était-ce le chef des Amemets qui distribuait ces poupées de cire annonciatrices de mort ? Oh, t'ai-je dit que Ménéloto s'était échappé ?

Un rictus retroussa les lèvres de Sethos.

— En tant que procureur royal, poursuivit Amerotkê, tu savais certainement comment procéder pour communiquer avec cette bande d'assassins. Tu as dû les payer grassement pour qu'ils suivent l'armée et guettent un moment opportun pour s'en prendre à moi, à Omendap ou à Hatchepsout. Je connais le grand secret, enchaîna-t-il tranquillement. J'ai lu le texte de la stèle à Sakkara.

Il se tut un moment, les yeux fixés sur Sethos, et poursuivit :

— Ils nous ont suivis, Ménéloto et moi, et m'ont fourni toutes les preuves dont je peux avoir besoin. L'un d'eux a été capturé.

— Ils sont tous morts ! cria Sethos.

Puis il ferma les yeux, se rendant compte de la faute qu'il venait de commettre.

— Es-tu allé là-bas toi-même ? demanda Amerotkê. As-tu emprunté le passage secret ?

Sethos se tassa sur lui-même, tête baissée.

— Vois ce faisceau de preuves dont je dispose ! insista Amerotkê. En tant que procureur royal tu connaissais l'existence des Amemets. Tu étais un proche confident du divin Touthmôsis. Au temps de ton noviciat, tu fus le chapelain de la reine mère Ahmose. Tu étais au courant de ses idées fantaisistes concernant la naissance d'Hatchepsout. Tu te trouvais sur le quai le jour où Pharaon est rentré à Thèbes. Et aussi à la cour quand le vieux prêtre a parlé de tes antécédents. Tu sais t'y prendre avec les serpents. Tu étais également là quand Ipouwer a été tué. Amenhotep avait confiance en toi et ne pouvait manquer d'obéir à un de tes ordres, malgré ses pressentiments. Il t'était possible d'approcher le général Omendap. Ta présence près de ses bagages personnels ne suscitait aucune méfiance. Je ne siège pas au tribunal pour l'instant, mais si je me trouvais dans la salle des Deux Vérités, je jugerais certainement qu'il y a lieu de te mettre en accusation.

Sethos se frotta le visage sur lequel on distinguait encore un léger sourire.

— En fin de compte, dit-il lentement, en fin de compte, Amerotkê, c'est à moi que revient la victoire. J'ai accompli ce que les dieux désiraient. Touthmôsis m'a révélé ce qu'il avait découvert à Sakkara. Que pouvais-je faire ? Laisser ce rêveur éveillé regagner Thèbes et détruire le culte que l'on pratiquait dans le temple depuis des siècles ? Le voir piller le trésor ? Renvoyer les prêtres ? Pharaon était comme un enfant qui vient de découvrir un nouveau jouet ! En me confessant tout cela, s'attendait-il à ce que je danse de joie ?

Il hocha la tête.

— Je suis rentré en hâte à Thèbes et j'ai prié les dieux de m'éclairer. Oh, la profanation de la tombe, les colombes blessées, c'était une simple réaction de panique, mais quand Touthmôsis s'est effondré, mort, j'ai compris que les dieux avaient répondu à mes prières. Je pouvais contrôler Hatchepsout, du moins je le pensais. Elle nous a tous bien trompés, n'est-ce pas, Amerotkê ? Elle est bien plus forte que son père et son époux réunis. Oui, c'est vrai, je voulais créer du désordre avec l'intention d'effacer tout souvenir des idées et des révélations de Touthmôsis. Je pensais que le procès de Ménéloto entraînerait davantage de dissensions, soulèverait des incertitudes. Je me demandais ce qu'il savait, ce qu'il était capable de révéler devant un tribunal. Mais c'était une erreur, je m'en suis rendu compte ensuite. Il aurait fallu le tuer, mais il s'est échappé. Quant aux autres… Amenhotep devait être réduit au silence et j'ignorais jusqu'à quel point Touthmôsis avait pu se confier à Ipouwer et au général Omendap. J'ai pensé qu'en exploitant la rivalité entre Hatchepsout et Rahimere je ferais oublier les plans insensés que Pharaon aurait pu élaborer avant de quitter ce monde. Touthmôsis était mort, certes, mais qui d'autre était au courant ? Hatchepsout ? Rahimere ? Omendap ? Ménéloto ? Amenhotep ? Si la succession se déroulait sans heurts, qui sait quelles idées chimériques pouvaient être mises en avant ? Tu vois bien que je n'avais pas le choix ! Touthmôsis ou ceux qu'il avait réussi à convaincre risquaient de frapper en plein cœur la religion de l'Égypte. Je suis désolé pour les Amemets, pour la Vallée des Rois, mais je ne pouvais agir autrement. C'étaient les dieux qui me dirigeaient, Amerotkê ! Seth commandait à mon âme ! Que pèsent les désirs des hommes comparés à ceux d'Amon-Rê ?

— Il te faudra mourir, déclara Amerotkê.

— Nous sommes tous condamnés à mourir, Amerotkê. Les ombres s'allongent et se rapprochent chaque jour. Je demande une seule faveur. Je ne veux pas être enterré dans les Terres rouges ni que mon corps nu soit pendu aux pylônes et exposé aux moqueries de la populace.

Je ne veux pas que les autres connaissent les raisons qui m'ont poussé à agir ainsi. Laissons les sables recouvrir Sakkara et la pyramide de Khéops garder ses secrets.

Il humecta ses lèvres desséchées.

— J'aimerais un peu de vin. Juste une gorgée.

Amerotkê se dirigea vers l'endroit où le prêtre avait déposé un peu de nourriture et de vin en offrande à la déesse. Tandis qu'il remplissait à demi une coupe d'argile, il perçut un mouvement derrière lui et, se retournant, vit Sethos secouer dans sa bouche les dernières gouttes d'un flacon exhumé de son écritoire. Il le laissa tomber sur le sol.

— Du venin, dit-il. Qui arrête les battements du cœur et fait épaissir le sang.

Sethos s'étendit par terre comme un enfant s'apprêtant à dormir, la tête posée sur le petit sac. Il tendit une main.

— Ne me laisse pas seul, Amerotkê.

Le juge s'agenouilla près de lui. La main de Sethos, déjà froide et humide, se referma sur ses doigts.

— Dis une prière pour moi, murmura Sethos. Fais incinérer mon corps comme il convient. Fais en sorte que mon kâ puisse se présenter devant Osiris. C'est à lui que je rendrai compte de mes actes.

Il demeura quelques secondes immobile puis son corps fut parcouru d'une brusque convulsion tandis qu'un peu d'écume apparaissait au coin de sa bouche. Ses paupières frémirent et sa tête retomba, inerte. Amerotkê lâcha sa main et récita une courte prière. Puis, avec un regard sur la porte close du tabernacle, les encensoirs, les coupes sacrées, il inclina la tête et se recueillit.

— Finalement, murmura-t-il, seule la vérité triomphe.

NOTE DE L'AUTEUR

Ce roman dépeint la scène politique de l'Égypte en 1479 av. J.-C., au moment où Hatchepsout prit le pouvoir. Son époux était mort dans des circonstances mystérieuses et elle ne parvint à s'affirmer à la tête du pays qu'après une lutte sévère. Elle fut aidée dans ce combat par le rusé Senenmout, d'origine inconnue, qui partagea le pouvoir avec elle. Sa tombe existe toujours. Elle porte le numéro 353 et l'on peut y voir un dessin représentant le ministre favori d'Hatchepsout. Il ne fait pas de doute qu'il était son amant. Certains graffitis anciens, toujours visibles, décrivent même de façon très éloquente les relations intimes entre Hatchepsout et Senenmout.

Hatchepsout fut une souveraine puissante. Les fresques la représentent fréquemment sous l'aspect d'un guerrier et des inscriptions nous révèlent qu'elle dirigea ses troupes dans la bataille.

La possibilité que les pyramides et le Sphinx aient été édifiés sur des salles, des passages, des temples, des bibliothèques, lieux mystérieux et secrets, est constamment évoquée et discutée par les égyptologues. La scène qui se déroule ici dans la salle des Pendus a été inspirée par l'intéressante étude d'Otto Neubet sur Toutankhamon qui en propose une description. Des égyptologues réputés tels que Bauvey et Hancock ont soutenu la théorie selon laquelle un savoir religieux et scientifique d'une très ancienne Égypte aurait été perdu. En août 1997, le *Sunday Times* rapportait que la bibliothèque de Khéops existait peut-être encore et pourrait être retrouvée.

Au temps du christianisme, la théologie égyptienne a dégénéré, s'abaissant au culte d'animaux et d'insectes dont le poète romain Juvénal s'est moqué férocement dans ses *Satires*. Mais, aux jours anciens, les Égyptiens avaient envisagé l'existence d'une unité divine. L'image d'un dieu unique, à la fois père et mère, joue un rôle important dans leur histoire. N'oublions pas que l'Égypte fut la terre d'origine de Moïse, avant qu'il ne la quitte pour conduire les Hébreux en Terre promise. Rappelons-nous également que l'action de ce roman se situe seulement environ cent trente ans avant que le pharaon Akhenaton eut amené le pays au bord de la guerre civile en tentant d'imposer sa religion révolutionnaire, celle qui prônait « Le Seul », un dieu unique s'opposant au temple de Thèbes et à son idole : Amon-Rê.

Dans tous les autres domaines, je me suis efforcé de rester fidèle à cette brillante civilisation qui continue de nous passionner. Cette fascination pour l'Égypte ancienne est compréhensible car cette civilisation est à la fois exotique et mystérieuse. Elle remonte à trois mille cinq cents ans et, pourtant, en lisant des lettres ou des poèmes datant de cette époque, on sent encore une étroite relation nous unir à elle, comme si elle s'adressait directement à nous par-delà les siècles.

En dernier lieu, qu'il me soit permis de porter un coup de chapeau à la bibliothèque St. James, à Londres. Ce véritable temple du savoir est, à n'en pas douter, l'une des meilleures et des plus accueillantes bibliothèques au monde ! Je dois beaucoup à la grande collection d'ouvrages – tant anciens que modernes – dont elle dispose, ainsi qu'à l'équipe professionnelle et chaleureuse qui y officie.

Impression réalisée par

BRODARD & TAUPIN

La Flèche (Sarthe), 66553
Dépôt légal : avril 2006
X05717/61

Imprimé en France